MERCH
Y GWYLLT

MERCH Y GWYLLT

BETHAN GWANAS

Gomer

I fy nithoedd:
Naomi, Leah, Ceri a Meg

Cyhoeddwyd gyntaf yn 2020 gan
Wasg Gomer, Llandysul, Ceredigion SA44 4JL
www.gomer.co.uk

Ailargraffiad: 2020

ISBN 978 1 78562 205 2

Cyhoeddwyd gyda chymorth ariannol
Cyngor Llyfrau Cymru.

Argraffwyd a rhwymwyd yng Nghymru gan
Wasg Gomer, Llandysul, Ceredigion.

... then came wandering by
A shadow like an angel, with bright hair
Dabbled in blood; and he shriek'd out aloud

(King Richard the Third. Act 1. Scene 4)

Paid â gadael i ddewines fyw.

(Exodus 22:18)

Rhagair

Mae 'na flynyddoedd wedi gwibio heibio ers i *Gwrach y Gwyllt* gael ei chyhoeddi'n ôl yn 2003. Ro'n i'n nerfus iawn ynglŷn â hi am ei bod hi mor wahanol ac yn dangos yr effaith gafodd llyfrau Stephen King arna i yn fy arddegau – ac ambell wydraid o win coch wrth i mi ei sgwennu! Ond diolch byth, roedd yr ymateb yn rhyfeddol. Na, doedd hi ddim at ddant pawb (pa nofel sydd?) ond dros y blynyddoedd profodd mor boblogaidd, cafodd ei hailolygu a'i hailgyhoeddi gyda chlawr newydd yn 2007.

Ro'n i wedi bwriadu gweithio ar ddilyniant o'r dechrau un, ond do'n i ddim wedi disgwyl iddi gymryd cymaint â hyn, rhaid cyfaddef. Ro'n i wedi gobeithio mynd ar drip ymchwil i Newfoundland, Canada yn wreiddiol, ond roedd Iwerddon yn rhatach. Wedi peth ymchwil i wrachod yr Ynys Werdd, penderfynais fynd i chwilio am hen fwthyn Biddy Early yn Swydd Clare, fis Tachwedd 2018. Cefais fy ysbrydoli yno a phenderfynu mai cael ei magu yn Iwerddon fyddai merch Siwsi.

Rhag ofn i'r anoraciaid yn eich mysg ddarllen y nofel gyda map o Iwerddon wrth law, dwi wedi dwyn yr enw 'Dumhach' o ardal wahanol o Swydd Clare. Yn fy nychymyg i, mae'r castell yn y nofel yn edrych rhywbeth tebyg i Gastell Dunguaire yn Kinvara, ond wedi ei leoli rhywle ynghanol y coed a'r llynnoedd bychain i'r gogledd o Limerick, nid nepell o Feakle a Tulla, sef ardal Biddy Early. Dwi hefyd wedi penderfynu defnyddio'r enwau Gaeleg y rhan fwyaf o'r amser.

Dychmygol yw Dolddu a Dolrhedyn.

Gyda llaw, mae'n well darllen *Gwrach y Gwyllt* cyn *Merch y Gwyllt*, ond nid yw'n angenrheidiol.

Diolch i bawb fu'n rhan o'r farathon: Gwasg Gomer am gyhoeddi a chomisiynu a Mari Emlyn am fod yn olygydd craff, creadigol a charedig; Bethan Mair a Rhiannon Gomer am olygu'r ddwy fersiwn gyntaf o *Gwrach y Gwyllt*; John El am fy mherswadio i sgwennu am wrach 'ddrwg' yn y lle cyntaf; Bethan Anwyl am ddod efo fi i Iwerddon; Lisa ac Alan Hughes am adael i mi 'fenthyg' enw a natur eu ci hyfryd, Brân; a sylwadau darllenwyr (yn ganmoliaeth ac yn feirniadaeth) dros y blynyddoedd.

Bethan Gwanas
Gwanwyn 2020

PROLOG

Doedd o ddim isio mynd yno. Doedd o byth isio mynd yno, ond allai o ddim peidio. Gallai gadw draw am wythnosau, misoedd weithiau, ond byddai'r hen, hen dynfa yn cripio ynddo, fel bachyn yn ei drwyn, fel ewinedd yn ei gnawd, a'i lusgo drwy'r coed a'r drain yn ôl ati hi, at y man tawel lle roedd o wedi claddu ei chorff oer, gwag.

Fyddai o byth yn mynd yno cyn i'r haul fachlud. Weithiau, byddai'n ganol nos, a hwtian tylluan yn ei arwain yno a chwerthin am ei ben wrth iddo faglu drwy'r drain yn y tywyllwch. Dro arall, fel heno, roedd golau gwan y gwyll yn goleuo'r ffordd, a'r coed yn sgerbydau duon o'i amgylch. Gallai weld darnau o gymylau llwydlas drwy'r brigau uwch ei ben, a gwawr felen yn treiddio o'r gorllewin heibio'r boncyffion. Roedd bronfraith yn canu yn agos, yn ei watwar, yn chwerthin am ei ben am fod mor hawdd ei arwain yn ôl ati, eto fyth.

Doedd o ddim yn bell rŵan. Roedd y dderwen fawr o'i flaen, a'i bonyn cnotiog fel siâp corff merch â chluniau a bronnau hael, tywyll yn dawnsio â'i breichiau yn yr awyr. Cyffyrddodd y rhisgl wrth gamu heibio, i'r man lle roedd ei bedd.

Doedd o ddim wedi gosod carreg i nodi'r fan. Doedd neb arall yn gwybod ei bod hi yma.

Roedd ei chnawd wedi hen bydru bellach; roedd y chwilod a'r pryfaid genwair wedi gorffen bwydo arni, siawns, a hithau yn y pridd ers dwy flynedd ar bymtheg. Dyna pam fod y drain a'r mieri mor drwchus yma, a'r mwsog yn wyrddach: roedden nhw'n bwydo oddi arni, doedden?

Rhegodd dan ei wynt wrth i ddraenen hir, drwchus fachu yng ngodre ei drowsus. Stampiodd arni gyda'i droed arall, dim ond iddi gripio'n dynnach a chyrlio am ei ffêr. Stampiodd arni eto, yn fwy ffyrnig, dim ond i ddraenen arall chwipio i fyny a bachu'n greulon yn ei law gan dynnu gwaed.

'Gad lonydd i mi'r ast!' meddai drwy ei ddannedd. 'Dod yma i ymddiheuro wnes i – eto!'

Chwarddodd y fronfraith uwch ei ben wrth ei wylio'n ymbalfalu yn ei bocedi am ei gyllell boced. Roedd y drain a'r mieri wedi clymu am ei goesau a thrywanu drwy'r defnydd tew i'w gnawd, a'r unig ffordd i ryddhau ei hun oedd drwy dorri drwy'r breichiau gwyrddion, styfnig â'r llafn.

O'r diwedd, daeth yn rhydd a chamu gyda'i goesau hirion i ddiogelwch un o wreiddiau mawr y dderwen. Trodd i edrych yn ôl at y man lle roedd hi'n dal i guddio, yn dal i'w boenydio.

'Ddo i'n ôl yma efo strimar os lici di!' poerodd. Ond gwyddai mai malu fyddai hwnnw pe bai o'n meiddio. Ochneidiodd a chau ei lygaid a methu'n lân â rhwystro'r gorffennol rhag llifo'n ôl. Gallai weld ei hwyneb yn glir, y llygaid gwyrddion, bron yn emrallt yn llosgi i mewn iddo, yn ei droi yn bwdin a'i galedu yr un pryd; a'r gwefusau perffaith a'r gwallt hir, browngoch yn ei hudo, yn llawn addewidion, yn llawn celwyddau. Yna newidiodd ei hwyneb yn sydyn i'r erchyllbeth roedd o wedi gorfod ei gladdu: y croen yn llwydwyrdd, afiach a'r gwefusau a'r dafod yn chwyddedig a du, y geg wedi ei pharlysu mewn sgrech o artaith. Yr artaith roedd o wedi ei greu.

Fo roddodd y gwenwyn iddi. Fo laddodd hi er mwyn cael ei gwared hi. Ond doedd hi byth wedi gadael llonydd iddo, nag oedd? A wnâi hi byth.

Pennod 1

Doedd trigolion y pentre ddim wedi disgwyl i neb brynu'r hen adfail ar lannau'r llyn, ddim hyd yn oed Americanwr efo mwy o bres na synnwyr. Roedd yr hen gastell bychan mor uffernol o bell o bob man, ac wedi cael llawer mwy na'i siâr o anlwc dros y blynyddoedd rhwng cael ei hambygio'n arw gan y Cromweliaid yn 1651, ac wedyn cael ei roi ar dân gan yr IRA yn 1921. Roedd y bobl leol wedi hen dderbyn mai syrthio'n bentwr o gerrig fyddai Castell Dumhach yn y diwedd gan fod y to wedi hen fynd ac roedd hi'n wyrth bod y waliau'n dal i sefyll, heb sôn am y tŵr.

Roedden nhw'n amlwg yn adeiladwyr da yn yr hen ddyddiau, ond chwerthin fyddai adeiladwyr heddiw tasai rhywun yn gofyn iddyn nhw adfer yr hen gastell. Byddai'n cymryd blynyddoedd, heb sôn am ffortiwn, ac oherwydd ei fod wedi ei gofrestru, byddai bron yn amhosib ei adnewyddu gan ufuddhau i'r rheolau ond ei wneud yn gartref cynnes, clyd ar yr un pryd. Doedd 'na'm ffordd gall yno ar gyfer unrhyw fath o gerbyd heblaw tractor beth bynnag; roedd o wedi ei godi ar fryncyn creigiog gyda grisiau carreg lle roedd Sean O'Connor wedi torri ei goes yn ôl yn 1998, a doedd fawr neb wedi mentro yno wedyn.

Felly pan ddywedodd Declan ei fod wedi gweld sgaffaldiau ar yr adeilad a phebyll mawr gwyrdd ar lannau'r llyn, roedd pawb wedi eu syfrdanu.

'Sgwn i os mai dyna be oedd yr hofrenydd glywson ni gyda'r nos wythnos dwytha?' meddai un.

'Wel ia, roedd o'n mynd 'nôl a 'mlaen yn arw, doedd?'

'Oes 'na rywun wedi gweld bobl ddiarth o gwmpas y pentre?'

'Ddoth 'na ddwy ddynes reit smart i mewn i'r siop echdoe, yn siarad rhyw iaith ddiarth efo'i gilydd. O'n i'n meddwl mai Pwyliaid oedden nhw, neu Rwsiaid, achos mi naethon nhw brynu cryn dipyn o fodca. Ond roedd eu Saesneg nhw'n berffaith.'

'Rhyw oligarch o Rwsia sy wedi'i brynu o, siŵr i ti, mae'r rheiny'n drewi o bres, fatha'r boi Arabomitch 'na, sy pia Arsenal.'

'Abramovich. Roman Abramovich, a Chelsea, ddim Arsenal.'

'Well i ti ddechra stocio *caviar* yn y siop 'na, Kathleen.'

'Hei, efallai y byddan nhw'n magu *surgeons* yn y llyn.'

'*Surgeons*?'

'Ia, y pysgod mawr 'na sy'n rhoi *caviar* i ti.'

'*Sturgeons*, y pen rwdan. A ph'un bynnag, fedri di gael *caviar* allan o samon a brithyll. Dim ond wyau ydi o.'

'Ond dio'm 'run fath, nacdi?'

'Byta fo ar dost maen nhw 'de? Ych. Wyau sgodyn i frecwast … mi sticia i at wyau ieir.'

Dros yr wythnosau canlynol, gwelwyd y merched smart eto ac roedd pawb fymryn yn siomedig pan ddeallwyd nad Rwsiaid mohonynt wedi'r cwbl, ond Cymry. Doedd rheiny ddim yn ecsotig. Doedd yr un iot o ramant Moscow neu St Petersburg ym mhorthladdoedd Abergwaun na Chaergybi. A doedd yr un o'u corau meibion chwarter cystal â Chôr y Fyddin Goch. Ac er eu bod i fod yn gyd-Geltiaid, doedd neb wedi anghofio'r ffaith i Warren Gatland ('the intellectual properties of a tub of Flora') gyhoeddi nad oedd tîm rygbi'r Cymry yn hoffi'r Gwyddelod, a'i fod, yn 2013, wedi dewis Cymro i chwarae i'r Llewod yn hytrach na'r brenin, Brian O'Driscoll. Iawn, Kiwi oedd Gatland, nid Cymro, ac oedd, roedd hynny flynyddoedd yn ôl, ond roedd cof y Gwyddel fel creigiau Cill Chaoi, a doedden nhw ddim chwaith wedi anghofio am y ffordd roedd y Cymry wedi trin eu cyndeidiau pan fydden nhw'n heidio'n denau a llwglyd dros y dŵr i chwilio am waith. A Chymro oedd Lloyd George wrth gwrs, y boi yrrodd y Black and Tans ddiawl i mewn i Iwerddon yn 1920. Byddai'n cymryd amser i anghofio am bethau felly.

Ond a bod yn onest, roedd 'na rywbeth yn wahanol ac

ecsotig am y tair Cymraes yma. Roedd un, Dorti, yn ferch dal gyda gwallt hir, du a llygaid peryglus a thafod beryclach. Byddai'n hwylio i mewn i siop Kathleen fel tasai hi bia'r lle, a doedd hi ddim yn un am sgwrsio. Cochan gyrliog oedd yr un fach; Ann oedd enw honno ac roedd hi fymryn yn fwy swil na'r ddwy arall ac yn llawer mwy parod i aros ei thro wrth y cownter yn y siop. Blonden oedd Lowri, gyda llygaid glas a gwên barod a diddordeb mewn pawb a phopeth – ac roedd 'na sôn bod honno'n feichiog. Doedd neb wedi mentro holi'n iawn eto, ond roedd hi wedi bod yn prynu tabledi asid ffolig a fitamin D am gyfnod, ac yna gwisgo dillad eitha llac, a fyddai 'na byth ogla alcohol na baco ar ei gwynt hi, yn wahanol i'r un dywyll.

Felly ble roedd y tad? Doedd 'na'm sôn am ŵr o gwbl. Lledaenodd pob math o straeon amdanynt: tair lesbian oedden nhw, wedi dod i dawelwch cefn gwlad Swydd Clare i gael llonydd i wneud eu gweithredoedd annaturiol; beirdd ac arlunwyr oedden nhw, wedi eu siomi gan ddynion ac yn defnyddio eu creadigrwydd i ddod dros y siom; tair chwaer oedden nhw, efo tri thad gwahanol; roedd y benfelen wedi dod yma er mwyn i'w babi gael ei eni yn Iwerddon, a bydwragedd oedd y ddwy arall; tair *femme fatale* wedi dod i Iwerddon i chwilio am wŷr oedden nhw – Lisdoonvarna i fyny'r ffordd oedd cartref yr ŵyl fyd-enwog i bawb oedd yn hel llwch ar y silff wedi'r cwbl, lle byddai'r hen Willy Daly yn chwilio am bartneriaid addas i chi yn ei ffeil drwchus yn y Matchmaker Bar bob dydd am fis cyfan. Ond doedd neb wedi gweld y tair yma yn yr ŵyl eto, erbyn meddwl.

Doedden nhw ddim i'w gweld yn aml yn y pentre chwaith. Ambell drip ar feic hybrid efo teiars beic mynydd a basged ar ei flaen i siop Kathleen y Post, ac ambell ymweliad sydyn â'r dafarn, ond fydden nhw byth yn aros yn hir. Roedden nhw'n treulio mwy o amser yn y llyfrgell, ond roedden nhw â'u trwynau mewn pentyrrau o lyfrau dragwyddol yn fanno, yn canolbwyntio fel tasen nhw'n llwgu am wybodaeth, ond ers i Fergal osod teledu a Wi-Fi a chyfrifiadur yn y tŷ, doedden nhw'm yn dod i'r llyfrgell hanner mor aml.

Doedden nhw erioed wedi dangos diddordeb mewn cymysgu go iawn, na mewn bod ar bwyllgor unrhyw un o weithgareddau'r pentre, er y bydden nhw'n dod i weld Gorymdaith Diwrnod Sant Padrig os na fyddai'n glawio, ac roedd y tair wedi dod i weld y noson dramâu byrion yn y neuadd, ond dim ond dwy oedd wedi dod y flwyddyn ganlynol. Byddai Dorti, yr un gwallt tywyll, yn dod i wylio'r tîm lleol yn chwarae ambell gêm o *iománaíocht* neu *hurling* weithiau, ond o bell, a fyddai hi byth yn aros tan y diwedd.

Byddai cerddwyr a ffermwyr yn eu gweld weithiau yn cerdded ar fryniau'r Burren neu ar lan y llyn, ac roedd ambell un busneslyd wedi 'digwydd' crwydro at furiau'r castell ond doedd neb wedi cael gwahoddiad i mewn – hyd y gwydden nhw, dim ond Fergal i osod y stwff cyfrifiadur. Roedd trio cael gwybodaeth allan ohono fo fel cael gwaed allan o feipen; sgriniau cyfrifiadur oedd ei fyd o ers blynyddoedd ac roedd o'n hapusach yn delio efo'r rheiny nag efo pobl. Roedd 'na sôn bod mab Sean, yr un golygus o'r pedwar, capten y tîm *hurling*, wedi ei weld yn brysio oddi yno yn gynnar un bore, ond gwadu pob dim wnaeth hwnnw, achos roedd o wedi dyweddïo efo merch Kathleen y post, wedi'r cwbl.

Adeiladwyr o Wlad Pwyl oedd wedi gweithio ar yr hen adfail, mae'n debyg, a gwneud y gwaith yn anhygoel o sydyn hefyd, felly mae'n rhaid bod byddin ohonyn nhw wrthi. Ond diflannodd y cyfan heb ddweud gair wrth neb lleol am yr hyn oedd o fewn y muriau. Mae'n rhaid bod y deunyddiau adeiladu wedi dod o Galway neu Limerick, ond ychydig iawn o lorïau welwyd yn pasio drwy'r pentre liw dydd. Yn ddiweddarach, byddai ambell lorri ddodrefn yn crafu dros y bont gul a stopio i holi a oedd y *sat nav* yn gywir, ond lwyddodd neb i weld sut fath o ddodrefn oedd yn y cefn.

Doedd dim sôn am gar gan yr un o'r tair, ond bydden nhw'n dal tacsi weithiau, a ddim yn dod yn ôl am ddyddiau.

Ac yna, yn sydyn, ddechrau'r haf, roedd 'na fabi. Y peth bach delia erioed, yn cael ei chario efo un o'r pethau modern, dros y bol 'na, math o sling, gan y tair yn eu tro. A dros nos, roedd Lowri, y fam, yn gwisgo dillad tyn eto. Geni adre wnaeth hi, efo rhyw fydwraig o Ennis, mae'n debyg, neb lleol beth bynnag.

Ond roedd o fel petai'r tair wedi rhoi genedigaeth, achos wedi i'r plentyn gyrraedd, roedd hyd yn oed Dorti, yr un dywyll, yn cerdded yn wahanol, yn edrych arnoch chi'n wahanol. Roedd o fel petai hi wedi meddalu rhywsut, a hyd yn oed ei llygaid tywyll yn gynhesach – nes i ryw blentyn efo dwylo budron geisio cyffwrdd y babi heb ofyn, neu i rywun faglu i mewn iddi yn y clinig a hithau'n cario'r babi; roedd yr edrychiad fyddai hi'n ei roi wedyn yn ddigon i fferru'r gwaed. Daeth honno i'r pentre efo'r babi yn y fasged ar y beic un tro, ond roedd y benfelen – y fam – wedi rhedeg ar ei hôl hi a rhoi ram-dam iddi, a welwyd mo'r babi ym masged y beic wedyn.

Bu Kathleen y Post yn gwau cardigans bach pinc iddi, ac er i'r Ann fach glên 'na eu derbyn yn ddigon graslon, welodd hi rioed mo'r babi yn eu gwisgo nhw. Doedd 'na ddim sôn am ei bedyddio chwaith, ond dyna fo, mae'n siŵr mai pobl capel oedden nhw os oedden nhw'n dod o Gymru, ac mae gan rheiny eu ffordd eu hunain o wneud pethau.

Roedd pawb yn siŵr y byddai'r tair yn cymysgu mwy rŵan bod babi wedi cyrraedd. Mae hi wastad yn haws cymysgu pan fydd 'na fabi. Ac roedd 'na gymaint o fabis yn y pentre – dim cymaint ag ers talwm wrth gwrs, pan fyddai deg, deuddeg a mwy o blant yn dringo dros ei gilydd yn y bythynnod bychain, tywyll; ond roedd teuluoedd o bump neu chwech yn dal yn beth cyffredin. Ond ddim mor gyffredin â'r estyniadau crand a'r byngalos oedd wedi codi fel chwyn lliw hufen iâ dros y lle a thros gymaint o gefn gwlad Iwerddon, rhai ohonyn nhw yn ffrils a pholion crand yn ceisio cyhoeddi, 'Dan ni ddim yn dlawd bellach, mêt, dan ni wedi cyrraedd'. Ond doedd hi ddim yn hir cyn i arwyddion 'For sale/rent' ymddangos yn y gerddi hynny. Roedd hi'n amlwg mai arian go iawn oedd gan y tair Cymraes.

Ond er gwaethaf y plentyn, doedden nhw ddim fel tasen nhw isio rhannu tips bwydo na magu efo'r genod lleol. Byddai'r tair yn mynd â hi'n rheolaidd i'r clinig i weld y *Public Health Nurse*, i wneud yn siŵr ei bod hi'n datblygu'n iawn, ond doedden nhw ddim yn siarad llawer efo neb yn fanno chwaith.

O leia roedden nhw wedi rhoi enw call iddi: Meg. Ac roedd Meg yn gariad.

PENNOD 2

'Meg! Paid ti â meiddio!' sgrechiodd Lowri wrth weld y ferch fach deirblwydd oed yn dringo allan o ffenest ar yr ail lawr.

Dyma'r pumed tro iddi geisio dringo drwy un o ffenestri'r castell er iddyn nhw ei dwrdio a'i rhybuddio droeon.

'Chwip din gei di!' meddai Dorti. Yna, 'Be?' meddai o weld yr edrychiad gafodd hi gan Ann.

'Dim chwip din, cofio?' meddai Ann drwy ei dannedd. 'Dim cosb gorfforol o unrhyw fath – dyna wnaethon ni gytuno.'

'Ond 'di'n gwrando dim arnan ni! Mewn drwy un glust, allan drwy'r llall. Styfnig fatha mul – fatha'i mam …'

'Neu fatha'i Dodo Dorti,' meddai Lowri gan godi ei llygaid at y nenfwd.

Ochneidiodd Dorti'n flin a gosod ei dyrnau ar dopiau esgyrn ei chluniau.

'Faint o weithia sy raid i mi ddeud? Stopia 'ngalw i'n Dodo Dorti! Iawn i chi'ch dwy, mae Dodo Ann a Dodo Lowri yn swnio'n iawn, ond dydi Dodo Dorti ddim!'

'Mae'n well nag Anti Dorti …' gwenodd Lowri. 'Swnio fel ffisig.'

'Dodo Dorti'n flin!' chwarddodd Meg gan anelu at y lle tân, lle roedd pentwr o goed yn clecian yn goch ac oren.

'Nacdw ddim! A paid â 'ngalw i'n Dodo!'

'A paid â rhoi dy ddwylo yn y tân 'na!' gwichiodd Ann gan neidio am Meg a'i chodi yn ei breichiau. 'Plis, Meg fach, mae o'n beryg, sti. Gei di bopo!'

'Popo?' wfftiodd Lowri. 'Oes raid defnyddio iaith babis efo hi? Mae hi'n ddigon hen a chlyfar i wybod be ydi brifo.'

'Taswn i'n cael rhoi chwip din iddi mi fyddai'n gwybod yn lawn be ydi brifo a phopo,' meddai Dorti.

'Paid ti â meiddio,' meddai Ann gan osod Meg anhapus iawn

yng nghanol pentwr o flociau pren a Lego. 'Dyna ti, chwaraca di efo'r rhain, yli. Be am adeiladu castell allan o'r blociau 'ma?'

Gwyliodd y tair y ferch fach yn taflu'r blociau pren o'i chwmpas yn bwdlyd, gyda'i cheg yn debycach i big hwyaden.

'Ga i roi ryw bigiad bach sydyn iddi efo'r hudlath 'ta?' meddai Dorti. 'Fydda i ddim yn ei chyffwrdd hi, na fydda? Dim ond pigiad bach sydyn o boen sy'n diflannu mewn llai nag eiliad, jest digon iddi feddwl ddwywaith.'

'Iawn efo fi,' meddai Lowri. 'A fi ydi ei mam hi.'

'Naci tad! Y cwbl wnest ti oedd ei chario hi am naw mis,' meddai Ann.

'Ia, a'i gwthio hi allan!' meddai Lowri.

'Hy. Prin wnest ti dorri chwys ar ôl i ni roi'r swyn 'na arnat ti,' meddai Ann. 'A ph'un bynnag, naethon ni gytuno o'r dechrau un na fyddai'r un ohonon ni'n bwysicach na'r llall – tair dodo ydan ni!'

'Argoledig…!' meddai Dorti drwy ei dannedd.

'Efo'r un hawliau o ran ei magu hi – naethon ni gytuno!' mynnodd Ann, a'i llygaid yn sgleinio.

'Iawn, dan ni'n tair yn famau – yn ddodos, modrybedd, be bynnag – iddi,' meddai Lowri mewn llais melfed, gan gyffwrdd llaw Ann yn garedig. 'Ond mae'n ddwy yn erbyn un, Ann, ac mae hyn er lles Meg. Amdani 'ta, Dorti.'

'Na!' hisiodd Ann gan chwipio ei llaw allan i rwystro Dorti rhag codi ei hudlath. 'Dim poen gorfforol!'

'Iawn,' meddai Dorti. 'Meddylia di am ffordd o'i stopio hi cyn iddi ladd ei hun 'ta. O be wela i, mae gen ti ryw dair eiliad.' Roedd Meg bellach wedi agor droriau'r unedau cegin i'w defnyddio fel ysgol i ddringo i fyny ar y cownter llechen.

'Ym … Meg?' meddai Ann. 'Plis ty'd i lawr, 'mach i, mae hynna'n beryg. Meg?' Ond doedd Meg yn cymryd dim llwchyn o sylw ohoni ac roedd hi'n saethu at y sosbennaid o gawl oedd yn ffrwtian ar y stof.

'Ann!' hisiodd Lowri. 'Callia! Democratiaeth sy'n cyfri a does gen ti'm syniad gwell, nag oes? Gwna fo, Dorti – rŵan!'

Cododd Dorti ei hudlath a sibrwd dan ei gwynt wrth chwipio'r hudlath yn sydyn gyda'i garddwrn i gyfeiriad Meg. Gwichiodd y ferch fach mewn poen cyn troi'n araf i wynebu ei modrybedd.

Cuddiodd Dorti ei hudlath y tu ôl i'w chefn yn syth, ond roedd llygaid Meg yn graff. Sythodd ei chefn, plethodd ei breichiau a gwyrodd ei phen i'r ochr fel aderyn.

'Dodo Dorti …?' meddai fel athrawes yn dwrdio disgybl drwg.

'Dyna ti, hogan dda,' gwenodd Dorti, 'dyna dy ddysgu di bod dringo i fyny fanna yn beryg – AW!' Gwingodd Dorti mewn poen wrth i rywbeth blannu dwrn yn ei stumog. Plygodd yn ei hanner a disgyn i'r llawr.

'Be ar y ddaear?' meddai Lowri, cyn sylweddoli, a throi i syllu mewn anghrediniaeth ar Meg, a edrychai bellach fel y ferch fach fwya diniwed a fu erioed ar y blaned. Roedd ei llygaid gwyrddion yn fawr a chrwn a blew ei hamrannau yn smicio'n hamddenol fel adenydd pilipala ar flodyn.

'Meg?' meddai Ann, a'i cheg fel pysgodyn. 'Ti wnaeth hynna i Dodo Dorti?'

'Ia. Achos nath Dodo Dorti brifo Meg,' atebodd y ferch fach gyda gwên fel yr haul. 'A dydi dodos ddim fod i brifo Meg, na, Dodo Ann?'

'Ym … wel, nac ydyn,' meddai Ann, gan deimlo fel doli glwt mwya sydyn. 'Ond dydi Meg ddim i fod i frifo dodos chwaith.' Trodd i edrych i lawr ar Dorti, oedd bellach ar ei chefn, yn brwydro i gael ei gwynt yn ôl. 'Sut wnest ti hynna, Meg?' gofynnodd.

Cododd Meg ei hysgwyddau.

'Jest gneud o.'

'Be – jest wrth … feddwl am y peth?' gofynnodd Lowri gan deimlo ei llwnc yn sych grimp.

'Ia.'

Cododd Dorti yn ôl ar ei heistedd, ac edrychodd y tair gwrach ar ei gilydd. Doedd dim angen i'r un ohonynt ddweud gair. Roedd ganddyn nhw broblem.

Y noson honno, wedi i Meg syrthio i gysgu o'r diwedd ar ôl mynnu clywed stori Hugan Fach Goch deirgwaith, dringodd y tair gwrach i fyny at do'r tŵr. Cariai Dorti botel o win coch, cariai'r ddwy arall y gwydrau.

Edrychodd y tair allan ar lwybr arian y lleuad ar wyneb dŵr y llyn.

'Oeddech chi'n gallu gneud pethau fel'na yn dair oed?' gofynnodd Ann heb dynnu ei llygaid oddi ar y dŵr. Ysgydwodd y ddwy arall eu pennau, eu llygaid hwythau ar y llyn.

'Ro'n i'n ddeuddeg oed cyn i mi wneud unrhyw fath o swyn, a hynny ddim ond efo help Nain a llyfr swynion,' meddai Lowri.

'Ro'n i'n bymtheg,' meddai Dorti. 'A helpu Mam i wella cricmala un o'n cymdogion ni wnes i.'

'Pymtheg o'n inna, efo Nain a Mam a'i chwaer, a dysgu sut i baratoi cawl i wella pendduyn anferthol ar wddw fy mrawd bach i o'n i,' meddai Ann.

'Ro'n i'n gallu darllen meddyliau pobl i raddau yn weddol ifanc,' meddai Lowri, 'dyna sut roedd Nain yn gwybod bod y ddawn ynof fi. Wel, y potensial o leia. Mi ddysgais i'n rhyfeddol o gyflym unwaith iddi ddechrau rhoi gwersi i mi.'

'Finna hefyd,' meddai Dorti. 'Wna i byth anghofio'r wefr aeth drwof fi pan ges i fy hudlath gynta. Dyna pryd wnes i sylweddoli faint o bŵer oedd gen i. Ro'n i'n beryg bywyd am bythefnos, a'r ieir druan yn mynd i banig glân pan fydden nhw'n fy ngweld i. Ro'n i wedi bod yn arbrofi efo nhw, gwneud i un golli ei phlu i gyd, gwneud i un arall ddawnsio fel top ar un goes a throi un arall yn llyffant. Ro'n i ar ganol gwneud i fy mrawd bach hedfan pan roddodd Mam gelpen a llond pen i mi a 'nysgu i pa mor bwysig oedd defnyddio fy noniau yn gall ac ystyriol – a gofalus.'

'Dyna pam roedd angen aros i ni aeddfedu cyn datblygu'n doniau ni,' meddai Ann. 'Ond chlywais i rioed am rywun tair oed yn gallu achosi poen corfforol efo'i meddwl yn unig.'

Bu'r tair yn dawel am sbel, yn gwylio tylluan wen yn hedfan yn gwbl, berffaith dawel dros y llyn.

'Does 'na'r un ohonoch chi wedi bod yn ei dysgu hi ar y slei, nag oes? Dwi'n sicr ddim,' meddai Lowri.

'Naddo, wir yr,' meddai'r ddwy arall yn daer.

'Ydi hi wedi bod yn ein gwylio ni'n gwneud swynion?'

'Naddo, rydan ni wastad wedi gwneud yn siŵr ei bod hi yn ei gwely, yn cysgu'n drwm.'

'Ond fydden ni wedi sylwi tase hi wedi deffro a sleifio ar ein holau ni?'

Edrychodd y tair ar ei gilydd. Allen nhw ddim bod yn siŵr.

'Oedd pwerau ei mam hi'n gryfach na'n rhai ni, tybed?' gofynnodd Lowri.

'Dwi'm yn meddwl,' meddai Dorti. 'Ro'n i wastad wedi teimlo ein bod ni i gyd rywbeth tebyg. Ond mi nath hi fyw yn llawer hirach na gwrach gyffredin, yn do …'

'A dynion cyffredin oedd ein tadau ni,' meddai Ann yn dawel. 'Cofiwch pwy ydi tad Meg.'

'Rhys Dolddu …' meddai'r ddwy arall fel un, gan deimlo blew eu gwar yn codi.

Roedd y dylluan wen wedi dal cwingen. Pharodd y sgrechian ddim yn hir a gwyliodd y tair y cysgod tywyll, tawel yn hedfan yn ôl dros y llwybr arian.

'Felly be dan ni'n mynd i neud?' gofynnodd Lowri.

'Mae hi'n rhy ifanc i ni drio rhesymu efo hi,' meddai Dorti.

'Allwn ni drio,' meddai Ann.

'Iawn, mi drïwn ni egluro iddi pa mor bwysig ydi iddi beidio â chwarae efo'i galluoedd goruwchnaturiol, rhyfeddol, cyffrous,' meddai Lowri. 'Ac os na fydd hynny'n gweithio?'

'Mi rown ni swyn arni,' meddai Dorti. 'Dwi'n siŵr y bydd ein pwerau ni'n tair efo'i gilydd yn ddigon i roi stop ar hogan fach dair oed.'

'Byddan, siŵr,' meddai Lowri. 'Felly pryd dan ni'n mynd i'w neud o?'

'Wooo, dal dy ddŵr. Dwi ddim yn cofio cytuno i roi swyn arni,' meddai Ann.

'Ann, callia, does gynnon ni fawr o ddewis!' meddai Lowri.

'Dim ond os na fydd trio rhesymu efo hi'n gweithio,' meddai Ann.

'Iawn, tria di resymu efo hi 'ta, a phob lwc i ti,' meddai Dorti.

'Dim heno. Ddim eto,' meddai Ann.

'Bore fory 'ta.'

Sipiodd y tair eu gwin yn araf wrth i gri tylluan frech dw-hŵian yn y pellter.

Gwrandawodd Meg yn astud ar Ann yn ceisio egluro wrthi dros y bwrdd brecwast:

'Ond mae'n bwysig i ni beidio â defnyddio hud nes byddwn ni'n o leia deuddeg oed, ti'n gweld. Mi neith Dodo Lowri a Dorti a fi dy ddysgu di i neud bob math o bethau wedyn, yn gwnawn?' Nodiodd y ddwy wrach arall yn ufudd. 'Felly wnei di addo i mi na wnei di byth neud be nest ti i Dodo Dorti eto? Ddim iddi hi nac i neb arall?'

Edrychodd y llygaid mawr gwyrdd arni gyda diddordeb.

'Meg ddim fod i brifo neb ...' meddai'n araf.

'Na. Byth,' meddai Ann. 'Ti'm isio gneud i neb grio, nag oes?'

Ysgydwodd y ferch fach ei phen yn ddifrifol.

'Ond be os ydi rhywbeth yn brifo a ddim Meg nath?' gofynnodd.

Trodd Ann at y lleill am help.

'Ddim sôn am roi'r bai ar rywun arall wyt ti, naci?' gofynnodd Dorti. 'Achos dydi hynna ddim yn syniad da chwaith.'

'Na, os ydi rhywbeth jest yn brifo, neu'n sâl,' meddai Meg. 'Fel hyn.'

Neidiodd y tair chwaer wrth i rywbeth daro i mewn i ffenest y gegin gyda chlec uchel.

'Be oedd hynna?' gofynnodd Lowri gan frysio at y ffenest.

'Robin goch,' meddai Meg gan neidio oddi ar ei stôl a saethu drwy'r drws. Syllodd y tair gwrach yn fud drwy'r ffenest ar y ferch fach yn plygu i godi corff bychan robin goch oddi ar y llawr. Roedd ei ben yn fflopian dros ochr ei bysedd. Yna cwpanodd Meg ei dwylo a'u codi at ei hwyneb. Chwythodd yn ysgafn drwy ei bysedd am rai eiliadau, yna agorodd ei dwylo a gwenu. Ysgydwodd yr aderyn ei ben unwaith, ddwywaith, yna hedfanodd i ffwrdd a glanio ar ochr un o'r potiau blodau. Canodd, yna hedfanodd am y coed. Trodd Meg at y tri wyneb syn yn y ffenest a gwyro ei phen fel cwestiwn.

'O, mam bach,' meddai Dorti.

'Mae 'na rywbeth yn deud wrtha i nad dyna'r tro cynta iddi neud hynna …' meddai Lowri.

'Dwi newydd feddwl,' meddai Dorti. 'Dach chi'n cofio ni'n dod o hyd i gorff y wiwer 'na efo'i phen yn wynebu'r ffordd anghywir?'

'Yndw!' meddai Lowri. 'Ro'n i'n meddwl mai rhyw gi neu lwynog oedd wedi torri ei gwddw hi ac mai dim ond edrych fel tase fo'r ffordd anghywir oedd o.'

'Dyna wnes inna drio deud wrtha i fy hun, ond rŵan, dwi ddim mor siŵr.'

'Iawn. Swyn. Heno!' meddai Ann. 'Neu mi fydd hi'n hedfan dros y pentre 'na cyn ei bod hi'n bump oed!'

'Mi a' i i bori yn y llyfr swynion rŵan, munud 'ma,' meddai Lowri. 'Mi fydd angen swyn uffernol o gry i roi stop ar hon.'

Aeth Dorti â Meg am dro er mwyn i'r ddwy arall gael casglu a pharatoi'r holl gynhwysion y byddai eu hangen. Cydiodd yn ei llaw fechan, gynnes wrth gerdded i lawr y llwybr caregog o'r castell.

'Gawn ni fynd i'r pentre i weld y plant bach eraill?' gofynnodd Meg.

'Ym. Na, ddim heddiw. Be am fynd i'r coed yn lle hynny? I chwilio am wynebau rhyfedd yn y rhisgl.'

'Be ydi rhisgl?'

'Y stwff caled sydd fel rhyw fath o groen i'r goeden. Ty'd, mi ddangosa i ti.'

Roedd Meg wrth ei bodd gyda'r gêm, yn gweld pob math o bethau yn y tyllau a'r canghennau: hen ddyn yn sgrechian, eliffant â thrwnc byr, llyffant â gwên anferthol a hyd yn oed angel yn wylo. Rhedai o un goeden i'r llall, ei dychymyg yn drên a'i llygaid yn sgleinio.

Gwenodd Dorti, a chofio'r un sglein yn union yn llygaid Siwsi, ei mam, pan fyddai'n dawnsio o gwmpas y tân ar noson Calan Gaeaf; pan fyddai'n gwrando ar lais canu nefolaidd Megan Ty'n Drain druan ... a phan fyddai'n gweld y diawl Dafydd Dolddu 'na, y snichyn roedd hi wedi bod yn ddigon gwirion i syrthio mewn cariad ag o yr holl flynyddoedd yn ôl.

Diflannodd gwên Dorti wrth feddwl am y bastad. Fo oedd yn gyfrifol am yr holl lanast; fo oedd wedi bradychu Siwsi a'i chyfeillion bron i bedwar can mlynedd ynghynt. Diolch iddo fo, roedden nhw eu tair wedi gorfod byw fel sgwarnogod am gannoedd o flynyddoedd, un ai'n waldio pennau sgwarnogod gwryw, cocwyllt, neu'n gorfod gadael i'w hormonau eu rheoli a chael rhyw sydyn, unochrog a chwbl annigonol efo nhw, neu'n osgoi gynnau helwyr a'u cŵn. Ac oni bai am Dafydd Dolddu a'i ddisgynyddion, byddai Siwsi'n dal yn fyw.

Gallai gofio'r noson fel ddoe: Ann, Lowri a hithau yn sgwarnogod nerfus yn rhedeg am eu bywydau ar ôl cnoi drwy'r rhaffau roedd Rhys Dolddu wedi eu defnyddio i glymu Siwsi i'w wely. Y gwely lle roedd o wedi ei threisio. Y gwely lle cafodd Meg ei chreu. Unwaith roedd Siwsi wedi cael ei rhyddhau o'r rhaffau, roedd hi wedi gollwng y sgwarnogod yn ofalus drwy'r ffenest cyn dringo allan ei hunan ac roedden nhw i gyd wedi ei miglo hi i lawr yr wtra. Ond roedd Rhys Dolddu yn aros amdanyn nhw wrth y giât, a modrwy hud Siwsi ar ei fys fel ei fod yn un â'r cysgodion. Gwingodd Dorti wrth gofio poen arteithiol y fwled rwygodd drwy ei chnawd. Pam na fyddai hi wedi bod yn fwy gofalus? Wedi rhedeg drwy'r goedwig yn hytrach nag i lawr yr wtra am y giât?

Roedd o wedi cydio ynddi gerfydd ei chlustiau a'i hysgwyd yn gandryll oherwydd iddo fethu saethu'r un o'r lleill. Wedyn roedd o wedi ei chodi fel bod ei lygaid tywyll, oer yn rhythu i mewn i'w llygaid hi a dweud:

'Mi ddylwn i roi cyllell ynot ti rŵan, yr eiliad 'ma, ond rwyt ti'n fwy gwerthfawr i mi'n fyw, dwyt, fy ngwrach fach flewog. Ty'd, ti'n dod adre efo fi i ddisgwyl am Siwsi. Achos mi fydd hi'n gwbod dy fod ti'n dal yn fyw, yn bydd? Ac mi fydd hi'n benderfynol o drio achub ei chyfaill ...'

Roedd Dorti'r sgwarnog wedi udo, sŵn oedd yn rhyfeddol o debyg i fabi'n crio, oherwydd ei bod yn gwybod ei fod o'n iawn, a doedd hi ddim isio i Siwsi ddod i'w nôl hi. Roedd hi wedi gweddïo y gallai farw cyn i Siwsi gymryd yr un cam yn ôl i gyfeiriad Dolddu, ond er ei bod hi'n gwaedu o'r twll bwled yn ei hysgwydd, doedd hi ddim yn gwaedu'n ddigon cyflym. Roedd hi wedi ceisio cicio gyda'i choesau ôl er mwyn gwaedu'n gyflymach, ond roedd hi'n rhy wan.

Pan glywodd hi'r dwrn yn cnocio deirgwaith ar ddrws Dolddu, roedd hi a Rhys yn gwybod yn iawn pwy oedd yno, a doedd dim y gallai hi ei wneud. Anghofiai hi byth weld wynebau gwelw'r tair gwrach yn y drws, eu gwalltiau a'u gwisgoedd yn diferu yn y glaw. Roedd Ann wedi ceisio rhesymu gydag o i ddechrau, ond wedyn roedd hi wedi ei fygwth y byddai'r tair ohonynt yn troi ar Rhys os na fyddai'n rhoi Dorti yn ôl iddyn nhw.

Gallai glywed ei lais yn glir:

'Mi gewch chi Dorti'n ôl os ga i Siwsi Owen, heb ei hudlath, heb ei chyllell, heb ddim. Ond yn bwysicach na dim, heb ei gwallt.' Roedd y diawl yn gwybod yn iawn y byddai pwerau Siwsi'n diflannu'n llwyr os byddai rhywun yn torri ei gwallt i'r bôn. Roedd Lowri wedi ceisio taflu swyn pelen losg ato, ond roedd o wedi cymryd rhywbeth cryf cyn iddyn nhw gyrraedd, rhywbeth hynod bwerus i'w amddiffyn, a doedd eu hud yn dda i ddim yn ei erbyn.

Roedd o wedi gwasgu Dorti'n galed wrth wrando ar Siwsi'n ceisio egluro be'n union ddigwyddodd rhyngddi hi a Dafydd Dolddu bedair canrif ynghynt, ond doedd o'm isio gwybod, nag oedd? Mae hi bron yn amhosib derbyn y gwirionedd wedi i stori wahanol gael ei rhannu drwy'r cenedlaethau; mae'r gwenwyn a'r gwenwyno yn y gwaed. Roedd disgynyddion Dafydd Dolddu wedi gwneud eu gwaith yn drylwyr, a Rhys wedi ei wenwyno'n llwyr.

Yn y cyfamser, roedd Dorti'n gwaedu i farwolaeth a bu ond y dim iddi fynd mewn pryd. Welodd hi ddim be ddigwyddodd wedyn ond gwyddai fod Siwsi wedi rhoi ei chyllell i Ann a mynnu ei bod yn torri ei gwallt. Gwyddai hefyd ei fod o wedi rhoi Dorti iddyn nhw ar yr amod na fydden nhw'n dod o fewn dau gan milltir i Dolddu byth eto. Roedd ganddyn nhw deirawr i hel eu paciau. A dyna'r tro olaf iddyn nhw weld Siwsi yn fyw.

Ond diolch byth, roedd Dorti'r sgwarnog yn gwybod rhywbeth na wyddai'r lleill, a phan gafodd ei thrawsnewid yn ôl yn ferch, dywedodd wrth y ddwy arall fod babi yn tyfu y tu mewn i Siwsi.

'Brysiwch! Mae'n rhaid i ni achub y babi!' meddai Ann yn syth. Roedd hi wedi colli ei babi ei hun bedwar can mlynedd ynghynt, pan gafodd torf wyllt dan arweiniad Dafydd Dolddu a Tudur ap Rhydderch afael yn y bychan, eiliadau wedi i Ann lwyddo i droi ei hun yn sgwarnog a dianc am ei bywyd, gan orfod gadael ei merch fach ar ôl. Byddai achub babi Siwsi yn gwneud iawn am yr hyn wnaethon nhw i'w babi hi.

Wedi helpu'r ddwy arall i ddechrau paratoi'r cyfan a fyddai ei angen, roedd hi wedi dringo i mewn i'r cwpwrdd hud cerfiedig er mwyn gallu ymddangos yng nghegin Dolddu a 'benthyca' corff Siwsi am ychydig. Bu'n rhaid i'r ddwy arall aros yn nerfus yng Ngarth Wyllt amdani, gan weddïo na fyddai Rhys yn ei dal ac na fydden nhw'n rhy hwyr. Roedden nhw wedi paratoi pob dim, wedi llenwi'r crochan a chynnau canhwyllau a gwagu a llenwi poteli a chymysgu moddion. Roedd Lowri wedi glanhau'r gyllell mewn dŵr berwedig a fflamau hud y tân; roedd Dorti wedi llenwi bocs arian bychan gyda rhubanau gwyrddion, a bu'r ddwy yn brysio i gasglu'r holl berlysiau a hylifau angenrheidiol.

Yna ymddangosodd y cwpwrdd hud eto, mewn fflach o olau gwyrdd.

Daeth dagrau i lygaid Dorti wrth gofio gweld corff cam Siwsi, a daeth yr arogl ffiaidd yn ôl i'w ffroenau. Roedd Rhys wedi ei gwenwyno, ac roedd yr artaith roedd y greadures wedi bod drwyddo yn ei munudau olaf yn boenus o amlwg; roedd ci cheg wedi ei pharlysu mewn sgrech erchyll, a'i gwefusau'n ddu a chwyddedig. Roedd Lowri a hithau wedi gwisgo mygydau am eu hwynebau, yna ei rhoi ar y bwrdd yng Ngarth Wyllt, ac yna roedd Lowri wedi estyn am y gyllell. Roedd hi wedi oedi am ychydig am fod Ann yn dal i gyfogi ar ôl bod yn y bocs efo'r fath ddrewdod. Ond yr eiliad roedd hi wedi dod ati ei hun, aeth y tair ati i dynnu'r groth allan o gorff Siwsi, a'i gosod yn ofalus yn y bocs arian, gan ddefnyddio eu pwerau i gyd i ofalu na fyddai unrhyw ddiferyn o'r gwenwyn laddodd Siwsi yn cael cyffwrdd y gronynnyn bychan o faban yn ei chroth.

'Diolch byth, doedden ni ddim yn rhy hwyr,' meddai Lowri. Roedden nhw wedi canu, mewn lleisiau braidd yn grynedig, mae'n wir, ond yn ddigon cryf i'r swyn weithio:

'Whisgit, whisgit, tân a brwmstan,
Dyma'r groth, mae yma'n gyfan;
Cysga di yn bur, y fechan,
Lapiwn di mewn swyn a ruban,
Cadwn di am nawmis cyfan
'Mhell o boen a phethau aflan
Yn dy wely hyfryd arian,
Whisgit, whisgit, tân a brwmstan,
Collwyd Siwsi, ond dyma'i baban.'

Yna roedden nhw wedi gwnïo ei chorff yn daclus eto, a Dorti a Lowri wedi mynd â chorff Siwsi yn ôl i Dolddu, fel na fyddai Rhys ddim callach.

Yna, bu'n rhaid trafod lle allen nhw fynd a fyddai o leiaf ddau gan milltir i ffwrdd.

'Llundain?' meddai Lowri.

'I fagu plentyn? Dim diolch,' meddai Ann. 'Dan ni angen digon o awyr iach a natur.'

'Mae 'na ddigon o barciau a choedwigoedd yno ac mae'r lle'n berwi efo llwynogod, mae'n debyg,' meddai Lowri.

'Na,' meddai Dorti ac Ann.

'Yr Alban,' meddai Dorti. 'Yn y mynyddoedd, rhywle i'r gogledd o Fort William.'

'Y? Mae fanno dros bedwar can milltir i ffwrdd. Does 'na'm angen mynd dros ben llestri,' meddai Ann.

'Pam lai? Pam ddim mynd yn uffernol o bell, i ochr arall y byd?' meddai Dorti. 'Mae 'na gannoedd o wrachod yn dal yng Nghanada, yn y dwyrain, yn ardal Labrador a Newfoundland, does? Gawson nhw lonydd yn fanno.'

'Rhy oer,' meddai Ann. 'Be am Iwerddon? Mi ddylai rhywle yn y gorllewin fod yn ddigon pell fel yr hed y frân.'

Roedd y tair wedi pori dros fap, yna nodio fel un a dechrau paratoi i deithio am borthladd Caergybi a'r Ynys Werdd, gyda hynny o luniau a dodrefn Siwsi y gallai'r fan tacsi ei gludo.

'A dyma ni yno,' meddai Dorti dan ei gwynt wrth wylio Meg yn sgipio drwy'r rhedyn, yn chwerthin a chanu. Yna rhewodd. Be oedd hi'n ei ganu? Brysiodd ar ei hôl hi drwy'r rhedyn gan glustfeinio. Yna stopiodd yn stond. Doedd dim amheuaeth. Roedd y geiriau a'r diwn yn glir:

'Whisgit, whisgit, tân a brwmstan,
Collwyd Siwsi, ond dyma'i baban.'

Pennod 4

Tro Ann oedd hi i ddarllen stori i Meg, felly wedi i bawb gael ei chusan a'i choflaid nosweithiol gan y ferch fach gynnes, binc wedi bath, gadawodd Lowri a Dorti y llofft ac anelu'n syth am y tŵr. Aeth llaw Dorti yn syth i'w phoced. Brwydrodd i danio'i sigarét yn y gwynt o'r gorllewin.

'Roedd hi'n gallu darllen fy meddwl i, Lowri, wir i ti, gweld a chlywed fy atgofion i – mae'n rhaid ei bod hi!'

'Wyt ti'n siŵr nad oeddet ti wedi bod yn canu'n uchel heb sylweddoli?'

'Berffaith siŵr!'

'Gorau po gynta i ni roi'r swyn arni felly,' meddai Lowri. 'Y munud y daw Ann yn ei hôl, awn ni ati. Mae'r cynhwysion i gyd yn barod yn y selar.'

'Ond dwi'm yn siŵr fyddwn ni'n ddigon cry i'w rheoli hi! Mae gallu'r hogan yn anhygoel.'

'Dorti, ti'n mynd o flaen gofid,' meddai Lowri gan roi ei braich yn dringar am ysgwydd Dorti. 'Mae 'na dair ohonan ni, ac mae'n andros o swyn cry. Ac mae Ann wedi rhoi powdr cysgu yn ei diod hi.'

'Ond os fydd hi'n darllen meddwl Ann, wneith hi mo'i yfed o!'

'Be wyddost ti? Os ydi hi mor glyfar â hynna, mi fydd Meg yn gwybod yn iawn mai er ei lles hi ei hun y byddwn ni'n gneud hyn.'

'Dwn i'm. Dwi jest yn … mae'n teimlo'n anghywir: rhoi swyn ar hogan fach dair oed.'

Llaciodd Lowri ei gafael am ysgwydd Dorti. Caeodd ei llygaid am eiliad cyn ceisio cadw ei llais yn gymharol glên a rhesymol:

'Ond dy syniad di oedd rhoi swyn arni, Dorti!' Dim ond

codi ei hysgwyddau wnaeth Dorti. Cnodd Lowri ei gwefus isaf am rai eiliadau cyn gofyn: 'Wyt ti wedi cael syniad gwell neu rywbeth?'

'Naddo. Ond dwi'n nerfus.' Tynnodd yn ddwfn ar ei sigarét, yna pesychu. 'Mae hwn yn afiach.'

'Paid â'i smocio fo 'ta.'

Rhoddodd Dorti edrychiad siarp iddi a thynnu'n ddyfnach. Yna sythodd yn sydyn. 'Ei gwallt hi!'

'Be amdano fo?'

'Mi nath Rhys neud i chi dorri gwallt Siwsi i'r bôn er mwyn chwalu ei phwerau hi, yn do?'

Goleuodd llygaid Lowri. 'Do! Wrth gwrs! Ei "Samsoneiddio" ddeudodd o. Pam na fydden ni wedi meddwl am hynna ynghynt?'

'Achos dan ni'n dwp ac wedi bod yn diogi ers tair blynedd,' meddai Dorti gan ollwng ei stwmp a'i wasgu gyda'i sawdl. 'Ty'd, awn ni i gael bob dim yn barod.'

Edrychodd Ann arnyn nhw'n hurt.

'Torri ei gwallt hi i'r bôn? Dach chi o ddifri?'

'Ydan.'

'Ond mi fydd y swyn yn fwy na digon, siŵr!' protestiodd Ann. 'Yn enwedig os fyddwn ni'n gofalu ei bod hi'n anghofio bob dim ddeudon ni wrthi am fod yn wrach.'

'Allwn ni'm bod yn siŵr, Ann,' meddai Dorti. 'Mi fydd hyn yn fath o yswiriant – rhag ofn.'

'Ond y cyrls coch, hyfryd 'na!'

'Ydi, mae'n bechod, ond dyna fo.'

Ysgydwodd Ann ei phen yn araf a chladdu ei phen yn ei dwylo.

'Ann – er ei lles hi dan ni'n gneud hyn, cofia!' meddai Lowri wrthi. 'Dan ni isio iddi dyfu'n wrach gall, ddoeth, tydan? Ac rydan ni isio iddi fynd i'r ysgol a chymysgu efo plant eraill, cofio?'

'Meddylia be fysa'n digwydd tase rhyw blentyn bach yn trio

dwyn ei phensel hi! Roedd fy stumog i'n dal i frifo am oriau ar ôl be nath hi i mi,' meddai Dorti. 'A dwi'n wrach …'

'Ia, iawn, dwi'n gwbod eich bod chi'n iawn. Ond – ond sut dan ni fod i egluro pam ein bod ni wedi torri ei gwallt hi i gyd i ffwrdd pan oedd hi'n cysgu? Mae hi wrth ei bodd efo'r gwallt 'na!'

'Ym … am ei bod hi wedi cael y stwff gwm cnoi 'na yn sownd ynddo fo?' cynigiodd Dorti.

'Ond dydi hi byth yn cnoi gwm. Dwi'm yn meddwl ei bod hi'n gwbod be ydi o.'

'Am fod 'na lygoden wedi bod yn ei gnoi o ganol nos 'ta?'

Edrychodd Ann ar Dorti gan godi ei haeliau.

'Ia, iawn, syniad hurt. Sori,' meddai Dorti.

'Dwi'n cofio nhw'n torri 'ngwallt i'n fyr, fyr pan o'n i tua chwech neu saith,' meddai Lowri. 'Ro'n i'n gandryll ac yn crio am oriau, dwi'n cofio, a dwi'n dal i fedru ogleuo 'ngwallt druan i'n llosgi ar y tân.'

'Ych, ogla ofnadwy ydi gwallt yn llosgi,' meddai Ann. 'Ond pam wnaethon nhw ei roi o ar y tân yn y lle cynta? Pam ddim ei gadw o?'

'Am ei fod o'n berwi efo llau,' meddai Lowri. 'Roedd hyn yn ein hamser ni, cofia, ymhell cyn bod siampŵs llau ar gael. Doedd hyd yn oed Nain, oedd yn wrach wen reit dda, ddim yn gwbod sut i drin llau heb dorri'r gwallt i ffwrdd yn gynta.'

'Dyna'r ateb! Am fod ganddi lau pen!' meddai Dorti. 'Mi fedran ni ddeud wrth Meg, ac unrhyw bobl fusneslyd o'r pentre, ei bod hi wedi eu dal nhw gan un o blant y pentre y diwrnod o'r blaen … a bod Ann wedi sylwi ar rywbeth yn symud pan oedd hi newydd syrthio i gysgu heno. Ia?'

Edrychodd y ddwy arall ar ei gilydd, yna nodio. Llau amdani.

'Mi fyddai'n syniad i ni dorri ei gwallt hi yn gynta, cyn gneud y swyn,' meddai Lowri, 'fel ei bod hi'n wan cyn i ni ddechrau.'

'Iawn,' meddai Ann. 'Ond nid fi sy'n ei dorri o. Fi dorrodd wallt ei mam hi …'

Rhoddodd Lowri ei llaw yn dyner ar ei hysgwydd.

'Mi wna i ei dorri o,' meddai.

'Ac mi wna i fynd i'w nôl hi,' meddai Dorti. 'Yfodd hi ei llaeth i gyd, do?'

'Do, bob diferyn.'

Edrychai Meg fel angel yn ei chwsg, un fraich o dan ei phen, un arall am ei thedi bach melyn, a'i chyrls hir, coch fel dail mis Medi yn rhyfeddol o daclus ar y gobennydd. Gwthiodd Dorti ei dwylo'n araf o dan y corff bach cynnes a'i chodi'n ofalus. Oedd, roedd hi'n cysgu'n sownd. Cusanodd ei chorun yn ysgafn ac anadlu'r arogl cynnes a ddeuai o'i gwallt a'i chroen: arogl dail a mwsog, a bara a bisgedi'n syth o'r popty. Arogl a wnâi i'w chalon doddi.

Cariodd hi i i lawr y grisiau troellog i'r selar, lle roedd y ddwy arall yn disgwyl amdanynt, eu crwyn yn sgleinio ar ôl cael cawod sydyn ond trwyadl.

Allai Ann ddim peidio â gadael i'r dagrau ddisgyn wrth wylio'r cyrls yn disgyn fel bisgedi *brandy snaps* ar y llawr llechi oer. Fel'na'n union roedd gwallt ei mam hi wedi disgyn ar lawr cegin Dolddu bron i bedair blynedd yn ôl. Ond tra oedd Meg fach fel doli glwt yn gorfod cael ei dal i fyny gan Dorti, roedd Siwsi wedi dal ei hun yn syth, ei gên yn uchel, yn rhythu i fyw llygaid Rhys Dolddu, a'i hwyneb fel carreg.

Torri'n ddigon blêr wnaeth Ann y noson honno, gan ei bod prin yn gallu gweld yr hyn roedd hi'n ei wneud, ond roedd Lowri'n gwneud joban well o lawer ohoni gyda Meg.

'Ydi hynna'n ddigon byr?' gofynnodd Lowri ar ôl sbel.

'Ydi, siawns, a da iawn ti, Lowri,' meddai Dorti. 'Mi ddylai hi fod reit hapus efo hwnna; mae hi'n edrych fatha picsi bach.'

'Be wnawn ni efo fo?' gofynnodd Ann wrth sgubo'r cudynnau meddal yn bentwr.

'Dan ni'n bendant ddim yn ei losgi o,' meddai Lowri.

'Rho fo yn y bocs bach 'ma,' meddai Dorti, gan estyn bocs bychan pren i Ann. 'Mae o'n siŵr o fod o ddefnydd i ni ryw dro.'

'Iawn, cer di i molchi, Dorti, mi wnawn ni baratoi fan hyn,' meddai Lowri.

Pan ddaeth Dorti yn ei hôl, a'i chroen wedi'i sgwrio'n lân, roedd yr allor fechan wedi ei dadorchuddio yn y gornel; corff Meg yn gorwedd ar y llawr o'i blaen a chylch mawr o gerrig gwynion wedi eu gosod yn ofalus am yn ail â chanhwyllau hirion o'i chwmpas hi a'r allor. Yng ngolau'r cylch canhwyllau, tynnodd y tair eu gwisgoedd fel eu bod yn noeth, yna cododd Ann lestr o ddŵr halen a thaenu defnyn i'r gogledd, y gorllewin, y dwyrain a'r de, a chyneuodd Lowri'r ddwy gannwyll fawr ar bob pen i'r allor. Ar ôl gosod crochan o ddŵr glân ar ochr orllewinol yr allor lechen, agorodd Dorti gaead bocs pren wrth droed yr allor a thynnu allan hudlath o bren ysgawen: hen hudlath Siwsi. Dewisodd y ddwy arall eu hudlathau hwythau: un o'r ddraenen wen i Ann, ac un o bren collen i Lowri. Gosododd y tair yr hudlathau ar ochr ddeheuol yr allor, ac estynnodd Dorti i'r bocs eto gan dynnu allan gyllell arian Siwsi a gosod honno'n ofalus wrth ochr y crochan.

Trodd Ann at res o boteli amrywiol eu lliw a'u llun a disgwyl i Lowri ddarllen o'r llyfr hud.

'Gwreiddiau cedowrach y coed,' darllenodd Lowri, a gwylio Ann yn tywallt llond llaw o'r gwreiddiau brown wedi eu torri'n fân i'w llaw, ac yna i'r crochan o ddŵr. 'Afal y diafol a llysiau'r moch,' meddai, ac aeth Dorti ati i helpu Ann i fesur ac ychwanegu y cynhwysion hynny. 'A chydig o ffa'r moch, ond ddim gormod, gan ei bod hi mor ifanc. A dyna ni. Gawn ni ddechrau'r ddefod.'

Daeth y ddwy arall i sefyll bob ochr iddi a thywalltodd Lowri win coch i mewn i ffiol arian a'i chodi'n araf o'i blaen. Tywalltodd ychydig ddafnau ar y llawr pridd o'u cwmpas, yna cododd y ffiol at ei gwefusau ac yfed dracht ohoni. Pasiodd y ffiol i Dorti ac yfodd hithau ddracht ohoni, yna pasiodd hithau'r ffiol i Ann. Roedd y tair yn awr yn un â'r ddaear. Tywalltodd Ann weddill cynnwys y ffiol i'r crochan.

Estynnodd Dorti am y gyllell arian a chododd y llafn yn araf i'r awyr â'i dwy law, fel bod y marciau hudol yn sgleinio yng ngolau'r canhwyllau. Daliodd hi uwch ei phen am rai eiliadau i ddenu'r golau a'r egni i mewn i gyrff y tair ohonynt. Gallent deimlo'r pŵer yn llifo drwyddynt yn syth, ac ochneidiodd y tair yn ddwfn. Yna, trodd Dorti y gyllell mewn cylch araf, pendant uwch ei phen i ryddhau'r egni i'r cylch hud o'u hamgylch.

Griddfanodd y tair yn uchel a dechreuodd eu cyrff grynu. Roedd yr hud yn cael effaith. Estynnodd Ann am ei hudlath, ei chusanu ac yna ei defnyddio i droi'r gymysgedd yn y crochan, yn araf i ddechrau, yna ynghynt ac ynghynt. Symudai cluniau'r tair i'r un rhythm, yr un cyflymdra. Dechreuodd y tair fwmian yn isel, yna llefarodd Lowri yn uchel:

'Mae ein hud yn allu cyfrin
Nad yw'n rhan o'r byd cyffredin;
Rhag i'th ddoniau dy fradychu
Bydded iddynt nawr ddiflannu.'

Tynnodd Ann ei hudlath allan o'r crochan a gwyliodd y tair y gymysgedd yn chwyrlïo'n wyllt gan ailadrodd y geiriau nes i'r hylif droi'n goch llachar. Gosododd Lowri y ffiol yn y crochan a'i llenwi, yna aeth Dorti ar ei gliniau a defnyddio'r gyllell arian i dorri'r croen ar gefn llaw Meg; toriad bychan, glân, fodfedd o hyd, yna defnyddiodd ei bysedd i agor y toriad er mwyn i Lowri ddiferu peth o gynnwys y ffiol i mewn i'r cnawd. Clymodd Dorti rwymyn o sidan coch am law Meg a'i gusanu. Yna, tywalltodd Lowri fymryn mwy o'r hylif i mewn i geg y ferch fach a defnyddio'i bys i'w rwbio i mewn yn drylwyr i'w gwefusau, cig ei dannedd a thu mewn i'w bochau.

Cododd Lowri a Dorti ar eu traed a gwyliodd y tair y dafnau o'r hylif coch yn sgleinio ar wefusau Meg ac yn diferu i lawr ochr ei cheg. Cydiodd y tair yn nwylo ei gilydd a dechrau dawnsio'n araf mewn cylch o amgylch y ferch a'r allor. Roedden nhw'n canu bellach:

'Rhag i'th ddoniau dy fradychu
Bydded iddynt nawr ddiflannu.
Caiff y cyfan fynd yn ango',
Nid am byth, dim ond dros dro;
Dim ond dros dro ...'

Cyflymodd y dawnsio nes bod eu gwalltiau'n hedfan a'r chwys yn berlau ar eu croen. Rownd a rownd â nhw, drosodd a throsodd, gan udo a chanu a griddfan. Yna, yn sydyn, daeth y cyfan i ben a disgynnodd y tair i'r llawr, eu calonnau'n curo'n wyllt.

Wedi munudau hirion o dawelwch, cododd Lowri ar ei thraed yn sigledig, a sychu olion yr hylif hud oddi ar wyneb y ferch fach.

'Iawn, mi a' i â hi yn ôl i'w gwely. Dechreuwch chi glirio fan'ma.'

Cododd Dorti ac estyn am ei dillad.

'Dim ond gobeithio ei fod o wedi gweithio. Mi wnes i gasáu gwneud hynna iddi.'

PENNOD 5

Roedd y gwahaniaeth yn amlwg yn syth. Wnaeth hi ddim strancio hanner cymaint â'r disgwyl oherwydd diflaniad ei chyrls dros nos, ac wedi sychu ei dagrau, penderfynodd ei bod hi'n eitha hoffi'r ffaith ei bod yn edrych fel picsi. Roedd hi'n dal i fod isio ei ffordd ei hun wrth gwrs, fel pob plentyn arall o'r un oed, ond dim ond i un o'r oedolion roi edrychiad hir, oer a blin iddi, byddai ei hysgwyddau'n crymu a'i llais yn diflannu'n ddim. Yn sicr, fyddai neb yn cael dwrn anweledig yn ei stumog am feiddio ei chroesi, a dim ond oherwydd damwain naturiol y byddai adar yn taro'r ffenestri bellach.

Daliodd y gwrachod eu hanadl pan glywyd y glec y tro cyntaf wedi'r swyn. Rhedodd Meg allan yn syth i chwilio am gorff yr aderyn bach, ond dim ond cwpanu corff y titw tomos yn ddagrau i gyd wnaeth hi, a mynnu eu bod yn ei gladdu yn yr ardd. Doedd pob aderyn ddim yn marw oherwydd iddynt daro'r gwydr wrth gwrs, ond roedd Dorti'n amheus iawn un prynhawn, wythnosau yn ddiweddarach, pan ddaeth llinos werdd ati ei hun yn rhyfeddol o sydyn yn nwylo Meg, yn enwedig pan benderfynodd y llinos sefyll yn fodlon ei byd ar gledr llaw y ferch fach, a bwyta'r briwsion gynigiodd Meg iddi gyda'i llaw arall. Roedd hi'n fwy amheus fyth rai dyddiau yn ddiweddarach, pan welodd gwningen wyllt yn hopian o gwmpas yr ardd yn berffaith ddof gyda Meg yn hopian y tu ôl iddi, am hanner awr gyfan.

Tro Lowri oedd hi i ddarllen stori iddi'r noson honno.

'Mae hi wrth ei bodd efo'r llyfrau Rwdlan 'na ges i iddi dros y we,' meddai hi pan ddaeth i ymuno â'r ddwy arall ar y soffa. 'Ac mae hi wedi gwirioni efo'r Dewin Dwl. Piffian chwerthin wedyn cwympo i gysgu efo gwên ar ei hwyneb, dim trafferth o gwbl.'

'Mae hi'n hogan fach mor dda, mor annwyl, tydi?' meddai Ann.

'Felly does 'na'r un ohonoch chi wedi sylwi ar unrhyw arwydd ei bod hi'n dal i ddefnyddio hud a lledrith?' gofynnodd Dorti wrth dywallt gwydryn arall o *gognac* Leyrat Glory Extra iddi hi ei hun.

'Nag oes,' meddai'r ddwy.

'Wela i,' meddai Dorti. 'Felly welsoch chi mo'r llinos werdd 'na'n atgyfodi mwya sydyn, pan oedd hi'n bendant wedi torri ei gwddw? Na'r gwningen 'na'n ymddwyn yn debycach i gi anwes pnawn 'ma?'

Edrychodd Lowri arni'n hurt, ac astudiodd Ann rywbeth hynod ddiddorol o dan ei hewinedd.

'Ann?' meddai Lowri.

'Wel …' meddai Ann, ei bochau yn binc. 'Mae hi mor galon-feddal ac mae'n gas gen i ei gweld hi'n torri ei chalon, a – ac mae ganddi ffordd efo anifeiliaid beth bynnag, yn does?'

'Felly ti wnaeth!' meddai Dorti gan gulhau ei llygaid. 'Ro'n i wedi amau. A ti ddeudodd y dylen ni drio gadael iddi gael bywyd "normal", fel unrhyw blentyn arall!'

'Ia, dwi'n gwybod,' meddai Ann, gan gau ei llygaid yn dynn. Cnodd ei gwefusau, yna sythodd. 'Ond, wel … meddwl o'n i: be ydi'r pwynt i mi fod yn wrach os na fedra i ddefnyddio fy hud i neud y bobl dwi'n eu caru yn hapus?'

Wedi rhai eiliadau, gwenodd y ddwy arall.

'Cytuno'n llwyr,' meddai Lowri. 'Dwi'n falch iawn dy fod ti wedi gweld y goleuni o'r diwedd,' ychwanegodd gan glincian ei gwydr yn erbyn gwydr *cognac* Ann.

'A finna,' meddai Dorti, gan estyn ei gwydr hithau. 'Dwi wedi cael llond bol o drio bod yn normal. Gwrachod ydan ni a dyna fo. Felly ga i ddefnyddio fy hudlath i ferwi dŵr a sychu 'ngwallt eto rŵan, caf?'

'Mi faswn inna wrth fy modd yn gallu dyfrio planhigion a choginio heb dorri chwys, a gallu mynd am dro efo Meg yn y glaw heb ambarél,' meddai Lowri. 'Be amdani, Ann? Dwi'n siŵr y byddet titha wrth dy fodd yn gallu llnau efo hud a lledrith yn lle gorfod bustachu o gwmpas y lle 'ma efo brwsh llawr a hwfyr, jest am bod Meg yn sbio.'

Oedodd Ann cyn ateb.

'Dwi'n eitha mwynhau hwfro a bod yn onest,' meddai Ann, 'a dystio o ran hynny. Mae 'na rywbeth reit therapiwtig amdano fo, yn enwedig i gyfeiliant cerddoriaeth.'

'Therapiwtig i ti, o bosib, ddim i ni!' chwarddodd Dorti. 'Dwi'n dal methu dallt pam dy fod ti wedi gwirioni cymaint efo miwsig canu gwlad, ac oes raid iddo fo fod mor ofnadwy o uchel bob tro?'

'Dydi o ddim yn –'

'Ydi mae o! Yr eiliad dan ni'n cael ein byddaru gan John ac Alun, dan ni'n gwbod dy fod ti'n dystio,' meddai Lowri. 'Taset ti'n chwarae chydig o Verdi neu Tchaikovsky, mi fyddai'n fater cwbl wahanol. Mi faswn i'n dystio efo ti!'

'Opera? Dim diolch,' meddai Dorti. 'Ond dan ni'n mynd oddi ar y pwnc fan hyn. Ydan ni am ddefnyddio hud i neud bywyd yn haws yn ei gŵydd hi 'ta be?'

Bu rhai eiliadau o dawelwch wrth iddyn nhw bendroni. Penderfynwyd yn y diwedd y byddai'n iawn defnyddio hud yn achlysurol, ond heb ei wneud yn rhy amlwg.

'Os ydan ni am iddi fynd i'r ysgol leol a chymdeithasu efo plant yr un oed – a'u rhieni – a'r athrawon, mi fydd raid i ni fod yn ofalus,' meddai Ann.

'Bydd, rhag ofn iddi synnu gweld pobl eraill yn defnyddio tecell a thrydan i neud paned a deud rhywbeth fel "Hudlath fydd fy nodos i'n ei ddefnyddio",' meddai Lowri. 'Mi gawn ni ymlacio pan fydd hi yn yr ysgol.'

'Felly dan ni am ei gyrru hi i'r ysgol, ydan?' meddai Dorti. 'Be ddigwyddodd i'r syniad o'i dysgu hi ein hunain, adre?'

'Mae hi angen cymysgu efo pobl, Dorti,' meddai Lowri. 'Dysgu rhannu a cydchwarae efo plant yr un oed, a rŵan ei bod hi wedi dofi cymaint, fydd hynny ddim yn broblem, na fydd?'

Crychodd Dorti ei thrwyn, ond nodio'n frwd wnaeth Ann.

'Dwi'n eitha siŵr mai dyna fyddai Siwsi wedi ei ddymuno,' meddai. 'Bywyd mor normal â phosib, wedyn pan fydd hi'n hŷn, mi allwn ni ddechrau dysgu'n cyfrinachau ni iddi.'

'Yn hŷn … pryd yn union?' gofynnodd Dorti.

Cododd Ann ei hysgwyddau ac edrych ar Lowri.

'Dwn i'm … yn ddeuddeg oed? Pan fydd hi'n mynd i'r ysgol uwchradd?'

'Neu'n hŷn – yn bymtheg?' cynigiodd Lowri.

'Be am weld sut fydd pethau pan fydd hi'n ddeuddeg, i gychwyn?' meddai Dorti. 'A phryd ydan ni am adael iddi ddechrau ysgol gynradd?'

'Pedair oed ydi'r drefn fel arfer,' meddai Lowri.

'Ond mi fydd hi'n bedair mewn chydig fisoedd!'

'Bydd. Gwna'n fawr o'i chwmni hi tan hynny,' meddai Lowri.

'Ond fydd hi'm yn barod!' protestiodd Dorti.

'Bydd, siŵr. Mae hi'n dysgu'n gyflym, ac yn gallu sgwennu ei henw ers misoedd, a darllen llyfrau syml drosti ei hun.'

'Yn Gymraeg 'de!'

'Ia. Ond buan y daw hi i ddallt Saesneg hefyd,' meddai Lowri. 'A deud y gwir, mi ddylen ni ddechrau siarad mwy o Saesneg efo hi o hyn ymlaen.'

'Be? Dwi'm yn mynd i siarad Saesneg efo hi!' meddai Dorti'n syth.

'Mae hi'n dallt cryn dipyn heb ein help ni fel mae hi,' meddai Ann, 'diolch i bobl y pentre a'r teledu 'na. Ond ga i gynnig ateb syml? Be am i ni roi swyn iaith arni?'

'Fel ei bod hi'n siarad Saesneg yn rhugl dros nos? Gwych, Ann – cytuno'n llwyr,' meddai Dorti.

'Wel ia, siŵr!' meddai Lowri, a'i llygaid yn sgleinio. 'A waeth iddi hi – a ni – fedru siarad Gaeleg a Ffrangeg a Sbaeneg hefyd!'

'Yn dair oed?' meddai Dorti.

'Pam lai? Mae plant yn wych am ddysgu ieithoedd yn ifanc. Ac mi gawn ni fynd ar wyliau i Ffrainc a Sbaen i ni i gyd gael ymarfer yn fanno hefyd.'

Gwenodd y tair ar ei gilydd.

'Rŵan?' cynigiodd Dorti.

'Ia!' meddai'r ddwy arall a chododd y tair fel un a chychwyn am y selar.

'Dwi newydd feddwl,' meddai Lowri wrth fynd i lawr y grisiau, 'mae pawb yn meddwl mai fi ydi ei mam hi. Fi oedd yn feichiog wedi'r cwbl, a f'enw i sydd ar ei thystysgrif geni hi, a fy snâm i sy ganddi hefyd: Siôn. Ond mae Meg yn meddwl mai tair mam sydd ganddi. Ydi hyn yn mynd i ddrysu pethau pan eith hi i'r ysgol?'

'Hm. Mi allai o,' meddai Dorti. 'Ond mae pawb yn meddwl ein bod ni'n od beth bynnag.'

'A fydd hi'n iawn iddi'n galw ni'n dodos yn eu gŵydd nhw achos fydd neb fan hyn yn dallt be ydi dodo beth bynnag,' meddai Ann.

'Ond fel dwi'n ei ddeud a'i ddeud, Dorti ydw i, nid dodo …' chwyrnodd Dorti.

'Mi fydd raid i ni egluro iddi mai Lowri roddodd enedigaeth iddi,' meddai Ann. 'Os fydd hi'n trio deud bod ganddi dair mam, mi fydd pawb yn gneud hwyl am ei phen hi. Ond y cwestiwn pwysig ydi: pryd ydan ni'n mynd i ddeud wrthi mai Siwsi ydi ei mam hi go iawn?'

Wedi tawelwch hir, cytunodd y tair y byddai'n rhaid aros nes ei bod yn ei harddegau, yn bymtheg o leiaf, cyn ceisio egluro iddi be'n union ddigwyddodd.

'Mi fydd y greadures wedi drysu'n rhacs,' meddai Ann gan ysgwyd ei phen.

'They fuck you up, your mum and dad …' meddai Dorti. Edrychodd y ddwy arall yn hurt arni. 'Philip Larkin, bardd o Loegr; wnes i ddarllen amdano fo yn y llyfrgell echdoe,' eglurodd. 'Chwip o linell, tydi?'

Tawelwch.

'Ydan ni'n mynd i neud y swyn iaith 'ma 'ta be?' meddai Lowri.

Fore trannoeth, daeth Meg i lawr y grisiau o'i llofft, gan rwbio'r cwsg o'i llygaid.

'Bore da, pawb,' meddai.

'Dia dhuit,' meddai Dorti.

'Dia is Muire dhuit!' atebodd Meg yn syth.

'What would you like for breakfast?' gofynnodd Lowri.

'I'd like some bacon, please, and soda bread and an egg,' atebodd Meg yn syth.

'Et qu'est-ce que tu veux boire?' gofynnodd Ann.

'Du lait s'il vous plaît.'

'Voilà,' meddai Ann gan roi gwydraid o laeth iddi. 'Tu as bien dormi?'

'Oui, merci, ja'i super bien dormi.'

'Génial! Vale, que quieres hacer hoy?' gofynnodd Dorti wrth eistedd wrth ei hymyl gyda'i mẁg mawr o goffi du.

'Ym …' meddai Meg gan bendroni. 'Quiero salir a caminar por el bosque, por favor.'

'Ti isio mynd am dro yn y coed eto?' chwarddodd Dorti. 'Ond dan ni'n gneud hynna bob dydd!'

'Dwi'n gwbod, ond dwi'n licio mynd am dro yn y coed, a dringo'r coed a siarad efo cnocell y coed – pájaro carpintero.'

'Bueno, iawn, dyna wnawn ni ar ôl i ti orffen dy frecwast felly,' meddai Dorti. 'Estupendo! Mi fydda i'n mwynhau dringo coed hefyd. J'adore les arbres.'

Gwenodd y tair gwrach ar ei gilydd wrth i Meg yfed ei llaeth nes bod ganddi fwstásh gwyn.

'Meg?' meddai Lowri wrth osod y bacwn a'r wy o'i blaen hi. 'Fyset ti'n licio mynd i'r ysgol efo plant eraill cyn bo hir?'

Agorodd llygaid Meg bron mor fawr â'i phlât.

'Plant eraill? I chwarae efo nhw?'

'Ia, ac i ddysgu efo nhw.'

'Wwww! Baswn! Ga i fynd heddiw?'

'Ddim heddiw, na fory,' gwenodd Lowri, 'dwyt ti ddim digon hen eto, ond fis Medi.'

'Pryd mae mis Medi?'

'Pan fydd y dail yn dechrau disgyn o'r coed. Iawn?'

'Iawn! Diolch, Dodo Lowri. Dwi'n caru ti. Tá mé i ngrá leat! Dwi'n caru chi i gyd! Dwi'n caru pawb!'

'Dan ni'n caru ti hefyd, Meg,' gwenodd Lowri.

'Dwi'n caru ceffylau hefyd,' meddai Meg a'i llygaid yn fawr a chrwn a diniwed. 'Ga i geffyl?'

Pennod 6

Dros yr haf, tyfodd teulu Castell Dumhach yn arw, a hynny ar ôl bod am bythefnos hyfryd yn ardal y Camargue yn ne Ffrainc, lle bu'r pedair yn crwydro'r ardal ar gefn y ceffylau gwynion enwog, a'r oedolion yn cymryd eu tro i warchod Meg gyda'r nos er mwyn iddynt allu dod i adnabod ambell ffarmwr a physgotwr cyhyrog yn arbennig o dda a dychwelyd yn y bore yn wên fodlon o glust i glust. Roedd gwên debyg ar wyneb Meg pan fyddai'n carlamu ar hyd y traethau, ac roedd hi'n bendant isio ceffyl wedyn.

Roedd yr hen stabal yn berffaith ar gyfer y pedwar ceffyl brynon nhw yn Galway: caseg Connemara wen i Ann; stalwyn Connemara mawr du i Dorti; caseg cob winau i Lowri a phalomino ifanc i Meg. Codwyd ffens uchel (heb orfod cyflogi cwmni ffensio rhy leol) er mwyn iddynt fedru rhedeg a chwarae yn rhydd rhwng y castell a'r goedwig, ac wedi i Meg gael gwersi merlota gan Dorti – nid bod llawer o angen dysgu arni ar ôl y gwyliau yn y Camargue – byddai'r pedair i'w gweld yn carlamu'n rheolaidd ar hyd glannau'r llyn a thros y Burren.

O fewn dim, roedd dwy gath a chi yn dilyn Meg fel ei chysgod o gwmpas y lle. Brendan y posmon ddigwyddodd sôn fod cath ei fam wedi cael rhai bach, eto.

'She's so fiercely Catholic she won't hear of us spaying the feckin cat.'

Galwodd Meg y ddwy gath fach yn Brendan ac Erin (Erin oedd enw mam Brendan) ac yn rhyfeddol, wedi'r ddamwain gyntaf, pan glywyd sgrech Dorti o'r stafell molchi ben bore, dysgodd y ddwy i beidio â gwneud eu busnes yn y tŷ dros nos.

'Roedd y sglyfath peth wedi'i neud o reit wrth droed y sinc, a doedd gen i'm byd am fy nhraed, nag oedd!' bytheiriodd Dorti.

Aethon nhw i ganolfan Paw Pourri Animal Rescue yn Ennis

i chwilio am gi. Roedd Meg isio achub pob ci oedd yno ond derbyniodd yn ddagreuol y byddai'n rhaid dewis un, a dim ond un. Ac un ifanc oedd wedi ei achub o fferm gŵn anghyfreithlon oedd y dewis.

'Pam yn y byd mae raid iddi ddewis German Shepherd?' meddai Ann. 'Mae o'n mynd i dyfu'n anferthol yn ôl maint ei bawennau o. Mi fyddai'r sbaniel neu'r teriar bach del 'na gymaint haws.'

'Ond mae o mor hardd,' meddai Lowri. 'Welais i rioed un du bitsh fel hwn o'r blaen.'

'Mae'n debycach i flaidd,' meddai Ann.

'Dyna pam mae hi isio fo,' meddai Dorti, wrth wylio Meg yn chwarae efo'r ci yng ngardd gefn y ganolfan. 'Mae hi wedi gwirioni efo bleiddiaid am ryw reswm. Dwi'n gwbod bod 'na gerfiadau o fleiddiaid ar gwpwrdd Siwsi, ond –'

'Aa, ia … fy mai i ydi hynna,' meddai Lowri. 'Dan ni wedi bod yn darllen llyfrau am fleiddiaid yn ddiweddar: *Blaiddi, The Three Little Wolves and the Big Bad Pig* ac *Olion yn yr Eira*, achos ro'n i isio dangos iddi bod 'na wastad ddwy ochr i bob stori; bod anifeiliaid – a phobl – weithiau'n cael enw drwg am fod pobl jest ddim yn eu dallt nhw neu ddim wedi cael y ffeithiau i gyd.'

'Call iawn,' meddai Dorti. 'Ei pharatoi hi ar gyfer y dyfodol.'

'A'i gorffennol,' meddai Lowri.

Gwyliodd y tair y ferch fach yn cosi bol y ci ifanc, blewog ac yn chwerthin wrth iddo godi ar ei draed i lyfu ei hwyneb.

'Blaidd amdani felly,' meddai Lowri.

'Be wyt ti'n mynd i'w alw fo?' gofynnodd Ann i Meg wrth iddyn nhw lenwi'r ffurflenni. 'Dwi'n gwybod mai Malcolm mae staff y lle 'ma wedi'i alw o, ond sdim rhaid i ti gadw at hynny; mae o'n ddigon ifanc i ddysgu ateb i enw newydd.'

'Brân,' meddai Meg yn syth. 'Am ei fod o'n ddu fel brân, ac mae o'n mynd i fod yn fawr – fel Bendigeidfran.'

'Dodo Lowri wedi bod yn adrodd hen chwedlau wrthat ti, do?' gwenodd Dorti. 'Ond doedd Bendigeidfran ddim yn boblogaidd iawn yma yn Iwerddon, cofia. Mi aeth o i ryfel yn erbyn brenin Iwerddon a lladd miloedd o Wyddelod.'

'Ond Efnisien oedd wedi bod yn hogyn drwg,' meddai Meg, 'yn torri clustiau a cynffonnau a gwefusau ceffylau pobl Iwerddon. Fo oedd y bai. Mynd i helpu ei chwaer o oedd Bendigeidfran. A nath o neud pont i'w bobl o allu croesi afon yn saff. Roedd Bendigeidfran yn ddyn da, ac mae Brân yn mynd i fod yn gi da, dwyt, Brân?' Gwyrodd y ci bach ei ben i un ochr a syllu arni'n hapus, yna llyfu ei thrwyn gyda'i dafod binc.

Wedi prynu coler, tennyn, gwely, sach o fwyd a phowlen fwyd a hanner dwsin o deganau i Brân, aeth pawb adre mewn tacsi, gyda Brân yn cysgu'n dawel yng nghôt Ann ar lin Meg. Erbyn iddyn nhw gyrraedd gwaelod y llwybr i'r castell, roedd y gôt braidd yn wlyb. Crychodd Ann ei thrwyn ac edrychodd y tair gwrach ar ei gilydd. Byddai swyn arall yn cael ei greu y noson honno.

'Dach chi'n dallt mai ni fydd yn gorfod edrych ar ôl y *menagerie* 'ma pan fydd Meg yn yr ysgol, tydach?' meddai Dorti wrth sipian coffi cryf a gwylio'r ferch a'r ci a'r ddwy gath yn rhedeg reiat yn yr ardd.

'Dim problem,' meddai Lowri. 'Mi fydda i wrth fy modd yn chwarae efo nhw, ac os fyddan nhw'n boen, swyn cysgu ar y tri, ynde?'

'Sôn am yr ysgol ...' meddai Ann, 'mi fydd rhywun yn siŵr o ofyn iddi be mae ei theulu hi'n neud o ran gwaith. Mi fydd gan rieni pawb arall swyddi go iawn. Ddylen ni feddwl be ydi ein swyddi ni?'

'Mi fydd 'na rai rhieni ar y dôl, cofia,' meddai Lowri. 'Ond ro'n i'n gorfod deud be oedd fy ngwaith i ar y tystysgrif geni. Wnes i ddeud mai awdures o'n i.'

'Awdures? Ti rioed wedi sgwennu dim!'

'Dan ffugenw 'de. Wnes i ddeud wrth y ddynes mai sgwennu llyfrau Mills and Boon o'n i. Mae 'na lwyth o'r rheiny dan ffugenwau – wnes i gwglo'r peth, ac roedd P. G. Wodehouse a Jack London wedi sgwennu rhai, coelia neu beidio.'

'Chlywais i rioed amdanyn nhw fy hun, ond clyfar iawn, Lowri – ac mae awduron Mills and Boon yn gwneud pres da iawn, meddan nhw. Perffaith. Felly be ydi'n gwaith ni 'ta, Ann?' gofynnodd Dorti gyda gwên.

'O, nefi, does gen i'm syniad,' meddai Ann. 'Alla i'm jest bod yn wraig tŷ? Llnau ydi'r unig beth fedra i neud yn dda.' Doedd hynny ddim yn wir, ond doedd gan Dorti ddim amynedd gyda gwyleidd-dra, felly:

'Digon teg,' meddai wrthi. 'Felly Lowri a fi sy'n gneud y pres. Ond be fedra i fod?'

'Arlunydd?' cynigiodd Lowri. 'Allen ni ddeud mai ti nath luniau Siwsi.'

'Syniad gwych – tasai hi ddim wedi eu harwyddo nhw,' meddai Dorti gan bwyntio at un o'r lluniau ar y wal y tu ôl iddyn nhw. 'Wn i,' meddai ar ôl pendroni, 'dwi'n cynhyrchu ffilmiau pornograffig.'

'Y? Paid â bod yn hurt!' meddai Ann, oedd yn cofio fel ddoe y sioc gafodd hi pan fynnodd Dorti eu bod yn gwylio ffilm gwbl afiach ar y we. Roedd Dorti wedi cynhyrfu'n rhacs ond roedd Ann wedi teimlo fel cyfogi.

'Be sy'n hurt am y peth?' meddai Dorti. 'Dwi wedi cael rhai o fy orgasmau gorau rioed efo help porn! Ac mae cael orgasm yn dda i ni, cofia: gneud i ni deimlo'n well, helpu ni i gysgu, rhoi sglein i'r croen ac ati …'

'Ia, ia, dwi'n gwybod hynna. Ond deud wrth bobl dy fod ti'n cynhyrchu pornograffi?!'

'Ia! Mae'n hen bryd i bobl fod yn llai sych-dduwiol am ryw. Mae 'na bres da ynddo fo, mae'n debyg, a faswn i'm yn meindio rhoi cynnig ar neud rhai go iawn a bod yn onest, ddim jest deud 'mod i'n eu gwneud nhw. Mi fysa'n ymchwil da … Dwi'n siŵr y byddai gan rai o hogia'r tîm *hurling* ddiddordeb. Mae gynnyn nhw ddigon o stamina, mae hynna'n saff.'

'Dwyt ti ddim o ddifri, does bosib?' meddai Ann, a'i llygaid fel soseri.

'Yndw. Paid â bod mor gul, Ann! A wna i'm gofyn i ti gymryd rhan, paid â phoeni.'

'Dorti … gyda phob parch, mae ffilmiau pornograffig, ar y cyfan, yn afiach,' meddai Lowri. 'Dwi'n gwybod dy fod ti'n mwynhau eu gwylio nhw, ac oes, mae 'na ambell un wedi 'nhroi inna 'mlaen hefyd –'

'Cofio'n iawn …' gwenodd Dorti. 'Dim ond anadlu arnat ti oedd raid i mi …' Gwridodd Lowri a brwydro i beidio â gwenu.

'Ia, iawn, ond mae'n rhaid i ti gyfadde bod y rhan fwya o'r ffilmiau 'ma'n trin merched fel … wel, teganau ar gyfer dynion. Pa hogan sydd wir isio i ddyn ddod dros ei hwyneb hi, y? A thagu ar goc fatha stalwyn yn ei cheg am ugain munud? Heb sôn am orfod gwylio'r hogan druan yn gorfod esgus ei bod hi'n ei fwynhau o? A hitha'n frawychus o aml yn edrych tua deuddeg oed, efo corff fel bachgen?'

'Wel ia, mae hynna oherwydd mai dynion sy'n eu gneud nhw. Mi fydd fy ffilmiau i'n wahanol – yn erotic yn hytrach nag afiach, yn canolbwyntio ar bleser y ferch –'

'O, mae'n siŵr,' meddai Lowri, 'ond dwi'm yn gyfforddus efo defnyddio rhyw fel adloniant fel'na, nac efo'r ffaith ei fod o'n rhoi syniadau hurt am sut mae corff merch i fod i edrych chwaith. Pryd ddechreuodd merched gael gwared o bob blewyn o flew o'u cojis p'un bynnag? A pham? A syniad pwy oedd o … dynion 'ta'r merched eu hunain? Mae gen i syniad go lew …'

'Yn hollol,' cytunodd Ann. 'Plant sy'n edrych fel'na, nid oedolion! Mae'r holl beth yn troi fy stumog i. A chofia ein bod ni'n trio magu plentyn, Dorti!'

'Fydda i'm yn ei gadael hi ar gyfyl y set, siŵr dduw.'

'Na, Dorti,' meddai Ann gan blethu ei breichiau a sythu ei hysgwyddau. 'Rhaid i ti feddwl am swydd fwy parchus, fwy confensiynol.'

Cododd Dorti ei haeliau.

'Confensiynol? *Moi*?'

'Llai anarferol 'ta?' chwarddodd Lowri, oedd wedi mwynhau gweld Ann yn rhoi ei throed i lawr mor gadarn.

'A be sy o'i le efo anarferol?' gofynnodd Dorti. 'Mae angen mwy o bobl anarferol yn y byd, siŵr: *vive la différence*! Tase pawb yr un fath, yn mynd yr un ffordd, fel defaid, mi fyddai'n fyd uffernol o ddiflas. Mae angen i ni ddysgu Meg i fod yn falch o'r ffaith ein bod ni, a hi'n wahanol!'

'Ond dydi hi'm yn gwbod pa mor wahanol ydi hi eto, nacdi?' meddai Ann.

Bu tawelwch wrth i'r tair syllu drwy'r ffenest ar Meg yn taflu pêl i Brân.

'Duw, duw, ti'n mynd o flaen gofid fel arfer,' meddai Dorti yn y diwedd. 'Iawn, mi wna i feddwl am swydd arall, fwy parchus 'ta: paratoi a gwerthu ffisig amgen a ballu, drwy'r busnes eBay 'na ella.'

Cofiodd wedyn fod rhywbeth pwysig arall i'w benderfynu: pa ateb ddylen nhw ei roi i Meg pan fyddai'n gofyn pwy oedd ei thad. Roedd y pwnc hwnnw wedi codi ei ben sawl tro ers i Meg gael ei geni, heb iddyn nhw ddod o hyd i ateb.

'Dwi'n eitha siŵr bod 'na sbel cyn i'r ysgol ddechrau dysgu sut mae babis yn cael eu gneud,' meddai Lowri. 'Ond ti'n iawn. Mi fydd hi'n siŵr o holi cyn bo hir. Rois i "father unknown" ar y dystysgrif geni, cofiwch.'

'Fuest ti mewn parti gwyllt a boncio llwyth o ddynion?' cynigiodd Dorti gyda gwên.

'Fedrwn ni'm deud hynna wrthi, siŵr!' meddai Ann.

'Jôc, Ann …' meddai Dorti. 'Iawn, be am ddeud mai ffling ar dy wyliau efo rhyw bishyn o'r Eidal neu Wlad Groeg neu rwla gest ti?'

'Hm. Na,' meddai Lowri. 'Mi fydd angen osgoi cwestiynau fel sut un oedd o a sut wnes i ei gyfarfod o a ryw betha felly. Dan ni'm isio unrhyw fath o stori hir, gymhleth.'

'*Sperm bank*?' meddai Dorti.

Edrychodd Lowri ac Ann ar ei gilydd, yna ysgwyd eu pennau.

'Dwi'm yn licio'r syniad yna, sori,' meddai Ann. 'Rhy oeraidd. Allwn ni'm deud eich bod chi wedi syrthio mewn cariad un noson hudol, hyfryd ond ei fod o wedi marw mewn damwain yn fuan wedyn neu rywbeth, a ti'm isio sôn am y peth am ei fod o'n brifo gymaint?'

'Ti wedi bod yn darllen gormod o Mills and Boon,' meddai Lowri. 'Mae isio osgoi stori hir, gymhleth, cofia. Dan ni angen rhywbeth syml, hawdd ei gofio.'

'*Sperm bank*! Dwi 'di'i ddeud o unwaith yn barod,' meddai Dorti gan danio sigarét. 'Dy fod ti wedi gofyn am rywun tal, tywyll a chlyfar: astronot neu wyddonydd neu rwbath.'

'Astronot?' meddai Lowri gan godi ei haeliau. 'Does 'na'm llawer o'r rheiny i'w cael, sti.'

'Neu rwbath ddeudis i 'de!' meddai Dorti gan dynnu'n ddwfn ar ei sigarét.

'Myfyrwyr tlawd sy'n rhoi eu sberm gan amla, ia ddim?' meddai Ann. 'Geith o fod yn fyfyriwr tlawd o rywle yn Ewrop oedd yn dal a thywyll efo llygaid brown.'

'Na, gwyrdd,' meddai Lowri. 'Neu mi fyddai'n llai tebygol i Meg fod â llygaid gwyrdd. Gwyrdd oedd Siwsi, a tase gan y tad lygaid brown, y lliw brown fyddai gryfa. Dim ond tri deg wyth y cant o obaith o lygaid gwyrdd sgen ti os oedd gan un rhiant lygaid brown.' Syllodd y ddwy arall arni gydag edmygedd. Roedd gallu Lowri i lyncu gwybodaeth allan o lyfrau a'r we yn rhyfeddol.

'Ond be oedd lliw llygaid Rhys?' gofynnodd Ann.

'Brown tywyll, tywyll, yn nes at ddu,' meddai Dorti'n dawel, a'i llygaid yn bell.

Bu tawelwch am eiliadau hirion wrth i'r tair feddwl am y tro diwethaf iddyn nhw weld Rhys Dolddu.

Penderfynwyd mynd am y stori tad potel; bod Lowri wedi mynd i glinig ym Manceinion, a byddai'n gwneud ymchwil manwl i'r broses rhag ofn y byddai Meg yn holi am fanylion. Yna, pan fyddai'n barod, câi wybod mai Siwsi oedd ei mam mewn gwirionedd.

'Ydan ni'n mynd i ddeud pwy ydi'i thad go iawn hi bryd hynny hefyd?' gofynnodd Ann.

'Rargol, nacdan!' meddai Dorti'n syth. 'Geith hwnnw fod yn *unknown* hefyd. Be tase hi isio mynd i chwilio amdano fo?'

'Ond mi fydd raid i ni ddeud wrthi sut wnaeth Siwsi farw, ac egluro pam fu raid i ni adael Cymru.'

'I be?' meddai Dorti gan stwmpio ei ffag yn rhacs. 'Faset ti isio gwbod pethau fel'na? Bod dy dad di wedi treisio dy fam di, a'i ladd hi?'

'Wel, taswn i'n tyfu'n oedolyn, ac yn darganfod bod fy holl fagwraeth wedi bod yn gelwydd, mi faswn i'n flin,' meddai Ann yn dawel ond yn daer.

Cytunodd y ddwy arall fod ganddi bwynt, ac y dylid dweud y cyfan wrthi pan fyddai hi'n barod.

'Ond pryd fydd hi'n ddigon hen i ymdopi efo gwybodaeth fel'na?' gofynnodd Dorti. 'Sut fyddwn ni'n gwybod?'

'Mi fyddwn ni'n gwybod,' meddai Ann.

Syllodd Dorti ar ei bysedd hirion am hir cyn codi'r cwestiwn pam eu bod wedi symud i Iwerddon, ac o ble daeth yr arian i brynu castell.

'Oherwydd ein bod ni'n caru Iwerddon, ac roedd y trethi'n llai,' meddai Lowri. 'A pres Siwsi oedd o.'

'Ond 'di'm yn gwbod pwy ydi Siwsi eto!' meddai Dorti. 'Er, mae ei henw hi ar y lluniau 'ma i gyd wrth gwrs …' ychwanegodd yn dawel, a throdd y tair i edrych ar y lluniau mawr olew ar y waliau o'u cwmpas.

'Roedd ei hen fodryb Siwsi yn arlunydd gwych, llwyddiannus,' meddai Ann.

'Gwych, oedd, ond doedd hi'm yn enwog, nag oedd?' meddai Lowri. 'Does 'na'm gair amdani ar y we, a hwnnw sy'n rheoli bob dim dyddie yma.'

'Oes raid i arlunydd fod yn enwog i fod yn llwyddiannus?' gofynnodd Ann.

'Os ydyn nhw am neud pres mawr, dwi'n siŵr ei fod o'n help,' meddai Dorti. 'Ac os ydyn nhw'n marw, mae hynna'n help hefyd.

Dyna ddigwyddodd i Van Gogh, Gaugin, Toulouse-Lautrec, Monet ac ati. Dim ond wedi iddyn nhw farw y cafodd eu lluniau nhw eu gwerthfawrogi'n iawn. Nid ti ydi'r unig un sy'n darllen llyfrau,' ychwanegodd o weld Lowri yn codi ei haeliau. 'A dim ond un llun werthodd Van Gogh tra oedd o'n fyw, y creadur.'

'Bechod,' meddai Ann. 'Dim rhyfedd iddo fo fynd yn wallgo.'

'Ond roedd rhai'n ei gneud hi'n iawn; roedd Michelangelo yn filiwnydd, mae'n debyg, fel mae Damien Hirst heddiw.'

'Damien Hirst? Dwi wedi clywed am hwnnw,' meddai Ann, 'ond dydi ei stwff o ddim yn yr un cae â Michelangelo, nacdi?'

'Wel, mae'n amlwg bod 'na bobl ariannog iawn yn meddwl bod mwydo buwch a dafad mewn *formaldehyde* yn gelf aruchel,' meddai Dorti. 'Ond dwi'n cytuno efo ti.'

Roedd Lowri wedi bod yn clecian ar allweddell y cyfrifiadur ers rhai munudau, a daeth o hyd i hanes un o arlunwyr mwyaf cyfoethog y byd: Cymro o Bort Talbot – Andrew Vicari. Roedd wedi ennill y fedal aur am beintio yn y Steddfod Genedlaethol pan oedd yn ddeuddeg oed. Yn ddiweddarach, cafodd ei wneud yn arlunydd swyddogol brenin a llywodraeth Saudi Arabia. Erbyn 2006, roedd ganddo ffortiwn o £92 miliwn a thai yn Nice a Monte Carlo, ond doedd fawr neb ym Mhrydain yn gwybod am ei fodolaeth fel arlunydd.

'Ond aeth o i drafferthion ariannol yn y diwedd, y creadur,' meddai Lowri, 'ac mi nath o farw yn Ysbyty Treforys yn 2016.'

'Wel, be am hynna 'ta?' meddai Dorti. 'Roedd rhyw dywysog o'r Dwyrain Canol wedi gwirioni efo gwaith Siwsi, a dyna sut wnaeth hi ei ffortiwn, ac fel y boi Vicari 'ma, doedd fawr neb y tu allan i'r Dwyrain Canol yn gwybod amdani fel arlunydd.'

'Swnio'n berffaith bosib i mi,' meddai Ann. 'A buddsoddi clyfar yn mynd â'i phres hi'n bellach wedyn. A ph'un bynnag, does wybod pa mor llwyddiannus fyddai Siwsi wedi bod tasen ni ddim wedi cadw ei marwolaeth hi – heb sôn am ei bodolaeth hi – yn dawel.'

'Mi fysa'n help tasen ni'n gwerthu ambell un o'i lluniau hi weithiau,' meddai Lowri.

'Ddim diawl o beryg!' meddai Dorti. 'Mae'r rhain yn aros fan'ma!'

'Cytuno,' meddai Ann.

'Be sy'n aros fan'ma?' gofynnodd llais bychan y tu ôl iddyn nhw. Rhewodd y tair.

'Meg!' meddai Ann. 'Roeddet ti ym mhen draw'r ardd eiliad yn ôl!'

'Dwi'n gallu rhedeg yn gyflym, yn gyflymach na Brân,' meddai Meg.

'Wel da iawn ti, ond mi fydd o'n gyflymach na ti cyn i ti droi rownd, cofia,' meddai Dorti.

'Dwi'n gwbod. Dyna pam dwi'n ymarfer rhedeg yn gyflym,' meddai Meg.

'Tisio diod? A bisget? I roi egni i ti?' gofynnodd Lowri.

'Mmm, oes, os gwelwch chi'n dda,' gwenodd Meg gan ddringo ar ben un o'r stolion uchel wrth y cownter. Gwenodd y tair gwrach ar ei gilydd mewn rhyddhad. Ond wedi i Meg sipian ei diod piws a gorffen ei bisged: 'Felly be sy'n aros yn fan'ma?' gofynnodd eto.

'Lluniau dy fa– dy hen fodryb Siwsi,' meddai Dorti. 'Mi allen ni neud pres da wrth werthu un neu ddau, ti'n gweld, ond wrth lwc, mae gynnon ni ddigon o bres achos roedd Siwsi yn gyfoethog iawn a fydd dim rhaid i ni werthu'r un. Hapus?'

'Hapus,' meddai Meg yn syml. 'Dwi'n licio tynnu llun hefyd. Ga i dynnu llun rŵan? Dwi isio tynnu llun o Brân. O, a mae o wedi pw wrth ymyl y drws eto.'

'Dim problem,' meddai Ann, gan godi yn rhyfeddol o fodlon ei byd i nôl rhaw – eto.

Aeth Meg at y bwrdd yn y parlwr mawr i dynnu lluniau gyda Brân wrth ei chwt, ac anadlodd Lowri a Dorti yn ddwfn.

'Mae bywyd mor syml pan ti'n dair a hanner, tydi?' meddai Lowri.

PENNOD 7

Aeth y tair â Meg at giât yr ysgol ar ei diwrnod cyntaf, i ganol y môr o blant bychain â gwalltiau a wynebau sgleiniog, a mamau a thadau â wynebau gwelw, nerfus, heb gael amser i olchi eu gwalltiau eu hunain. Roedd ambell blentyn yn ei ddagrau, yn cydio'n dynn yng nghoesau rhiant, yn gwrthod gollwng, er gwaethaf gwên gynnes a llais melfed athrawes neu gymhorthydd.

'Ta ta,' meddai Meg gan ollwng dwylo ei dodos, cusanu pen Brân, a chamu'n hapus drwy'r giât gyda'i bag ysgol â'i phensiliau a'i beiros newydd (ac afal mawr coch a chaws Babybel ac un o fisgedi sinsir arbennig Dodo Lowri) ar ei chefn. O fewn dim, roedd hi wedi diflannu i mewn i'r adeilad, gan adael y tair gwrach (a chi ifanc) yn dal i syllu'n fud ar ei hôl.

'Nath hi'm codi llaw,' meddai Ann yn fflat.

'Nath hi'm hyd yn oed sbio'n ôl,' meddai Lowri.

'Neith hi'm gweld ein colli ni,' meddai Dorti, 'ddim ynghanol yr holl blant 'ma.'

Teimlai'r tair yn wag a doedden nhw ddim yn edrych ymlaen at ddiwrnod hir heb gwmni Meg.

'Ro'n i'n edrych ymlaen at fedru gneud bob math o swynion heb boeni ei bod hi'n mynd i'n dal ni,' meddai Lowri. 'Ond rŵan does gen i ddim mymryn o awydd.'

Cynigiodd Dorti y gallen nhw fynd am dro ar y ceffylau ar y Burren, ond bu'n rhaid iddi gytuno gyda'r ddwy arall na fyddai yr un fath heb Meg.

'Be am neud rhywbeth cwbl wahanol 'ta?' cynigiodd.

'Fel be?' meddai Ann.

'Fel ... wn i – fel mynd i'r sba yng Nghastell Dromoland yn Newmarket-on-Fergus. Maen nhw'n gneud pethau fel *massages* a sgrwbio dy gorff di efo gwymon a halen y môr.'

'Sydd i fod i neud i ti deimlo'n well?'

Ond roedd Dorti'n benderfynol, ac wedi dychwelyd i'r castell, cododd y ffôn.

Roedd staff y sba yn rhyfeddu at groen meddal, perffaith y merched.

'Mind my asking how old you are?' gofynnodd Sinead i Lowri wrth daenu 'Bladder wrack Seaweed & Sea salt body scrub' dros ei chefn.

'Um ... I can't remember, I've had so many birthdays,' meddai Lowri i mewn i'r twll ar gyfer ei hwyneb yn y gwely tylino.

'She's thirty-six,' meddai Dorti o'r gwely drws nesaf, gan duchan wrth i'w thylinydd gwrywaidd hithau rwbio'r halen i mewn i'w chroen.

'Well, you have the skin of an eighteen-year-old,' meddai Sinead. 'What's your secret?'

'Well, it wouldn't be a secret if I told you,' meddai Lowri.

'And if she told you, we'd have to kill you,' meddai Dorti. Chwarddodd pawb yn boléit.

'She likes to swim naked in the lake,' meddai Ann yn ddioglyd. 'All year.'

'Jesus! Really?' gofynnodd Sinead. 'Even in winter?'

'Yes, we all do, every morning before breakfast,' meddai Lowri.

'Well, if it keeps your skin this young and supple I might give it a go in Dromoland Lough out there,' meddai Sinead, gan gyfeirio at y llyn hyfryd oedd i'w weld drwy ffenestri'r sba. 'Only problem is, I can't swim. And it's full of fish – and hotel guests in boats trying to catch them. I'll stick to my seaweed scrubs.'

'Pam rhaffu celwyddau fel'na wrth y greadures?' gofynnodd Dorti'n ddiweddarach, pan oedd y tair yn ymlacio yn y *relaxation suite* gyda the herbal 'Toxin Eliminating'. 'Dydi o ddim fel ti!'

'O'n i'n gorfod deud rwbath!' gwenodd Ann. 'Meddylia tasen nhw'n gwbod pryd gawson ni'n geni go iawn! A bod 'run ohonon ni'n gallu nofio. Ddylen ni feddwl am gael gwersi, gyda llaw? Mae pawb "normal" yn gallu nofio y dyddiau yma hyd y gwela i. Er, mae'r syniad yn codi'r pych arna i …'

'A finna,' meddai Lowri, wrth gofio'r hyn ddigwyddodd i gymaint o ferched diniwed mewn afonydd a llynnoedd yn y gorffennol.

'Ond falle dylen ni wynebu hynna a dysgu nofio,' meddai Dorti. 'Gyda llaw,' ychwanegodd gyda gwên ddrwg, 'roedd Declan, fy nhylinydd i, yn pwyso'n galetach o dipyn pan glywodd o ein bod ni i gyd yn nofio'n noeth cyn brecwast, ac ro'n i'n teimlo rwbath go sylweddol yn erbyn fy nghlun i bob hyn a hyn, oedd yn sicr ddim yno tan hynny.'

'Paid â malu!' chwarddodd Lowri.

'Wir i ti,' gwenodd Dorti. 'A dwi wedi cael gwahoddiad i'w *chalet* o pan fyddwn ni wedi gorffen fan hyn. Felly,' meddai, gan glecian ei the herbal, 'dwi am bicio yno rŵan, iawn? Peidiwch â brysio i newid a sychu'ch gwalltiau.'

'Y jaden lwcus …' chwyrnodd Lowri wrth wylio Dorti'n diflannu drwy'r drws. 'Welaist ti'r siâp arno fo?'

'Do. Neis iawn,' meddai Ann, gan ymestyn ei chorff fel cath. Roedd hi wedi ymlacio'n llwyr. 'Ond mae 'na siâp reit dda arna i hefyd ac mi fedra i neud i ti deimlo'n well os lici di …'

Gwenodd Lowri, a throi i ganolbwyntio ar glo drws y *relaxation suite*. Cliciodd y clo, ac agorodd Lowri ei gŵn hir, gwyn wrth i Ann gamu allan o'i gŵn hithau.

Roedd y tair yn dal i sgleinio pan aethon nhw i nôl Meg o'r ysgol. Ond roedd llygaid Meg yn disgleirio hefyd, a doedd hi'n amlwg ddim isio ffarwelio â'i ffrindiau bach newydd, ac roedd hi'n chwifio ei llaw fechan arnyn nhw am hir wrth iddyn nhw ddiflannu gyda'u rhieni i fyny'r stryd.

'Wnest ti fwynhau dy hun?' gofynnodd Ann iddi, pan lwyddodd i gael ei sylw o'r diwedd.

'Roedd o'n mega!' meddai Meg. 'Ga i fynd eto fory?'

'Mega? Dwi'n cymryd mai "gwych" mae hynna'n ei feddwl. Ond cei siŵr, mi fyddi di'n mynd bob dydd rŵan, heblaw am y penwythnos,' meddai Lowri, gan geisio dal llygad yr athrawes.

'Ieeee! Diolch, diolch, diolch. Dwi'n licio ysgol,' meddai Meg gan hopian o un goes i'r llall.

'Be fuest ti'n neud 'ta?' gofynnodd Dorti.

'Chwarae. Ble mae Brân?'

'Adre yn aros amdanat ti,' meddai Dorti. 'Mi fydd raid i ti chwarae efo fo rŵan, mae o wedi gweld dy golli di.'

'Iawn, ga i redeg adre?'

'Aros funud i Dodo Lowri gael dal i fyny efo ni,' meddai Ann. Roedd Lowri'n cael sgwrs gyda'r athrawes, a phan ddaliodd hi i fyny gyda'r lleill, roedd hi'n gwenu.

'Wedi bihafio'n dda iawn ac wedi bod yn hapus i rannu bob dim a ddim wedi mynnu ei ffordd ei hun,' meddai'n fodlon. 'Bingo. Da iawn, Meg – 'run fath fory a bob diwrnod arall os gweli di'n dda.'

'Iawn. Rhedeg adre rŵan! Dowch!' meddai Meg a dechrau rhedeg ar hyd y pafin. Edrychodd y tair gwrach ar ei gilydd.

'Dwi'm yn gwisgo sgidiau call iawn i redeg ynddyn nhw,' meddai Dorti gan gyfeirio at ei bwtsias coch gyda sawdl fain, uchel.

'Esgus gwael,' chwarddodd Lowri gan ruthro ar ôl Meg yn ei bwtsias lledr du gyda sawdl isel.

'Yr ola adre sy'n hel baw y ci!' meddai Ann gan redeg yn osgeiddig ar eu holau yn ei phymps balerina lliw arian.

Rhegodd Dorti a rhedeg ar eu holau yn rhyfeddol o gyflym, hyd yn oed ar hyd y gwair meddal, hyd yn oed i fyny'r grisiau carreg at y castell. Pasiodd y ddwy arall yn hawdd, nes dod i stop sydyn ar y gris olaf ond un. Roedd ei thraed yn sownd fel petai hi wedi ei gludo i'r garreg; doedd hi ddim yn gallu symud modfedd.

'Be ar y –' ebychodd yn flin wrth i Ann a Meg ei phasio gan chwerthin.

'Dyna be ti'n gael am dwyllo,' meddai Lowri yn ei chlust wrth iddi hithau ei phasio.

'Y diawlied ...' meddai wrth i Ann estyn y rhaw iddi.

Y noson honno, gwnaethpwyd swyn i gael Brân i wneud ei fusnes yng nghanol y goedwig yn hytrach nag wrth y drws cefn.

PENNOD 8

Aeth y blynyddoedd heibio yn gawl hapus o selotep a *glitter*, *loom bands* a phartïon pen-blwydd, ond doedd rheiny byth yn y castell, wastad mewn sinema neu gaffi pan fyddai'n ben-blwydd Meg; doedd ei modrybedd ddim isio i rieni'r ardal fusnesa gormod. Roedd y rhieni'n siomedig wrth gwrs, ac yn dechrau amau be oedd gan 'The Welsh Women' i'w guddio. Ond roedd gan eu plant feddwl y byd o Meg a'i thair mam *glamourous*, a byddai ei phartïon wastad yn hwyl, a'r bagiau parti yn llawn o bethau difyr, gwahanol a hynod flasus.

Dysgodd yr athrawon yn yr ysgol mai camgymeriad oedd sillafu enw Meg fel Meg Sean yn hytrach na Meg Siôn, a dysgodd y plant hefyd mai dim ond fersiwn Gymraeg o Sean oedd Siôn.

Pan ofynnwyd lle roedd ei thad, dywedodd Meg yn gwbl agored mai tad potel oedd o. Gwingodd yr athrawon, gan ofni cwestiynau anodd, anaddas am greu babanod, ond dim ond derbyn y peth wnaeth y plant eraill; roedd chwarae gyda chlai a gwneud lluniau gyda thatws yn llawer mwy diddorol wedi'r cwbl. Roedd rhai wedi disgwyl i ambell blentyn bigo arni am y diffyg tad yn ei lluniau o 'Teulu Ni' ond doedd neb yn pigo ar Meg; roedd rhywbeth amdani, rhyw hyder tawel oedd yn ennyn parch. Doedd ei modrybedd ddim wedi gorfod defnyddio hud er mwyn i hynny ddigwydd, chwaith. A ph'un bynnag, nid hi oedd yr unig un â theulu 'gwahanol'.

Roedd un ferch fach o'r enw Siobhan yn cael dod adref gyda Meg yn achlysurol, a hynny oherwydd mai cael ei magu gan ei nain roedd hi. Roedd ei mam wedi marw o gancr y fron a'i thad yn gweithio dramor – fel adeiladwr yn ôl Siobhan, yn Bangkok, a doedd hi ddim yn ei weld yn aml. Anaml iawn a dweud y gwir, ar wahân i drwy gyfrwng sgrin Skype bob hyn a hyn. A doedd gan ei nain ddim diddordeb mewn dod i'r castell i fusnesu; fyddai ei chluniau byth yn gallu ymdopi â'r grisiau beth bynnag.

Merch fach denau, swil oedd Siobhan, yn dda am dynnu llun ac wedi gwirioni gyda cheffylau. Roedd cloriau ei llyfrau a waliau ei llofft yn blastar o ddarluniau a lluniau o geffylau yn ôl Meg, a dyna pam cafodd hi wahoddiad i'r castell yn y lle cyntaf: i weld y ceffylau. Roedd rheiny'n ddigon o sioe, a Chastell Dumhach ei hun yn rhyfeddod, yn lliwiau llachar ac ornaments o gyrff noeth i gyd, a *chandeliers* yn diferu o'r nenfwd, a chwpwrdd mawr du, yn gerfiadau rhyfedd o sgwarnogod, ceirw a bleiddiaid drosto – ac erbyn i Siobhan sbio'n fanylach, pobl yn gwneud pethau na ddylen nhw hefyd. Ond y bwyd yn y rhewgell a'r cypyrddau oedd yn bennaf gyfrifol am droi llygaid Siobhan fel soseri: dim Pot Noodle na *fish fingers* o SuperValu na bisgedi mewn pecynnau plastig, ond llond gwlad o lysiau o'r ardd, a phwdinau, cacennau a bisgedi cartref Lowri.

Y noson gyntaf i Siobhan gael swper gyda nhw, roedd Lowri wedi bod yn dilyn ryseitiau o lyfr coginio brynodd hi yn Ffrainc, felly Sole Meunière gawson nhw, gydag Îles Flottantes i ddilyn. Welodd Siobhan erioed y fath fwyd o'r blaen, heb sôn am ei flasu. Wyddai hi ddim, wrth gwrs, mai dim ond bwydydd plaen o'r ail ganrif ar bymtheg roedd y tair gwrach wedi arfer â nhw, yna cannoedd o flynyddoedd o ddeiet sgwarnogod cyn glanio yn yr oes fodern. Doedd Siwsi ddim wedi cael llawer o amser i'w dysgu am arferion a bwydydd yr unfed ganrif ar hugain, a bu eu hymweliadau cyntaf ag archfarchnad yn sioc enfawr i'r tair.

'Pam fod angen cymaint o ddewis o'r un peth?' roedd Ann wedi ei ddweud yn ddagreuol o flaen silffoedd hirion o siampŵ. 'Mae'n drysu 'mhen i. Dim ond isio molchi ydw i.'

'Mae'r peth yn hurt,' cytunodd Lowri. 'Pam fod pobl yn mynnu treulio gymaint o bres ac amser yn creu sebonau gwahanol, lliw gwahanol, siâp gwahanol, ogla gwahanol, a chymaint mwy o bethau pwysicach angen eu gwneud yn y byd?'

'A be yn y byd ydi *semi skimmed*?' meddai Dorti. 'A be mae rhywun i fod i'w neud efo *cotton buds*?'

Cafwyd ambell anffawd, fel yr un gyda'r potiau *double cream* a *cold cream*, ond buan y daethon nhw i ddysgu ac i arfer â'r holl ddewis. Erbyn i Meg gael ei geni, roedden nhw wedi astudio silffoedd yr adran gofal babanod yn drylwyr, ond wedi wfftio'r holl ddewis o *babywipes* gan fod clwt a dŵr cynnes a sebon yn gwneud y gwaith yn iawn, heb gymorth hud, ac roedden nhw'n dal i ferwi cadachau, diolch yn fawr.

'Anodd tynnu cast o hen geffyl,' meddai Ann.

Roedd y ffaith bod Meg a Siobhan yn byw mewn teuluoedd mor wahanol i bawb arall yn ddolen gyswllt bendant rhwng y ddwy, a datblygodd cyfeillgarwch agos rhyngddynt. Byddai Siobhan yn aros am Meg wrth y fynedfa bob bore, a'i gwên fach swil yn goleuo ei hwyneb yr eiliad y gwelai'r gwallt picsi coch yn dod drwy'r giât. Gwallt melyn golau, bron yn wyn, oedd gan Siobhan, a hwnnw wastad mewn cynffon fach denau, teneuach hyd yn oed na'i choesau. Roedd hi'n fyrrach na Meg o dipyn, a ddim hanner mor athletaidd ar y cae chwarae, ond roedd hi'n gallu rhedeg a rhedeg am oriau.

Roedd y gwrachod yn hoff iawn o Siobhan; roedd hi'n gwrtais, yn gall, ac yn poeni dim eu bod i gyd yn siarad Cymraeg yn ei gŵydd hi ac yn gwrando ar Radio Cymru yn ogystal ag RTÉ Gold.

Roedd hi hefyd o help mawr iddyn nhw ddeall sut i drin y cyfrifiadur, gan fod ei thad wedi prynu un da iddi a'i dysgu sut i'w ddefnyddio er mwyn gallu sgwrsio ar Skype gydag o yn Bangkok.

Sylwodd Ann fod ei nain hi'n gloff.

'Be sy'n bod arni?' gofynnodd i Siobhan.

'Mae ei chluniau hi'n ddrwg ac mae'r doctor yn deud bod arni angen cluniau newydd ond mae ganddi ofn ysbytai,' meddai Siobhan. 'Nath Taid a Mam farw mewn ysbyty,' ychwanegodd.

Ychydig ddyddiau yn ddiweddarach, rhoddodd Ann botel o ffisig yn llaw'r ferch wrth iddi gychwyn yn ôl am adref.

'Dwed wrth dy nain i gymryd llwyaid o hwn bob nos cyn mynd i'r gwely – mi neith fyd o les i'w chluniau hi, addo,' meddai. Bythefnos yn ddiweddarach, daeth nain Siobhan atyn nhw wrth giât yr ysgol, a hynny heb ei cherddediad John Wayne sigledig arferol. Roedd hi hyd yn oed yn gwenu. Diolchodd am y ffisig.

'Like magic, it was. But I need to buy some more. Where did you get it?' Gwenodd Ann arni ac egluro mai hen rysáit ei nain hi oedd o, ac y byddai'n gwneud mwy iddi, dim problem. Ond rai wythnosau yn ddiweddarach, roedd rhai o ffrindiau'r hen wraig yn gofyn tybed a gaen nhw brynu poteli ganddi. Cytunodd yn syth, a dyna ddechrau busnes 'Auntie Ann'.

'Cofio fy syniad i o werthu stwff ar eBay?' meddai Dorti. O fewn misoedd, roedden nhw'n gwneud celc go dda drwy werthu'r poteli dros y we am bump ewro a chostau postio.

'Dim ond gobeithio na fydd rhywun swyddogol isio gwybod be'n union sydd ynddyn nhw, ynde,' meddai Dorti. Ond holodd neb.

Yn raddol, tyfodd y marciau inc yn dangos taldra Meg ar ddrws y gegin, a thyfodd Brân i mewn i'w draed fel ei fod yn gi mawr deugain cilogram ac yn chwe deg chwech centimedr o'i draed i'w ysgwydd. Roedd yn gi hynod glên ac yn dda iawn gyda phlant, ond pan oedd yn flwydd oed, gofynnodd y brifathrawes iddyn nhw roi'r gorau i ddod ag o at giât yr ysgol. Nid pawb oedd yn hoffi cŵn wedi'r cwbl, ac roedd ci mor fawr, blewog a du yn gwneud ambell riant a phlentyn yn nerfus.

'It looks like a wolf, you see,' meddai'r brifathrawes, gyda gwawr fwy pinc nag arfer i'w bochau, 'and the fact that it's so black doesn't help.'

Roedd Dorti ar fin cega bod y sylw olaf hwnnw yn hiliol, ond teimlodd benelin Lowri yn ei hochr, a brathodd ei thafod. Y ffaith ei bod hi'n galw Brân yn 'it' oedd yn corddi Ann, ond llwyddodd hithau i gadw ei cheg ar gau.

Bu'n rhaid egluro i Meg wedyn pam na allai Brân ddod gyda nhw i'r ysgol o hynny 'mlaen.

'Mae gan rai pobl ei ofn o, ti'n gweld, ac ydi, dwi'n gwbod bod hynny'n hurt ac yntau'n gymaint o dedi bêr o gi,' meddai Lowri wrth iddyn nhw gerdded adref y prynhawn hwnnw, 'ond mae gan rai pobl ofn cŵn a dyna ni.'

'Pam?'

'Rhywbeth wedi digwydd efo ci cas pan oedden nhw'n fychan, o bosib, neu wedi clywed stori am gi mawr, peryg … does wybod.'

'Mae gan rai pobl jest ofn unrhyw anifail sy'n fwy na nhw,' meddai Ann.

'Ac mae gan lawer gormod o bobl ofn unrhyw beth sy'n edrych yn wahanol, yn anarferol,' meddai Dorti. 'Mi faswn i'n licio gwybod pwy gwynodd … y flondan llygaid fferat 'na, synnwn i daten. Roedd hi wastad yn sbio'n hyll ar Brân.'

'Dorti, gad hi,' meddai Lowri. 'Y gwir amdani ydi bod raid i ni jest ystyried teimladau pobl eraill.'

'Ond be am deimladau Brân?' protestiodd Meg yn ddagreuol. 'Mi fydd o'n crio os fyddwn ni'n gadael y tŷ hebddo fo!'

'Mi ddaw i arfer, sti,' meddai Ann. 'Mi fydd o'n gwybod y byddwn ni'n ôl toc, ac mi gei di fwy fyth o groeso gynno fo pan fyddi di'n cyrraedd adre.'

Profodd hynny'n wir, a daeth Meg a Brân i arfer efo'r drefn newydd yn weddol ddidrafferth. Ond cafodd y 'flondan llygaid fferat' a'i theulu bwl cas o salwch am wythnos gyfan: rash coch, poenus dros eu cyrff a'u hwynebau oedd yn golygu eu bod yn crafu a chosi a gwaedu'n ofnadwy, ac yn chwydu a phibo drwy'r dydd a'r nos nes bod y tŷ'n drewi. Doedd gan y meddyg ddim syniad beth oedd y rheswm, a doedd Meg, Ann na Lowri ddim callach eu bod wedi bod yn sâl. Ond roedd gwên ryfedd ar wyneb Dorti pan welodd y flondan wrth giât yr ysgol eto, a cholur oren yn dew dros y creithiau ar ei hwyneb.

Er y byddai fflachiadau o dymer wyllt ei mam go iawn yn dal i godi i'r wyneb weithiau, roedd Meg wedi dysgu mai ei modrybedd oedd wastad â'r gair olaf, a gan y bydden nhw mor glên gyda hi ac yn ymresymu ac egluro pob penderfyniad a rhybudd a rheol, roedd bywyd ar yr aelwyd yn mynd rhagddo'n ddidrafferth. Fyddai Meg a Siobhan byth yn ffraeo chwaith. Roedd hi'n ymddangos bod Meg yn ymddwyn yn berffaith gyda'i chyfoedion eraill yn yr ysgol hefyd.

Ond pan oedd Meg yn saith oed cafwyd gwahoddiad swyddogol i stafell y brifathrawes. Roedd trwyn Brian O'Neill wedi gwaedu fel mochyn yn sgil rhyw ffrae rhyngddo a Meg, yn ôl y sôn. Eisteddai Brian yn swp gwelw, gwaedlyd rhwng ei rieni, gyda dau blwg o wlân cotwm yn ei ffroenau, sbrencs gwaed i lawr ei grys a'i siwmper ysgol, ac roedd top ei drwyn a'r croen o dan ei lygad chwith yn edrych fel petaen nhw am chwyddo. Eisteddodd Meg a'i modrybedd gyferbyn â nhw o flaen desg y brifathrawes, ond doedd fawr o ôl gwaed nac ymladd o unrhyw fath ar Meg, heblaw bod ei gwallt yn flêr.

Dyna pryd sylweddolodd Lowri nad oedden nhw wedi torri ei gwallt ers tro; roedd yn cyrlio at ei hysgwyddau bellach. Ond doedd a wnelo hyn ddim â hyd ei gwallt, siŵr; roedd y swyn roddon nhw arni'n dal i weithio; ffrae ddigon cyffredin rhwng dau blentyn oedd hon, siawns?

Doedd yr un aelod o'r staff wedi gweld be ddigwyddodd, ond roedd Brian yn honni bod Meg wedi ei godi i'r awyr a'i daflu yn erbyn wal gerrig y ffreutur. Chwarddodd Dorti yn syth:

'Oh, come on, how could Meg have done that? She's half his size!' Roedd hynny'n berffaith wir. Roedd Brian yn slaff o hogyn solat, sgwâr a fyddai'n chwarae prop ryw ddydd, a Meg yn debycach i falerina. Tapiodd y brifathrawes ei beiro yn ysgafn yn erbyn ei gên.

'How exactly did she lift you in the air, Brian?' gofynnodd.

'She grabbed me like this,' meddai hwnnw, gan gydio ym mlaen ei siwmper, 'and lifted me like I was a feather or something!'

Allai hyd yn oed y brifathrawes ddim rhwystro ei hun rhag

hanner gwenu. Trodd at Meg a gofyn am ei fersiwn hi o'r digwyddiad.

'He tripped,' meddai honno. 'And smashed his face against the wall. He's always tripping over his feet, isn't he?' ychwanegodd gan edrych i fyw llygaid ei fam. Cochodd honno a methu gwadu'r ffaith.

'I never!' protestiodd Brian. 'It was her! She threw me! Honest, she did!'

'Ah, come on now, Brian,' meddai ei dad, 'she's just a tiny wee thing. Do you want your mates to think a girl could do that to you?'

Crynodd gwefus Brian a rhythodd ar ei draed.

Daeth y 'drafodaeth' i ben yn fuan wedi hynny.

'Meg?' gofynnodd Dorti wrth iddyn nhw adael yr ysgol. 'Be ddigwyddodd go iawn?'

'Mi faglodd o,' atebodd hi'n syml.

'Efo dy help di?'

Roedd bochau Meg yn bendant fymryn yn binc.

'Dipyn bach.'

'Meg!' meddai Lowri ac Ann fel un.

'Ond roedd o wedi bod yn gas efo Siobhan!' protestiodd Meg. 'Mae o'n hen fwli, yn pigo ar bawb sy'n llai na fo.'

'Mater i'r athrawon ddelio efo fo ydi hynny, Meg,' meddai Lowri. 'Y cwbl oedd raid i ti neud oedd deud wrth yr athrawon.'

'Ond mi fyddai o wedi deud ei fod o'm wedi gneud dim, a fyddai gan y plant mae o'n eu bwlio mo'r gyts i ddeud dim chwaith. Mae gynnyn nhw ormod o'i ofn o.'

'Felly be wnest ti iddo fo'n union?'

'Dwi'm yn cofio'n iawn. Wnes i jest gwylltio. Wedyn roedd o'n gwaedu dros bob man.'

Edrychodd y tair gwrach ar ei gilydd.

'Welodd rhywun arall be ddigwyddodd? Siobhan?' gofynnodd Dorti.

'Dwi'm yn meddwl.'

'Wel, gobeithio ddim. Paid â gncud dim byd fel'na byth eto, Meg,' meddai Lowri. 'Wnei di addo?'

'Iawn,' meddai Meg yn bwdlyd. 'Ond dwi wir ddim yn cofio be wnes i.'

Cerddodd y pedair yn eu blaenau yn dawedog, yna:

'Ond neith o'm meiddio bwlio neb eto, na neith?' gwenodd Dorti.

'Dorti!' meddai'r ddwy arall gan fflachio eu llygaid arni.

'Wel, mae'n wir, tydi?' meddai Dorti.

Ochneidiodd Ann yn ddiamynedd, ac ysgydwodd Lowri ei phen yn araf. Aeth pawb yn eu blaenau am rai camau, yna:

'Meg? Mae dy wallt di wedi mynd fymryn yn flêr,' meddai Lowri. 'Ga i ei dorri o heno?'

Sylwodd y ddwy fodryb arall ar hyd ei gwallt am y tro cyntaf, a chododd Meg ei hysgwyddau yn ddi-hid.

'Ocê. Iawn.' Anadlodd y tair gwrach. Yna, 'Ga i fynd i wersi jiwdo?' gofynnodd Meg. 'Dwi'n meddwl ddaw Siobhan os a' i hefyd.'

'Gwersi jiwdo …' meddai Lowri, 'ond ti'n cael gwersi nofio a phiano a gitâr fel mae hi. Sgen ti amser i fwy?'

'Cadw fi allan o drwbwl, tydi?' gwenodd Meg.

Pennod 9

O hynny ymlaen, byddai gwallt Meg yn cael ei dorri bob chwe wythnos. Doedd hi byth yn cwyno; roedd gwallt byr yn sychu'n llawer cynt ar ôl gwersi nofio, a doedd dim angen ei glymu'n ôl i chwarae pêl-fasged, pêl-droed na phêl-droed Gwyddelig na *camogie*, y gêm gyflym, galed debyg i *hurling* ar gyfer merched, gêm roedd Meg yn arbennig o hoff ohoni. Roedd hi'n gyfforddus iawn yn trin ei ffon *camogie*, ac yn gallu dal a thaflu'n effeithiol iawn pan fyddai'r bêl, neu'r *sliotar*, yn ei llaw.

'Gêm beryg ...' meddai Ann pan aethon nhw am y tro cynta i weld – a chlywed – Meg a Siobhan yn chwarae mewn gêm yn erbyn ysgol gynradd arall. 'Dwi'm yn siŵr fedra i stumogi'r gêm *camogie* 'ma.'

'Ond maen nhw'n gwisgo helmedau, felly mi fyddan nhw'n iawn,' meddai Lowri.

'Ond be am weddill eu cyrff nhw?' meddai Ann gan wingo wrth weld ffon yn waldio merch fechan iawn ar ei llaw nes ei bod yn sgrechian, ac yna merch arall yn gwaedu fel mochyn wedi i ffon arall gracio'n uchel ar ei phen-glin.

'Mae Meg yn gryfach a mwy gwydn na Siobhan,' meddai Dorti. 'Ond wnaiff hi ddim drwg i ni wneud yn siŵr na chaiff yr un o'r ddwy eu brifo ...' Closiodd y tair at ei gilydd a chydadrodd swyn yn dawel bach, cyn ymwahanu eto gan wenu'n fodlon. Chafodd yr un o'r ddwy ferch eu hanafu wedyn, ond gallu a chyflymdra Meg yn unig oedd yn gyfrifol am y ffaith iddi sgorio tair gôl i'w thîm.

Pan symudodd y merched ymlaen i'r ysgol uwchradd, cafodd Meg ei dewis i'r tîm cyntaf yn syth a bob dydd Sadwrn, byddai Siobhan ac o leiaf un o'r modrybedd yn ei gwylio'n chwarae. Doedd Siobhan yn poeni dim am beidio â chael ei dewis; roedd yn well ganddi ganolbwyntio ar redeg traws gwlad a gymnasteg.

'I'll never be a star like Meg,' meddai, 'but that doesn't bother me, I just enjoy it.'

Rhwng y chwaraeon a'r gwersi cerddorol roedd angen mynd â Meg i gymaint o ymarferion, bu'n rhaid i'r gwrachod feddwl am brynu car.

'Mi fydd raid i ni ddysgu gyrru yn gynta,' meddai Lowri.

'Mi wnawn ni swyn i'n dysgu ni, siŵr,' meddai Dorti.

'Na, Dorti, mi fydd angen i ni gael trwydded yrru, ac allwn ni'm gwneud swyn i hynny ddigwydd. Mi fyddai'n well i ni gael gwersi go iawn – rhag ofn.'

Felly aeth y tair am wersi rheolaidd tra oedd Meg yn yr ysgol. Braidd yn nerfus oedd Ann, a chydig yn wyllt oedd Dorti, ond llwyddodd Lowri i feistroli'r grefft yn rhyfeddol o sydyn. Roedd gallu rheoli cerbyd mor gryf a pheryglus a theimlo'r llyw lledr yn ei dwylo ac anwesu'r ffon newid gêr yn rhoi'r pleser rhyfedda iddi. Allai'r tiwtor barfog ddim peidio â sylwi.

'Nice. Lovely touch,' meddai wrthi. 'You're a natural.'

'You're a very good tutor,' meddai Lowri gyda gwên a fflach o'i llygaid gleision ac anwesiad ychwanegol, araf i'r ffon newid gêr. A dyna dro Lowri i ddiflannu am y pnawn a dychwelyd i'r castell yn gwenu'n hunanfodlon, a botymau ei chrys yn gam.

'Gest ti dy blesio?' gofynnodd Dorti.

'Do, diolch. Mi ddysgodd yn o handi i beidio gwthio 'mhen i lawr arno fo – neith o mo hynna eto, ond roedd o'n barod iawn wedyn i roi pleser i mi – nid dim ond fo'i hun, ac roedd o'n dysgu'n sydyn, chwarae teg. Ac mae 'na rywbeth am farf, yn does?'

'Oes?'

'Oes. Mae dynion heddiw yn edrych ar ôl eu barfau yn well. Doedd o ddim fel brwsh bras pigog yr hen ddyddiau, roedd hwn yn fwy fel eistedd ar fat croen arth meddal.'

'Yyyy! Paid! Gormod o wybodaeth!' protestiodd Ann.

Pasiodd Lowri ei phrawf gyrru yn ddidrafferth, ac wedi ychydig o wersi ychwanegol, llwyddodd Dorti ac Ann i dderbyn eu trwyddedau hefyd. A chytuno'n ddiweddarach bod rhywbeth am ddyn â barf.

'Dwi'n difaru 'mod i wedi pasio ar y cynnig cynta a deud y gwir,' meddai Dorti.

Y cam nesaf oedd prynu car. Un 4x4 oedd ei angen er mwyn cyrraedd y castell ym mhob tywydd, ond doedd Meg ddim am iddyn nhw gael un fyddai'n sefyll allan ynghanol ceir cyffredin gweddill y rhieni. Roedd hi isio iddyn nhw brynu rhywbeth cyffredin, du neu las tywyll. Ond pan lusgodd Dorti nhw i garej yn Ennis i weld Range Rover 3.0 TDV6 Vogue SE coch gyda seddi a llyw oedd yn gallu cadw penolau a dwylo yn gynnes, system deledu oedd yn galluogi'r gyrrwr i weld map *sat nav* a phawb arall i wylio ffilm, ac wyth gêr (awtomatig) oedd yn gallu mynd o ddim i chwe deg dau filltir yr awr mewn saith eiliad a hanner, roedd hi wedi gwirioni.

'Ond Dorti, mae'n llosgi disel yn ofnadwy! Meddylia am yr amgylchedd,' meddai Ann.

'Pedwar deg pwynt naw milltir i'r galwyn – dydi hynna ddim mor ddrwg â hynny am 4x4,' meddai Dorti.

'Dim ond tri deg dau o filltiroedd i'r galwyn yn ôl yr adolygydd yma,' meddai Ann, oedd yn hoffi gwneud ei gwaith cartref.

'Mae'n rhaid ei fod o wedi bod yn gyrru'n wirion,' meddai Dorti. 'Ac yli, Ann, mae 'na 17 *speaker* ynddo fo – perffaith ar gyfer gwrando ar John ac Alun …'

Cytunwyd i fynd am dro prawf yn syth, a dyna ni, roedd y pedair wedi gwirioni, Meg yn fwy na neb. Roedd Brân wrth ei fodd hefyd, gan neidio i mewn i'r cefn cyn i'r gwerthwr ddweud gair. Ond roedd hwnnw wedi cael perchnogion cŵn yn y garej o'r blaen ac roedd chydig o waith hwfro ychwanegol yn werth y comisiwn y byddai'n ei gael petai'r rhain yn prynu Range Rover 3.0 TDV6 Vogue SE.

'Ond oes raid cael un coch?' meddai Lowri, gan bori drwy'r

catalog ar ddesg y garej. 'Mi fydd pawb yn ein nabod ni ar y ffordd ac yn gwybod ein hanes ni. Be am archebu un yn y llwyd *Ethereal Metallic* 'ma? Mae hwnna'n neis.'

'Da i ddim mewn niwl,' meddai Dorti. 'A does gen i'm mynedd aros i gar gwahanol gyrraedd. Dwi isio hwn.'

'A fi. Be sy o'i le efo car coch beth bynnag?' meddai Meg. 'Does gynnon ni'm byd i'w guddio, nag oes?'

Ddywedodd yr un o'i modrybedd yr un gair, felly prynwyd y *Firenze Red*. Roedd y bil yn agos at gan mil ewro gyda'r holl ychwanegiadau ond doedd hynny ddim yn broblem, wrth gwrs.

'Roedden ni'n talu ffortiwn am dacsis beth bynnag,' meddai Lowri wrth arwyddo'r cytundeb ar y Diwrnod Mawr. 'Iawn, be am drip – lle dach chi ffansi? A fi sy'n gyrru.'

'Be am fynd i greigiau Moher?' cynigiodd Ann. 'Mae'r rheiny i fod yn werth eu gweld, mae'n debyg, ac mi gafodd un o olygfeydd yr Harry Potter 'na ti'n ei licio gymaint ei ffilmio yno, Meg.'

'Www! Ia, plis!'

'Iawn, ond fi sy'n gyrru adre wedyn,' meddai Dorti.

Ond pan welson nhw'r maes parcio yn llawn bysus a cheir a channoedd o bobl, a deall bod angen talu chwe ewro yr un am y fraint o barcio, ciwio a sefyll y tu ôl i wal, trodd Lowri y car am y de a gyrru ar hyd y Wild Atlantic Way am greigiau Cill Chaoi, neu Kilkee. Roedden nhw'n gallu fforddio chwe ewro yr un wrth reswm, ond roedden nhw i gyd yn gytûn nad mewn torf swnllyd, araf roedden nhw isio mwynhau creigiau gwyllt yr arfordir, Harry Potter neu beidio.

Roedd y ffordd yn llawn grwpiau o geir wedi eu rhentu a'u gyrru gan bobl nerfus o dramor, ond roedd y Range Rover yn eu pasio'n hawdd, ac o fewn dim, roedden nhw'n parcio (am ddim) wrth gaffi ym mhen draw tref Cill Chaoi. Roedd y gwynt wedi codi a'r môr yn arw, a fawr neb arall wedi mentro allan i grwydro dros y creigiau.

'Meg! Bydd yn ofalus!' gwaeddodd Ann wrth weld y ferch ifanc a'r ci mawr, du yn rhedeg dros wyneb sgleiniog y creigiau

at ochr y clogwyni. 'Maen nhw'n wlyb ar ôl y glaw bore 'ma!
A dyro Brân ar dennyn!'

Arafodd Meg yn ufudd, rhoi tennyn ar Brân a chamu'n
ofalus at ochr y clogwyn, a'i llygaid fel sêr.

'Waaaw!' meddai'n uchel wrth edrych i lawr ar y tonnau.
'Sbia, Brân!' Ond doedd Brân ddim mor siŵr. Camodd yn ei
ôl fymryn.

O fewn dim, roedd Dorti wrth ei hochr, yna Lowri, yn
cydio'n dynn am ei gwasg, ac arhosodd Ann lathen dda y tu ôl
i'r tair, gyda Brân.

'Oes raid i chi fynd mor agos at yr ochr?' meddai.

'Duw, duw, mae'n berffaith saff,' meddai Dorti, gan godi ei
phen, cau ei llygaid a gadael i'r gwynt chwipio ei gwallt i bob
cyfeiriad.

'Sbia ar yr ewyn 'na,' meddai Lowri, 'fel tase'r môr yn llaeth,
tydi?'

'Llaeth mae rhywun wedi anghofio amdano ar y tân,'
meddai Ann. 'Dowch yn ôl, plis …'

'Meddyliwch am drio nofio yn y tonnau 'na,' meddai Meg.
'Mae 'na lwythi o longau wedi suddo oddi ar yr arfordir yma
– fuon ni'n dysgu amdanyn nhw yn ein gwersi hanes – fatha'r
Spanish Armada, driodd fynd adre dros dop yr Alban ac i lawr
heibio fan hyn. Gollon nhw ddau ddeg pedair llong o'r cant tri
deg oedd gynnyn nhw ar y dechrau, ac mi gafodd unrhyw un
lwyddodd i gyrraedd y lan ei grogi.'

'Ei grogi? Pam?' gofynnodd Dorti.

'Am fod brenin Sbaen wedi gobeithio heidio i mewn i Loegr,
felly roedd pob Sbaenwr yn elyn.'

'Ond Iwerddon ydi fan'ma, nid Lloegr,' meddai Lowri.

'Ia, ond Lloegr oedd yn rheoli Iwerddon bryd hynny, diolch
i Harri'r Wythfed,' meddai Meg.

'O. Hwnnw …' poerodd Dorti. 'Y cynta i neud
gwrachyddiaeth yn drosedd os cofia i'n iawn. Y snichyn dan
din.' Edrychodd Meg yn od arni am eiliad ond ddywedodd hi
ddim byd.

Roedd Lowri'n dal i rythu ar y tonnau'n torri'n deilchion ar y creigiau oddi tani.

'Meddylia frwydro am dy fywyd drwy donnau a chreigiau fel'na,' meddai, 'a chrafu dy ffordd i'r lan yn diolch i Dduw am dy achub di, dim ond i gael dy grogi wedyn. Y creaduriaid.'

'Mae pobl wedi bod yn hen bethau brwnt, creulon erioed,' meddai Ann y tu ôl iddyn nhw. 'A gwirion. Dowch 'nôl o'r ochr 'na, bendith tad!'

'Hei – mae 'na risiau i lawr fancw!' meddai Meg gan ruthro gyda Brân i ben draw'r graig tuag atyn nhw.

'Meg! Dorti – stopia hi!' meddai Ann mewn braw. Ond gwenu arni wnaeth Dorti a dilyn Meg yn hamddenol at y grisiau.

'Paid â phoeni. Neith hi'm gadael i ddim byd ddigwydd iddi,' meddai Lowri gan roi ei braich ym mraich Ann a dilyn y ddwy arall. 'Rhaid i ti beidio â bod mor nerfus, sti – sdim angen. Mae bob dim yn iawn, ac mi fydd bob dim yn iawn. A dydi Meg ddim yn chwech oed rŵan – mi fydd hi'n dair ar ddeg cyn bo hir, cofia.'

'Tair blynedd ar ddeg ers i ni symud yma …' meddai Ann. 'Mae'n anodd credu, tydi?'

Roedd Brân yn gyndyn i fynd i lawr y grisiau yn agosach at y crochan o donnau gwynion, felly arhosodd Dorti i roi'r tennyn i Ann cyn dringo i lawr at Meg.

Roedd y ddwy yn chwerthin a'u gwalltiau yn chwyrlïo a chwipio yn y gwynt pan hedfanodd dwy frân heibio, yna troi a hedfan yn urddasol heibio iddyn nhw eto, yn agosach.

'Ydw i'n dychmygu pethau, neu ydi'r brain 'na'n sbio arnan ni?' gofynnodd Meg.

Crawciodd un o'r brain, sŵn 'cronc' dwfn, a chodi'n uwch i'r awyr.

'Cigfrain ydyn nhw,' meddai Dorti, 'dwi'n nabod y grawc yna.'

'O ia, maen nhw'n fwy na'r brain sy adre, tydyn?'

'Ydyn, ac mae siâp eu cynffonnau nhw'n wahanol – mae cynffon brân yn edrych fel tase hi wedi cael ei thorri efo siswrn, ond mae gan gigfran gynffon siâp deiamwnt, sbia. A dydyn nhw'm yn fflapian a chrawcian dragwyddol fel y bydd brain.'

Astudiodd y ddwy y cigfrain yn hofran mor hawdd uwch eu pennau.

'Maen nhw'n bendant yn sbio arnan ni,' meddai Meg. 'A sbia!' Roedd pedair cigfran arall wedi cyrraedd, yn chwarae yn y gwynt, yn plymio am i lawr cyn codi eto jest mewn pryd. Yna glaniodd un ohonynt ar y graig ryw ugain llath i ffwrdd.

'Helô,' meddai Meg. Edrychodd y gigfran arni am rai eiliadau cyn crawcian ei hateb. 'Dwi'm yn siŵr ydi hi'n licio ni neu jest isio'n bwyta ni,' meddai Meg.

'Chwilfrydig ydi hi os ti'n gofyn i mi,' meddai Dorti. 'Maen nhw'n adar hynod o glyfar, sti. Roedd gen i gymydog unwaith oedd wedi dofi cigfran, ac roedd hi wedi dysgu ei dynwared hi a'i gŵr yn siarad, cofia! Mi fyddai'n deud pethau fel "Sut hwyl, yr hen sinach?" ac "Oes 'na fwyd i'w gael yma?" a "Maen nhw 'di lladd y brenin!"'

'Lladd y brenin? Pam oedd hi'n deud hynny?' gofynnodd Meg.

'Am fod Siarl –' dechreuodd Dorti, cyn cywiro ei hun yn frysiog: 'O, ryw jôc wirion oedd hi ar y pryd … llinell allan o ddrama neu stori neu rywbeth, dwi'm yn cofio rŵan. Ta waeth, maen nhw'n betha clyfar, cigfrain.'

Nodiodd Meg a throi i graffu ar y rhes o gigfrain oedd bellach wedi glanio i graffu arni hithau. Llyncodd Dorti ei phoer a dwrdio ei hun yn fewnol. Petai hi wedi dweud mai Siarl y Cyntaf oedd wedi ei ladd yn y cyfnod hwnnw, cyfnod y Rhyfel Cartref, 'nôl yn 1649, mi fyddai hi wedi cael ei hun i ddŵr poeth go ddrwg. Edrychodd i fyny at lle roedd Ann, Lowri a Brân yn disgwyl amdanyn nhw ar dop y grisiau.

'Awn ni'n ôl i fyny a chrwydro chydig mwy?' meddai wrth Meg. Cytunodd honno ac aeth y pedair yn eu blaenau, heibio arwydd mawr gwyrdd yn dweud 'Problems feel smaller when you share them' gyda logo a rhif ffôn y Samariaid.

'Mae'n rhaid bod 'na bobl efo problemau wedi bod yn dod yma i ladd eu hunain,' meddai Lowri.

'Be? Taflu eu hunain dros yr ochr?' meddai Meg yn syn. 'I lawr ar y creigiau 'na? O! Am ffordd ofnadwy o ladd dy hun!'

'Be? Oes 'na ffordd dda o ladd dy hun?' meddai Lowri. 'Mi wnes i ddarllen cerdd yn y llyfrgell llynedd, gan rywun o'r enw Dorothy Parker:

"Razors pain you;
Rivers are damp;
Acids stain you;
And drugs cause cramp.
Guns aren't lawful;
Nooses give;
Gas smells awful;
You might as well live."

'Da 'de?'

'Ti'n meddwl? Dwi'n ei gweld hi'n gerdd drist iawn,' meddai Ann, 'os mai dyna'r unig resymau sy gan y bardd dros aros ar dir y byw.'

'Dwn i'm, dwi'n licio'i hiwmor hi,' meddai Dorti.

'Mi nath brawd mawr un o ferched ein dosbarth ni ladd ei hun,' meddai Meg. 'Gafodd pawb andros o sioc, mae'n debyg, achos doedd neb wedi dallt bod unrhyw beth yn ei boeni o.'

'Fel'na weli di,' meddai Lowri. 'Doedd o'n amlwg ddim wedi rhannu ei broblemau. Dyna pam fod canran uwch o ddynion na merched yn lladd eu hunain, wel, yn fy marn i beth bynnag. Roedd 'na erthygl yn y papur newydd yn ddiweddar yn deud bod dynion Iwerddon bedair gwaith yn fwy tebygol o ladd eu hunain na merched.'

'Dach chi'n nabod rhywun laddodd ei hun?' gofynnodd Meg. Edrychodd ei modrybedd ar ei gilydd.

'Nac ydan,' meddai Dorti. 'Dim ond rhywun aberthodd ei hun i achub rhywun arall.'

Edrychodd Meg arni gyda diddordeb.

'Do? Pwy? Sut?'

'Stori hir,' meddai Lowri gan wgu'n oer ar Dorti.

'Ia, gawn ni newid y pwnc os gwelwch chi'n dda?' gofynnodd Ann, a'i bochau'n binc. 'Dod am dro i fwynhau ein hunain wnaethon ni, ynde? Ac mae siarad am bobl yn lladd eu hunain yn codi'r felan arna i. Dwi am dynnu'r tennyn 'ma oddi ar Brân rŵan, iddo fo gael rhedeg yn rhydd, y creadur.'

Roedd Brân wrth ei fodd, ac wedi rhedeg yn hapus am ugain llath ar hyd y llwybr, rhedodd yn ei ôl at Meg a neidio o'i blaen, a'i lygaid yn ymbil.

'Mae o isio i ti redeg efo fo,' meddai Ann. Chwarddodd Meg, a saethu i fyny'r llwybr gyda'r ci wrth ei hochr, ei gôt hir, ddu yn bownsio a sgleinio yn yr haul oedd wedi dechrau torri drwy'r cymylau.

'Be oedd ar dy ben di'n sôn am Siwsi?' chwyrnodd Lowri wrth Dorti.

'Nath o jest dod allan, sori!' meddai honno.

'Rhaid i ti fod yn fwy gofalus, 'di'm yn barod i wybod bob dim eto,' meddai Ann.

'Ond mae'n mynd mor anodd wrth iddi aeddfedu ac i ni gael sgyrsiau mwy ... wel, aeddfed efo hi,' meddai Dorti.

'Ydi, mae o,' cytunodd Lowri, 'ond rhaid i ni jest ... meddwl cyn agor ein cegau, dyna i gyd.'

Sylwon nhw ddim ar y cigfrain yn eu dilyn yn ôl at y car yn ddiweddarach nac yn eu dilyn ar hyd yr N68 yn ôl am y castell chwaith. Dim ond Brân, yn syllu i fyny drwy'r ffenest gefn, welodd nhw yn atalnodi'r awyr lwyd uwch eu pennau.

Pennod 10

Ychydig ddyddiau yn ddiweddarach, cafodd Meg ei deffro gan sŵn 'cronc' dwfn y tu allan i'w ffenest. Cododd a cherdded at y llenni gan rwbio'r cwsg o'i llygaid. Hanner agorodd un o'r llenni i weld bod yr awyr yn dal i bwdu'n llwyd tu allan, a bod cigfran fawr ar un o'r coed rhyngddi a'r llyn.

'Helô,' meddai, 'dwi'm wedi gweld un ohonoch chi fan hyn o'r blaen.' Trodd yr aderyn ei ben. Arhosodd yn llonydd am rai eiliadau, yna trodd ei ben eto. Roedd wedi gweld rhywbeth yn y gwair oddi tano. Hedfanodd i lawr a dal, a llyncu, genau goeg anffodus oedd wedi mentro allan o'r dŵr ar yr adeg anghywir.

'Mae'n well gen i dost a banana i frecwast fy hun,' meddai Meg wrtho cyn agor y llenni yn iawn a throi am y stafell molchi.

Pan aeth hi â Brân am dro sydyn i'r coed cyn dal y bws i'r ysgol uwchradd, roedd tair cigfran yn eu gwylio, a phan hedfanodd un ohonynt tuag ati, rhedodd Brân yn syth am yr aderyn gan gyfarth yn flin.

'Mae'n iawn, Brân,' meddai Meg. Gwyddai ym mêr ei hesgyrn na fyddai'r adar yn gwneud unrhyw niwed iddi hi na Brân. Chwilfrydig oedden nhw, dyna i gyd. Ond roedd yn sicr yn od bod tri ohonynt yma heddiw ar ôl gweld rhai yn Cill Chaoi y diwrnod blaenorol. Bron na fyddai rhywun yn taeru eu bod wedi eu dilyn, meddyliodd am eiliad, cyn wfftio'r syniad. Cyd-ddigwyddiad oedd o, dim mwy, dim llai, penderfynodd.

Syllodd Brân ar yr adar am hir cyn dilyn Meg yn ôl am y castell.

Dechreuodd y pedair (ac weithiau Siobhan hefyd) grwydro'r ynys yn gyson yn y Range Rover coch, gyrru ambell gyda'r nos neu ddydd Sul drwy brydferthwch gwyllt Conamara, dyffrynnoedd a llynnoedd tawel Wicklow ac ar hyd Cylch rhyfeddol Kerry o Cill Airne i Killorglin a'r traethau hirfaith, gwynion.

'Mae traethau Iwerddon mor dlws, tydyn?' meddai Lowri wrth i'r tair wylio Meg a Brân yn neidio a phlymio i mewn ac allan o'r tonnau ar draeth Lahinch. 'Dim rhyfedd bod cymaint o ffilmiau yn cael eu gneud yma. Ond traeth Inch yn Swydd Kerry ydi fy ffefryn i hyd yma.'

'Pa un oedd hwnnw hefyd?' gofynnodd Dorti.

'Yr un hir, hir 'na oedd ar ddechrau'r hen ffilm hyfryd 'na welson ni bythefnos yn ôl … *Ryan's Daughter*.'

'Mae 'na draethau llawn cystal yng Nghymru,' meddai Ann. 'Chei di nunlle gwell na thraeth Harlech.'

'Dyna'r unig draeth lwyddaist ti i'w weld cyn troi yn sgwarnog, ia?' meddai Lowri. 'Ti'n lwcus, welais i rioed mo'r lle, ond ges i fynd i Ynyslas un tro, a gwirioni. Mi faswn i wedi licio cael cyfle i fynd yn ôl yno cyn gorfod dianc i fan'ma. Ac yn ôl y lluniau ar y we, mae Llanddwyn ar Ynys Môn a Rhosili ym Mhenrhyn Gŵyr yn edrych yn fendigedig.'

'Rhaid i ti roi'r gorau i sbio ar luniau o Gymru ar y peiriant 'na,' meddai Ann. 'Gneud dim byd ond codi hiraeth.'

'Roedd traeth Bermo yn hyfryd pan welais i o ddwytha,' meddai Dorti.

'Bermo? A phryd oedd hynny?' gofynnodd Lowri.

'Dwi'm yn siŵr. Tua 1670, ffor'na, pan es i lawr yno ar gwch efo gwlân o felin fy nhad. Pentre bach tawel oedd o bryd hynny.'

'Beryg bod y lle wedi newid ers hynny,' meddai Lowri. 'Mi wna i sbio ar y we pan awn ni adre.' Rhowliodd Ann ei llygaid.

'Genod …' meddai Dorti ar ôl sbel o dawelwch, 'dydi hi'm yn hen bryd i ni ddysgu nofio? Mi wnaethon ni sôn am y peth oes yn ôl, yn do? Dwi'n gwybod y bydd hi'n anodd anghofio am yr ofn dŵr gafodd ei waldio mewn i ni, ond mae Meg a Brân i'w gweld yn cael cymaint o hwyl allan fanna.'

'Mae'n siŵr dy fod ti'n iawn, ond does gen i fawr o awydd bod yn wlyb ac oer a bod yn onest,' meddai Ann.

'Na fi,' meddai Lowri. 'Gormod o atgofion.'

'Be sy haru chi? Mi neith swyn gael gwared o'r atgofion a'r ofergoelion yn ddigon hawdd, ac mae hi'n ddiwrnod braf, cynnes. Dydi Meg ddim i'w gweld yn poeni am dymheredd y dŵr, nacdi?' meddai Dorti. 'Ac mae 'na syrffwyr del iawn draw fancw ...' ychwanegodd.

'Dim bwys. Dwi'n hapusach allan o'r dŵr a dyna fo,' meddai Ann.

'Eiliaf,' meddai Lowri. 'Mae 'na rai atgofion ac ofergoelion mae'n bwysig i ni beidio â'u hanghofio.'

Ysgydwodd Dorti ei phen yn ddiamynedd.

'Wel, rhyngoch chi a'ch potes, ond dwi am fentro. Brysiwch, rhowch swyn arna i reit handi.'

'Fan hyn? Rŵan? Ond dydi'r llyfr swynion ddim gynnon ni, heb sôn am y cynhwysion!' meddai Lowri.

'Rhowch eich hudlathau at ei gilydd, a deud rhywbeth addas – mi fydd yn ddigon da,' meddai Dorti.

'Fel be?'

'Be am rywbeth fel:

Galwn ar y môr a'r tonnau
A dyfnderoedd yr eigionau
I roddi i ni'r nerth a'r egni
I nofio'n hawdd a pheidio boddi.'

'Hm. Nid un o'r goreuon,' meddai Lowri, 'ond os wyt ti'n hapus y gwnaiff o weithio, iawn.' Edrychodd o'i chwmpas i ofalu nad oedd neb yn mynd i'w gweld.

'Dwyt ti'm yn gall,' meddai Ann gan ysgwyd ei phen, ond cyffyrddodd blaen ei hudlath ym mlaen un Lowri yr un fath. Adroddwyd y pennill gan anelu ynni dwbl yr hudlathau tuag at Dorti. Sythodd honno a chrynu wrth i'r swyn dreiddio i mewn iddi. Yna agorodd ei llygaid.

'Diolch. Mi ddylai hynna fod wedi gweithio. Dach chi'n berffaith siŵr nad oes 'na un ohonoch chi am fentro hefyd?'

Ysgydwodd y ddwy eu pennau yn bendant.

'Iawn, eich colled chi fydd hi,' meddai Dorti gan ddechrau tynnu amdani.

'Oes gen ti wisg nofio dan fanna?' gofynnodd Ann yn syn.

'Nag oes.'

'Ond ti angen gwisg nofio i nofio, siŵr,' meddai Lowri.

'Dorti! Dwyt ti rioed am fynd yn noeth!' meddai Ann wrth wylio Dorti yn diosg ei dillad isaf.

'Pam ddim? Welith neb monof fi. Mae'r syrffwyr 'na'n rhy bell i sylwi, ac mae Meg wedi hen arfer fy ngweld i heb ddillad o gwmpas y castell. Iawn,' meddai gan roi'r pentwr o'i dillad i Ann i'w ddal. 'I mewn â fi.'

Gwyliodd ei chyfeillion gorff siapus, gwyn Dorti yn cerdded i mewn i'r tonnau. Roedd hi'n cerdded yn hyderus nes i'r dŵr basio ei chluniau, ond stopiodd yn stond pan darodd ton fwy na'r gweddill ran uchaf ei chorff. Trodd i alw dros ei hysgwydd:

'Mae'n oer!'

Dyna pryd y sylwodd Meg arni, a nofio tuag ati.

'Dorti! Ble mae'ch ... be am y ... O'n i'n meddwl nad oeddech chi'n gallu nofio?'

'Erbyn hyn, dwi'n eitha siŵr 'mod i. Ofn oedd yn fy nghadw i allan o'r dŵr yn fwy na dim.'

'A rŵan sgynnoch chi'm ofn?'

'Wel ...'

'A sgynnoch chi'm ofn i'r syrffwyr 'na weld bod gynnoch chi'm byd amdanoch chi chwaith?' chwarddodd Meg. 'Dorti, dach chi'm yn gall! Iawn, nofiwch ata i fel hyn,' meddai gan ddangos iddi sut i blymio i mewn dros ei hysgwyddau. Anadlodd Dorti'n ddwfn, a mentro. Roedd y sioc fel brathiad gan bast dannedd ac allai hi ddim peidio â rhoi sgrech fer, ond buan y daeth ei chorff i arfer, ac oedd, roedd y swyn wedi gweithio – roedd ei breichiau a'i choesau yn gwybod be i'w wneud ac roedd hi'n gallu symud drwy'r dŵr heb suddo. Roedd hi hyd yn oed yn gallu rhoi ei phen dan y dŵr i symud yn well a chyflymach.

'Gwych, Dorti!' chwarddodd Meg gan nofio fel dyfrgi i'w chyfarfod. 'Dach chi'n gallu gneud *front crawl* hefyd?'

'Be ydi hwnnw pan mae o adre?' Felly dangosodd Meg iddi. Ac wrth gwrs, roedd Dorti'n gallu ei wneud yn berffaith, a nofio ar ei chefn hefyd.

Gwyliai'r ddwy arall o ddiogelwch y tywod, a dyma nhw'n galw Brân atyn nhw, oedd yn amlwg wedi blino nofio bellach.

'Mi weithiodd,' meddai Lowri.

'Do.'

'Mae'n edrych fel tasen nhw'n cael hwyl.'

'Ydi. Pam? Wyt ti'n cael dy demtio?' gofynnodd Ann.

'Nacdw. Mae dŵr dwfn fel'na'n codi croen gŵydd arna i. Fedra i'm peidio â meddwl am sut gafodd cymaint ohonon ni ein boddi.'

'Na fi,' meddai Ann, 'ond dydi o'n amlwg yn poeni dim ar Dorti.'

'Pawb at y peth y bo. Ynde, Brân?' meddai Lowri gan fwytho pen gwlyb y ci. 'Ond … ydi hi ddim yn rhy agos at y syrffwyr 'na, dwed?'

Craffodd Ann dros ei sbectol haul. Gallai weld bod Dorti yn sicr wedi nofio'n agos iawn at y criw o syrffwyr yn eu siwtiau duon.

'Braidd yn beryg, ydi ddim?' meddai Ann. 'Faswn i ddim isio cael fy nharo gan un o'r byrddau 'na.'

'Mae 'na rywbeth yn deud wrtha i ei bod hi'n gwybod yn iawn be mae hi'n neud,' meddai Lowri. Ysgydwodd ei phen yn araf wrth weld dyn tal gydag ysgwyddau fel wardrob yn padlo ar ei fol tuag at ben tywyll Dorti. 'Hwnna ydi'r hyfforddwr, dwi'n meddwl.'

'Ydi o'n deud y drefn wrthi?' gofynnodd Ann.

'Mae o'n sicr yn cael gair efo hi,' meddai Lowri. 'O! A rŵan mae o yn y dŵr efo hi … be mae o'n drio'i neud?'

Roedd Meg wedi cadw draw oddi wrth y syrffwyr, ond yn cadw llygad ar ei modryb a throi ei phen tuag at y ddwy arall ar y traeth yn gyson.

'Wel, be bynnag sy gynno fo i ddeud wrthi, mae'n sgwrs hir,' meddai Ann wedi rhai munudau.

'Ac maen nhw'n agos iawn, iawn at ei gilydd,' meddai Lowri. 'Sŵn y tonnau yn uchel, mae'n rhaid.'

'Neu mae hi wedi blino ac mae o'n cydio ynddi rhag iddi foddi,' meddai Ann.

'Mae hi wedi cael y "nerth a'r egni i nofio'n hawdd a pheidio boddi", cofia,' meddai Lowri.

'Ia, ond dydi o'm yn gwbod hynny,' gwenodd Ann. 'Ufflon o hogan ydi hi …'

'Ond o flaen Meg! Be sy haru hi?' meddai Lowri. 'Gollwng o, y … yr hoeden!'

'Pan fydd Dorti wedi gweld rhywbeth mae'n ei ffansïo, waeth i ti siarad efo'r wal,' meddai Ann. Ond wedi rhai munudau, neidiodd y dyn ysgwyddau wardrob yn ôl ar ei fwrdd syrffio, a chan godi llaw ar Dorti, padlodd i ffwrdd. Sylwodd fod ton dda yn codi y tu ôl iddo bron yn syth, felly padlodd yn gyflymach, yna neidio ar ei draed er mwyn gallu syrffio mewn steil yn ôl at ei ddosbarth yn y dŵr bas.

'Dwi'n gwybod na ddylwn i feddwl fel hyn yn yr oes sydd ohoni,' meddai Ann. 'Ond mae 'na siâp da iawn arno fo.'

'Wrth gwrs,' meddai Lowri. 'Ac yli, mae hi'n nofio'n ôl aton ni rŵan, diolch byth. Brysia, i ni drio cuddio ei noethni hi efo'r llian 'ma. Mae 'na hen gwpwl yn trio bwyta eu brechdanau draw fancw.'

Roedd Meg a Dorti yn piffian chwerthin erbyn i'r ddwy eu cyrraedd. Ceisiodd Lowri glymu'r llian am Dorti, ond roedd Brân, wedi gweld a chlywed y chwerthin, yn meddwl bod gêm ar droed. Bachodd ei ddannedd yng nghhornel y llian a'i dynnu, gan redeg ar hyd y traeth gydag o, a Meg ar ei ôl. Felly roedd Dorti'n noethlymun gorn eto ac yn chwerthin nes roedd y dagrau'n llifo. Estynnodd Lowri ei dillad iddi, ond roedd hithau'n methu peidio chwerthin bellach.

'Cymryd bod y syrffiwr wedi holi lle roedd dy wisg

nofio di?' meddai Ann gan dynnu Lowri tuag ati i geisio cuddio Dorti rhag yr hen gwpwl gyda'u brechdanau.

''Nes i ddeud bod ryw hen octopws drwg wedi ei rwygo o oddi arna i, ac mi ddeudodd o nad oedd o'n ei feio fo, wir.'

'Dach chi mor ddrwg, Dorti!' chwarddodd Meg wrth redeg tuag ati gyda'r llian tywodlyd. 'Dach chi'n mynd i'w weld o eto?'

Sychodd Dorti fymryn arni ei hun cyn gofyn a fyddai Meg yn fodlon petai hi'n ei weld eto.

'Fi? Baswn, siŵr!' meddai Meg. 'Os ga i fod yn forwyn briodas wedyn ...'

'Priodas? Pwy soniodd unrhyw beth am briodas?' meddai Dorti gan dynnu ei ffrog dros ei phen. Roedd hi ar fin dweud mwy pan sylwodd ar lygaid y ddwy arall yn ei thrywanu â rhybuddion. 'Wel, gawn ni weld fydd o isio 'ngweld i eto,' meddai gan gau ei botymau.

'Wel, mae o wedi gweld bob dim yn barod, tydi?' meddai Lowri.

'Miaw,' meddai Ann.

'Dwi rioed wedi gweld yr un ohonoch chi efo cariad,' meddai Meg wrth iddyn nhw gerdded ar draws y tywod yn ôl at y car. 'Dach chi'm isio dynion yn eich bywydau?'

Syllodd y tair arni'n fud, yna pesychodd Dorti cyn dweud:

'O, dan ni'n gweld ambell un weithia, sti. Ond maen nhw'n tueddu i gymhlethu pethau, felly dydan ni'm isio canlyn na dim byd felly.'

'Be ydi "canlyn"?'

'Mynd allan efo rhywun yn rheolaidd. Aros yn ffyddlon iddyn nhw, rhyw bethau felly,' eglurodd Lowri. Yna ychwanegodd gyda gwên: 'Mae'r darn "ffyddlon" wedi creu problemau yn y gorffennol.'

'Pam? Wyt ti isio i ni fod â dynion yn ein bywydau?' gofynnodd Ann.

'Dwi rioed wedi meddwl am y peth tan rŵan a bod yn onest,' meddai Meg. 'Ond yndw, pam lai? Dwi isio i chi fod yn hapus.'

Cododd y tair eu haeliau.

'Be? A fedar dynes ddim bod yn hapus heb ddyn?' meddai Lowri.

'Wel, mae pob llyfr a ffilm efo diweddglo hapus yn gorffen efo priodas – neu gusan hir, o leia,' meddai Meg.

'Blydi llyfrau …' chwyrnodd Dorti. 'Ffuglen ydi hynna, Meg, nid bywyd go iawn.'

'Na, bywyd go iawn hefyd,' meddai Meg. 'Mae Miss Heaney, fy athrawes Hanes i, newydd briodi – Mrs O'Donoghue ydi hi rŵan, ac mae hi mor hapus, mae hi'n hymian drwy'r amser.'

'Neith o'm para,' meddai Ann.

'Pam ddim?' meddai Meg. 'Roedd nain Siobhan yn berffaith hapus efo'i gŵr hi, meddai hi. Roedden nhw mewn cariad am hanner can mlynedd, yn dal i swsian ei gilydd bob cyfle, a phan fuodd o farw, roedd hi isio marw hefyd. Ac roedd rhieni Siobhan yr un fath. Nath ei thad hi'm siarad am bythefnos ar ôl i'w mam hi farw, ac mi nath o gael tatŵ o'i hwyneb hi ar ei galon o.'

'Aw. Braidd yn ddramatig,' meddai Dorti.

'Na, chwarae teg, mae o'n gallu digwydd. Roedd fy rhieni i mewn cariad hefyd, reit tan y diwedd un,' meddai Lowri. 'A fy chwaer i – a 'mrawd i erbyn cofio. Wel, pan welais i nhw ddwytha o leia.' Lledodd cysgod dros ei hwyneb, ac edrychodd Meg arni gyda diddordeb.

'Brawd a chwaer? Felly maen nhw'n ewyrth a modryb i mi. Wnaethoch chi rioed sôn – ble maen nhw – oes gen i gefndryd hefyd?'

Tawelwch. Astudiodd Dorti wylan yn hedfan uwchben y tonnau a cheisiodd Ann wenu cefnogaeth a'r geiriau i lunio ateb – unrhyw fath o ateb – i mewn i Lowri, oedd yn ymbalfalu yn ei bag am oriad y car.

'Dwi'm wedi eu gweld nhw ers blynyddoedd,' meddai Lowri ar ôl dod o hyd i'r goriad, 'ac … wel … roedden nhw'n llawer iawn hŷn na fi, felly beryg eu bod nhw wedi marw bellach. Stori hir, gymhleth, wna i ddeud wrthat ti ryw dro. Ond yn ôl at y pwnc,' meddai wrth i ddrysau'r car agor gyda 'thync'.

'Dwi'n meddwl mai mater o lwc ydi o. Digwydd dod o hyd i'r un iawn ar yr adeg iawn.'

'Yn hollol,' cytunodd Ann gan estyn dillad Meg iddi. 'Felly anlwcus fuon ni'n pedair.'

'Pedair?' holodd Meg gan dynnu crys-T dros ei phen. 'Tair ohonoch chi sy. Neu fu'r bedwaredd yn arbennig o anlwcus?'

Brathodd Ann ei thafod ac ymbil gyda'i llygaid ar y ddwy arall.

'Dy fodryb Siwsi,' meddai Dorti, heb sylweddoli ei bod yn osgoi llygaid Meg. 'Roedd ganddi dueddiad i syrthio mewn cariad efo'r dynion anghywir.'

'Ro'n i'n meddwl mai fy hen fodryb oedd hi?'

'Ia, dyna ro'n i'n feddwl. Sori,' meddai Dorti.

'Felly be ddigwyddodd iddi?' gofynnodd Meg gan sychu'r tywod oddi ar ei thraed.

'O … gei di'r hanes i gyd ryw dro eto,' meddai Lowri gan ymbalfalu yn ei bag eto a rhoi crib i Dorti. 'Mae dy wallt di dros y lle i gyd,' eglurodd. 'Felly, dan ni'n barod i fynd adre rŵan?'

'Ond be am y syrffiwr?' gofynnodd Meg. 'Dydi o'm yn haeddu cyfle? Be os mai fo ydi'r un i chi, Dorti?'

'Fo? Go brin!' chwarddodd Dorti gan roi'r ffidil yn y to gyda'r grib. 'Mae o'n llawer rhy ifanc.' Gwenodd Meg cyn dweud:

'Doedd o ddim yn meddwl hynny.'

'Ha! Ers pryd wyt ti'n gymaint o arbenigwraig ar ddynion, madam?' meddai Dorti, gan ei phwnio yn ysgafn yn ei braich.

'Tydw i ddim …' meddai Meg gan fethu peidio â chochi fymryn. 'Iawn, dan ni'n mynd adre 'ta be?'

'Aros funud, wyt ti wedi dechrau cael dy ddenu at fechgyn yn yr ysgol 'na?' gofynnodd Lowri. Trodd y pinc ym mochau Meg yn fflamgoch.

'Wel. Mae 'na un sy'n fflyrtio efo fi,' meddai gan edrych ar ei thraed.

'O? Ac wyt ti'n fflyrtio'n ôl efo fo?' gofynnodd Dorti gyda gwên. Cododd Meg ei llygaid.

'Ddylwn i beidio?' gofynnodd.

'Mae'n dibynnu faint ydi ei oed o,' meddai Lowri.

'Dwy flynedd yn hŷn na fi. Mae'r hogia sydd yn yr un flwyddyn â fi mor blentynnaidd, eu syniad nhw o fflyrtio ydi gwthio a phinsio a thaflu pethau aton ni.'

'Ia, wel. Mae'n cymryd amser i fechgyn fedru delio efo'u hemosiynau,' meddai Ann.

'A rhai merched,' meddai Lowri. 'Wel, ti'n gwybod y gelli di rannu unrhyw beth efo ni – mae gynnon ni flynyddoedd o brofiad. Rhyngon ni.' Gwenodd y modrybedd.

'Ond paid â dilyn esiampl Dorti, da ti,' meddai Ann, wrth ddechrau dringo i mewn i'r car. 'Dydi cyflwyno dy hun yn noethlymun gorn ddim yn syniad arbennig o dda.'

'Ond mae o wedi gweithio,' meddai Dorti gan amneidio y tu ôl iddyn nhw, a chodi ei llaw. Trodd y tair arall i weld dyn yn cario bwrdd syrffio, â'i siwt *neoprene* wedi ei thynnu i lawr am ei wasg, yn codi llaw arni. Roedd y croen ar bob cyhyr yn sgleinio. 'Dwi'm yn siŵr eto ai diddordeb ynof fi neu mewn gwneud mwy o fusnes sy gynno fo,' meddai Dorti, 'ond Michael ydi'i enw o a mae o wedi cynnig rhoi gwers syrffio hanner pris i ni.' Yna ychwanegodd gyda gwên ddrwg: 'Dach chi'n berffaith siŵr eich bod chi ddim isio dysgu nofio?'

PENNOD 11

Pingiodd ffôn symudol Lowri fel roedden nhw'n clirio'r llestri swper.

'Neges gan Dorti,' meddai.

'Paid â deud wrtha i, 'di'm yn dod adre eto heno,' meddai Ann.

'Cywir,' meddai Lowri.

'Mae hi'n licio hwn go iawn, tydi?' meddai Meg. 'Pictiwrs, theatr, gwersi syrffio dragwyddol … ac mae hi'n gwenu gymaint mwy.'

Nodiodd Lowri. Roedd y gwahaniaeth yn Dorti wedi bod yn eitha amlwg ers wythnosau bellach. Roedd y dêt cyntaf mewn tŷ bwyta uchel-ael yn Lahinch wedi bod yn llwyddiant rhyfeddol. Doedd Dorti ddim wedi cyrraedd adref tan dri y bore, yn sobor ond wedi meddwi'n llwyr ar Michael. Roedd hi wedi mynnu deffro Ann a Lowri a dringo i mewn i'r gwely atyn nhw i ddweud y cwbl.

'Mae gynno fo radd mewn cerddoriaeth! Mae o'n wych ar y piano a'r gitâr a'r ffidil – wnaeth o chwarae i mi, ac mae o'n mynd i sgwennu cân i mi, medda fo, rhywbeth ar drywydd "I met a real live mermaid", ha! Ac mae ei dŷ o'n recordiau a CDs o'r top i'r gwaelod, a tomen o lyfrau am bob math o bethau, hyd yn oed yn y tŷ bach – oedd â'r un sgidmarc ar ei gyfyl, gyda llaw – ew, mae o'n foi difyr, ac yn rhedeg am filltiroedd cyn brecwast bob bore, ac yn ddyn gonest achos nath o ddeud yn syth bod gynno fo gariad yn ôl yn Nulyn – fanno aeth o i'r brifysgol – argol, roedd gynno fo straeon digri! – ond os fydd petha'n datblygu rhyngon ni'n dau dros yr wythnosau nesa, mae o'n mynd i orffen petha efo hi.'

Doedd hi ddim wedi stopio siarad am oes, ac roedd hi wedi mynd i lawer gormod o hwyl wrth ddisgrifio'r rhyw 'arallfydol' gawson nhw, ond mae'n rhaid ei bod hi wedi cau ei cheg ryw ben, wedi iddi sylweddoli bod y ddwy arall wedi hen fynd yn ôl i gysgu.

Yn dawel bach, roedd Ann a Lowri'n poeni amdani. Nid ar chwarae bach fyddai Dorti'n rhoi ei ffydd yn unrhyw un, a gwyddent yn rhy dda pa mor fregus oedd hi.

Wedi i Ann adael bisgedi fymryn yn rhy hir yn y popty drannoeth, blasodd Lowri un ohonynt.

'Digon blasus, ond ddim cystal ag arfer. Torri'n hawdd maen nhw 'de?' meddai.

'Dyna be sy'n digwydd pan mae rhywbeth yn cael ei losgi,' meddai Ann, cyn edrych ar Dorti'n gwenu'n binc ar sgrin ei ffôn, ac yna dal llygaid Lowri. Codi ei hysgwyddau wnaeth honno. Doedd dim y gallen nhw ei wneud, nes y byddai'n rhaid delio gyda'r briwsion.

Wedi dod i nabod Michael, roedden nhw i gyd yn gytûn ei fod o'n foi clên iawn, ac yn amlwg wedi gwirioni gyda Dorti. Roedd Meg, hefyd, wedi mwynhau'r gwersi syrffio yn arw. Roedd Lowri'n hanner difaru na fyddai wedi rhoi cynnig arni ei hun, ond fyddai hi, fel Ann, byth yn gyfforddus mewn dŵr dwfn, a dyna ni. Roedd yn llawer gwell ganddyn nhw garlamu dros y Burren ar eu ceffylau, diolch yn fawr. Byddai Meg wedi hoffi syrffio mwy gan ei bod hi wedi dangos cymaint o addewid, ond doedd fawr o amser rhydd ganddi rhwng yr holl waith ysgol, gwersi nofio a jiwdo a phiano a gitâr, heb sôn am y gemau *camogie* rheolaidd. A ph'un bynnag, roedd gallu gadael Dorti a Michael ar eu pennau eu hunain yn amlwg wedi cyflymu datblygiad y berthynas; roedd o wedi gorffen efo'r hen gariad yn Nulyn.

'Iawn, welwn ni Dorti ar ôl brecwast ryw ben felly,' meddai Lowri wrth i Ann sychu'r bwrdd bwyd yn lân. 'Dach chi awydd gweld ffilm cyn noswylio?'

'Sori, dwi am fynd i 'ngwely,' meddai Meg, 'mae gen i brawf hanes peth cynta bore fory.'

'Call iawn,' meddai Ann. 'Ac mae gen i awydd darllen mwy

o'r nofel Gymraeg dew 'na oedd yn y parsel ddoth drwy'r post, am y Nazis yng Ngwlad Groeg; nefi, mae hi'n gafael.'

'Oi! Fi oedd isio darllen honna! Fi archebodd y blydi parsel!' meddai Lowri, ond doedd hi ddim yn rhy flin gan fod cryn ddwsin o lyfrau Cymraeg eraill yn y parsel roedd hi'n ysu am gael ei dannedd ynddyn nhw. Gan fod cymaint o fylchau yn ei gwybodaeth am hanes Cymru a'i llenyddiaeth, roedd hi wedi bod yn archebu llyfrau o Gymru yn rheolaidd ers sawl blwyddyn bellach, yn hen glasuron ac yn stwff mwy cyfoes. Roedd hi newydd fwynhau *Cymru – y 100 lle i'w gweld cyn marw*, ond roedd y gyfrol wedi codi'r hiraeth mwya ofnadwy arni. Gwyddai na fyddai'n marw am sbel go lew, ond roedd y lle a'r bobl yn newid mor gyflym, doedden?

'Iawn, waeth i minna fynd i 'ngwely hefyd felly,' meddai Lowri gan gydio mewn cyfrol o farddoniaeth: *Hoff Gerddi Natur Cymru*. Trodd ambell dudalen: cerddi a beirdd oedd yn gwbl ddieithr iddi, rhai yn grefyddol, rhai yn sentimental, rhai yn anodd eu deall, ond penderfynodd ei bod yn hoffi cerddi R. Williams Parry. Yna gwenodd o weld 'Ar lan y môr mae rhosys cochion' – un roedd hi'n gyfarwydd â hi ac wedi ei chanu droeon gyda'i theulu a'i chyfeillion, er bod y geiriau hyn fymryn bach yn wahanol. Teimlodd bwl o hiraeth sydyn am y dyddiau hynny. Gwyddai y byddai'n breuddwydio amdanynt y noson honno – eto. Oedodd cyn troi am y llofft.

'Ydi Brân wedi bod allan, do?' gofynnodd i Meg.

'Ym …' Rhowliodd Lowri ei llygaid. Roedd Meg wedi tueddu i anghofio pethau felly ers cyfnod y profion.

'Iawn, mi wna i agor y drws iddo fo rŵan 'ta. Ty'd, Brân. Pi pi plis.'

Cododd Brân yn ufudd a throtian drwy'r drws am y goedwig. Camodd Lowri allan ar ei ôl a sylwi ar amlinell dwy gigfran ar un o ganghennau'r coed afalau. Roedden nhw i'w gweld yn agos at y castell yn rheolaidd ers eu taith i greigiau Cill Chaoi.

'A be dach chi isio, y?' meddyliodd Lowri'n uchel. Daeth

atgof iddi o weld ei nain yn rhedeg ar ôl cigfran gyda choes ysgub, gan fynnu bod yr adar yn dod ag anlwc a bod gweld cigfran wrth y tŷ yn arwydd y byddai rhywun agos yn siŵr o farw o fewn dyddiau. Roedd ei thaid wedi cega arni:

'Hen lol wirion, Marged! Maen nhw'n bwyta creaduriaid sydd wedi marw, dyna i gyd, a dyna pam fod rhywun wedi dechrau eu cysylltu gyda marwolaeth. A ph'un bynnag, roedd gan Noa ffydd ynddyn nhw, yn doedd?'

'A ddaeth y gigfran ddim yn ôl, naddo!' roedd ei nain wedi brathu'n ôl yn syth. Y bore canlynol, daeth rhywun draw i ddweud wrthyn nhw bod chwaer ei nain newydd farw. Cyd-ddigwyddiad? Doedd ei nain yn sicr ddim wedi credu hynny.

Daeth Brân yn ei ôl drwy'r drws a llamu i fyny'r grisiau at stafell Meg. Roedden nhw wedi trio gwneud iddo gysgu yn ei fasged i lawr y grisiau, ond mynd i fyny i lofft Meg fyddai o'n ddi-ffael. Byddai'r diawl bach (mawr) yn dringo ar y gwely ac ymestyn dros y gwaelod gan gadw traed Meg yn gynnes – a gadael baw a blew dros y dillad gwely. Ond roedd Ann yn gadael i'r cathod gysgu ar ei gwely hithau, felly doedd dim diben dwrdio.

Cyn cau'r drws, edrychodd Lowri yn ôl at y goeden afalau ond roedd y gigfran wedi diflannu.

Roedden nhw i gyd yn cysgu'n drwm pan ddechreuodd Brân chwyrnu.

'Hisht, Brân,' meddai Meg yn gysglyd. Ond codi wnaeth Brân a mynd at y drws. Roedd yn gilagored a llwyddodd i'w agor gyda'i drwyn. Arhosodd ar y landing, yn gwrando. Gallai glywed Lowri ac Ann – a'r cathod – yn anadlu yn eu llofftydd. Gallai glywed dail y coed yn siffrwd yn yr awel tu allan. Gallai glywed tylluan yn y goedwig a wenci neu garlwm yn lladd llygoden yn yr ardd. Ond gallai glywed sŵn diarth hefyd, sŵn nad oedd yn taro deuddeg – o bell ffordd. Chwyrnodd yn ddyfnach a chychwyn i lawr y grisiau. Yna cyfarthodd mor uchel, neidiodd Lowri, Ann a Meg ar eu heistedd a sgrialodd y cathod o dan y gwely.

'Brân?' sibrydodd Meg. 'Be sy?'

'Be ar y ddaear?' meddai Lowri'n flin, cyn sythu a theimlo, fel Brân, bod rhywbeth o'i le. Rhywbeth a wnaeth iddi sleifio'n araf allan o'r gwely a chwilio am rywbeth y gallai ei ddefnyddio fel arf. Roedd ei hudlath i lawr yn y seler, drapia. Cofiodd am ffon *camogie* Meg a chychwyn ar flaenau ei thraed am ei llofft hi. Ond roedd Meg eisoes yn y drws, a'r ffon yn ei llaw, ac Ann yn crynu ar y landing gan gydio'n dynn mewn dwy ganhwyllbren fawr efydd. Rhoddodd un i Lowri a dechreuodd y tair ddringo i lawr y grisiau.

Gallent glywed Brân yn cyfarth yn ffyrnig i lawr yn y gegin, a lleisiau yn rhegi, lleisiau diarth, gwrywaidd, Gwyddelig.

'Ann, ffonia'r Garda,' sibrydodd Lowri wrth iddyn nhw basio'r ffôn ar waelod y grisiau. Cydiodd Ann yn y ffôn ac aeth y ddwy arall yn eu blaenau am y gegin. Tynnodd Lowri yng nghefn pyjamas Meg ac amneidio arni i aros y tu ôl iddi. Doedd Brân ddim yn cyfarth bellach ond gallent ei glywed yn dal i chwyrnu a sgyrnygu'n filain a llais dyn yn sgrechian:

'Get him off me! Get the bastard off me!'

Rhoddodd Lowri'r golau ymlaen i weld Brân â'i ddannedd yn sownd yng nghoes dyn mewn balaclafa a *fleece* ddu, ac i weld bod dyn arall mewn balaclafa ar fin waldio Brân gyda phastwn.

'Drop it!' gwaeddodd hi mewn llais ddychrynodd Meg, heb sôn am y dyn â'r pastwn. 'He's trained to kill and he'll kill both of you if you don't back off.'

'And if he doesn't kill you, we will!' chwyrnodd Meg.

Rhewodd y dyn â'r pastwn, a sgrechiodd y llall wrth i Brân suddo ei ddannedd yn ddyfnach i mewn i'w goes.

'The Garda are on their way!' gwichiodd Ann mewn llais crynedig y tu ôl i Meg. Ond doedd dyn y pastwn yn amlwg ddim yn ei chredu, neu roedd o wedi gwylltio, neu wedi mynd i ormod o banig. Anelodd am Brân eto a dod â'r pastwn i lawr ar ei gefn gyda sŵn wnaeth i Ann sgrechian.

Rhuo fel anifail wnaeth Meg a llamu at y dyn cyn i Lowri

nac Ann fedru ei rhwystro. Chwipiodd ei ffon *camogie* drwy'r awyr a rhoi clec i ben y dyn â'r balaclafa nes ei fod yn hedfan yn erbyn y wal, a llithro i'r llawr wedyn fel sach o datws. Ond welodd Meg mo hynny; yr eiliad darodd hi'r dyn, roedd ei sylw i gyd ar Brân. Roedd o'n ddiymadferth ar lawr y gegin, ac yn frawychus o fud.

Cydiodd Lowri ac Ann yn y dyn fu Brân yn ei frathu, a'i fygwth â'u canwyllbrennau. Clymwyd o i bostyn y grisiau a brysiodd y ddwy yn ôl at Meg, oedd ar ei gliniau wrth gorff llonydd Brân.

'Rhaid i ni fynd â fo at y milfeddyg – rŵan!' meddai'n ddagreuol.

Penliniodd Lowri i weld a oedd y ci'n anadlu. Oedd.

'Mae o'n dal yn fyw, Meg. Ond mi fydd yn rhaid i ni fod yn ofalus iawn wrth ei symud o.' Edrychodd ar Ann. Deallodd Ann y cwestiwn yn ei llygaid yn syth. Oedden nhw'n mynd i'w wella eu hunain? Byddai'n haws, ac yn gyflymach.

'Cymer olwg ar y dyn acw, Ann,' meddai, gan amneidio at y dyn roedd Meg wedi ei waldio â'i ffon *camogie*. Brysiodd Ann ato, yna, wedi rhai eiliadau o chwilio am byls, edrychodd ar Lowri gan ysgwyd ei phen. Ochneidiodd Lowri. Roedd corff marw yn y gegin yn cymhlethu pethau hyd yn oed yn fwy.

'Wnest ti ffonio'r Garda?'

Ysgydwodd Ann ei phen eto. Roedd rhyw chweched synnwyr wedi dweud wrthi am beidio â deialu ar yr eiliad olaf, diolch byth.

'Ffonia Dorti,' meddai Lowri, gan droi at y dyn arall oedd yn sownd wrth bostyn y grisiau ac yn griddfan fel plentyn. Roedd ei hudlath yn y selar, felly hoeliodd ei holl egni arno â'i lygaid. 'Cau dy geg,' hisiodd arno a disgynnodd ei ben ar ei frest. Roedd o'n anymwybodol, ac yn dawel o'r diwedd. Felly nid Meg oedd yr unig un oedd yn gallu gweithredu heb hudlath pan oedd angen, meddyliodd gyda hanner gwên. Yna trodd at Meg.

'Meg, gwranda arna i'n ofalus …'

Pennod 12

Erbyn i Dorti gyrraedd, roedd y ddau leidr yn un o'r siediau tu allan ac Ann wedi glanhau pob diferyn o waed oddi ar lawr a wal y gegin. Roedd Lowri wedi dod o hyd i oriadau eu cerbyd ac wedi archwilio eu ffonau symudol: deuai un o Limerick a'i bartner o Ddulyn.

Roedd Brân yn dal lle disgynnodd o, gyda Meg yn gorwedd wrth ei ochr yn sibrwd yn ei glust.

'Dwi'n cymryd mai nhw pia'r fan fawr ddu ar waelod y ffordd,' meddai Dorti. 'Iawn, felly mae un wedi marw a'r llall mewn swyngwsg, dwi'n iawn? Reit 'ta, gawn nhw aros yn y sied am y tro. Brân sy bwysica rŵan. Ei asgwrn cefn o sydd wedi ei anafu, meddech chi. Ydi'r offer a'r cynhwysion i gyd gynnoch chi?'

Nodiodd Lowri. Roedd y cyfan – yr hudlathau, y gyllell, a hyd yn oed yr allor fechan – bellach ar lechen y gegin.

'Rydan ni'n dwy wedi molchi ac yn barod i gychwyn,' meddai.

'Be am Meg?'

'Dwi wedi rhoi swyn ysgafn arni i'w chadw'n dawel, ac egluro be sy'n mynd i ddigwydd. Mi fedrwn ni roi swyn anghofio arni wedyn.'

'Iawn, rhowch ddau funud i mi gael cawod sydyn. Mi fydd hi'n dywyll am gwpwl o oriau eto, felly mae gynnon ni ddigon o amser i neud bob dim.'

Aeth y tair drwy'r seremoni yn bwyllog a gofalus; doedd fiw iddyn nhw frysio a gwneud unrhyw fath o gamgymeriad, na symud gormod ar Brân rhag ofn iddyn nhw wneud niwed i'r nerfau yn ei asgwrn cefn.

Wedi i'r diferyn olaf o'r hylif hud ddiflannu i gorff y ci, rhoddodd Ann flanced drosto, a'i gusanu ar ei gorun. Trodd at

Meg, oedd wedi bod yn gorwedd yn dawel wrth ei ochr drwy'r cyfan.

'Mi fydd o'n dod ato'i hun cyn bo hir,' meddai, 'ac mi fydd o fel y boi, dwi'n addo. Ond rŵan, dan ni angen dy help di efo'r ddau ddyn 'na. Ty'd. A dan ni i gyd angen gwisgo menyg.'

Doedd cario'r ddau gorff trwm i lawr y grisiau cerrig at y fan ddim yn hawdd, ond llwyddwyd yn rhyfeddol o sydyn. Wedi llwytho'r un celain yn y cefn, oedodd Lowri.

'Be dan ni'n mynd i neud efo hwn sy'n dal yn fyw?' gofynnodd. 'Dan ni'm yn mynd i'w ladd o, nac'dan?'

'Gawn ni weld,' meddai Dorti. 'Ond dyna fyddai hawsa, beryg. Brysiwch, dan ni isio bod yn ôl cyn iddi oleuo.'

Gyrrodd Lowri y fan ddu, gyda Dorti wrth ei hochr yn edrych ar fap, a dilynodd Ann a Meg nhw yn y Range Rover.

'Be am fan hyn?' meddai Dorti o'r diwedd, pan oedden nhw ar dop ffordd serth oedd â wal fawr goncrit ar gornel gas ar ei gwaelod.

'Pam lai?' meddai Lowri, gan godi'r brêc llaw a neidio allan i egluro'r cynllun i Ann.

Rhoddwyd y ddau ddyn i eistedd ym mlaen y fan.

'Na, paid â rhoi'r gwregys diogelwch arnyn nhw!' hisiodd Dorti. 'Dwi'n amau'n fawr fyddai'r ddau yma yn eu gwisgo beth bynnag, a dan ni isio iddyn nhw daro'r ffenest, cofia.'

Taniodd Lowri'r injan. Yna, gan bwyso dros gorff y 'gyrrwr', gollyngodd y brêc llaw a neidio allan. Ciciodd Dorti y drws yn glep wrth i'r fan ddechrau symud i lawr y rhiw. Gwyliodd y pedair y cerbyd yn cyflymu a'r goleuadau ôl yn diflannu i'r tywyllwch. Ac yna clywyd y glec. Roedd hi'n un uchel, fel roedd sŵn y corn. Roedd corff y gyrrwr yn amlwg yn pwyso arno'n o galed.

'Dwi'n amau'n fawr neith y llall fyw drwy hynna,' meddai Dorti, 'ond rhag ofn, mi wnaethon ni roi swyn anghofio arno fo, yn do?'

Edrychodd Lowri ac Ann ar ei gilydd, yna ar Dorti, eu hwynebau'n welw yng ngolau'r car.

'O, ffycs sêc!' ochneidiodd Dorti. 'Fiw i ni fynd lawr fanna rŵan. Rhaid i ni jest gweddïo ei fod o wedi marw.'

'Na, gad i mi neud yn siŵr,' meddai Lowri, gan dynnu ei hudlath o'i phoced a brysio i lawr y rhiw. Daeth yn ei hôl yn rhyfeddol o gyflym. 'Iawn, dowch, adre – reit handi.'

Roedd yr awyr yn goleuo erbyn iddyn nhw gerdded yn ôl i mewn i Gastell Dumhach. Ymlwybrodd Meg yn freuddwydiol i'r gegin at Brân, a gorwedd wrth ei ochr eto, yn fud. Roedd o'n anadlu'n normal bellach, ond yn dal mewn trwmgwsg. Aeth Ann â'r offer yn ôl i'r seler.

'Dan ni wedi gneud yn siŵr nad ydyn nhw wedi gadael unrhyw olion yma,' meddai Lowri. 'Does 'na ddim olion fan allan yna bellach. Be arall sy angen ei wneud?'

'Coffi. Cry,' meddai Dorti, gan roi'r tecell ymlaen. 'Tisio paned, Meg?'

'Sut allwch chi feddwl am baned rŵan?' gofynnodd Meg yn llesg, a'i llygaid yn llawn dagrau. 'Dan ni newydd ladd dau ddyn.'

'Ti laddodd gynta, mêt,' meddai Dorti, gan estyn mygiau.

'Dorti!' hisiodd Lowri.

'Wel? Mae'n wir,' meddai Dorti. 'Fydden ni ddim wedi gorfod gneud hynna taset ti ddim wedi lladd rhywun yn y lle cynta, Meg fach. Ond dwi'n dal ddim yn siŵr sut lwyddaist ti i wneud hynny chwaith. Be wnest ti'n union?'

'Ei waldio dros ei ben efo ffon *camogie*,' atebodd Meg yn dawel.

'Ddeudis i ei bod hi'n gêm beryg,' meddai Dorti gan lwyo coffi i mewn i'r mygiau. 'Ond ei fai o oedd o am drio dwyn oddi arnan ni, ynde, felly paid â phoeni gormod am y peth. Mae o wedi digwydd, a dyna fo. Ddaw 'na'r un Garda yma i fusnesa rŵan, ac mi fydd Brân yn dod ato'i hun toc, yn iachach a chryfach na fuodd o rioed.'

'Sut dach chi'n gwybod?'

'Wel, 'di cŵn mawr fel'na byth yn byw'n llawer hirach na ryw ddeuddeg, dair ar ddeg, a faint ydi o rŵan?'

'Un ar ddeg,' meddai Meg. 'Gawson ni o pan o'n i bron yn bedair.'

'Dyna un peth da am y llanast yma felly,' meddai Lowri gyda gwên garedig, 'mi fydd o efo ni am o leia deg mlynedd arall rŵan, nes byddi di yn dy ugeiniau.'

'Dwi'm yn dallt,' meddai Meg gan godi ar ei heistedd. 'Be oedd yn y stwff 'na wnaethoch chi ei roi ynddo fo? A pam oeddech chi'ch tair yn noeth? A be oedd y busnes efo'r gyllell a'r pethau hir 'na?'

'Hudlathau,' meddai Lowri. 'Mi wnawn ni egluro bob dim pan ddaw Ann yn ei hôl o'r selar.'

'Gwell fyth, ty'd, awn ni i gyd lawr i'r selar, yli,' meddai Dorti gan roi edrychiad i Lowri, a gadael i Meg fynd yn gynta. 'Dwi'n meddwl ei bod hi'n bryd i ni ddeud y cwbl, heb ddefnyddio swyn anghofio wedyn,' sibrydodd yng nghlust Lowri.

'Gawn ni weld am yr anghofio, ia?' sibrydodd honno'n ôl.

Syllodd Meg yn hurt ar yr holl drugareddau yn y selar: allor fechan a bocs pren yn y gornel; ugeiniau o ganwyllbrennau a chanhwyllau ymhob man; silffoedd yn llawn poteli a jariau o bob lliw a llun; gwydrau gwin arian; crochan du uwchben lle tân bychan; dysglau bach a mawr; perlysiau a phlanhigion sych yn crogi o'r nenfwd; symbolau rhyfedd wedi eu peintio dros y waliau; a chylch mawr o gerrig gwynion yng nghanol y llawr pridd.

'Sut 'mod i rioed wedi bod fan hyn o'r blaen?' gofynnodd.

'O, ti wedi bod yma, ond roeddet ti'n cysgu,' meddai Dorti. 'Pan roion ni swyn arnat ti.'

'Swyn?'

'Ia, dyna ydi'r stwff 'ma i gyd: ein harfau hud ni. Ar gyfer gwneud swynion.'

Edrychodd Ann yn syn ar Dorti a Lowri, yna nodio. Roedd yn gwneud synnwyr iddyn nhw egluro'r cyfan iddi.

'Ac roedd 'na swyn yn dy rwystro di rhag dod i mewn yma, rhag sylweddoli bod 'na unrhyw beth yma hyd yn oed,' meddai Ann. 'Nes dy fod ti'n barod.'

'Yn barod i be?'

'I fod yn wrach,' meddai Lowri. 'Fel ni, ac fel dy fam.'

Syllodd Meg yn hurt arni.

'Be? Ond – ond chi ydi fy mam i.' Edrychodd y tair modryb ar ei gilydd.

'Mae'n stori hir, gymhleth,' meddai Ann. 'Dwi'n meddwl mai'r peth calla ydi i ni ddangos i ti, i ti gael gweld efo dy lygaid dy hun.'

'Ia, syniad da,' meddai Lowri, 'efo llwch hud ym mwg y tân.'

'Mi wna i ofalu am y tân,' meddai Ann, 'stedda di fan hyn, Meg.'

Eisteddodd Meg yn ufudd ar stôl fechan deircoes o flaen y crochan a'r lle tân. Roedd ei phen yn troi. Gwrach? Be ar y ddaear? Ai breuddwydio roedd hi? Pinsiodd ei hun yn galed – a gwingo. Na, roedd hyn i gyd yn digwydd iddi, go iawn.

Edrychodd yn ddryslyd ar ei modrybedd yn gwibio'n brysur yn ôl a blaen, yn astudio a chasglu poteli, yn tywallt hylifau i'r crochan, yn cynnau tân oddi tano ac yn paratoi gwydryn o ddiod iddi hithau. Derbyniodd y gwydryn yn ufudd, a'i arogli. Rhywbeth melys, a mymryn o arogl sinamon. Cymerodd sip ohono. Roedd o'n flasus, ac roedd Ann yn ei hannog i'w yfed, bob diferyn, felly yfodd y cyfan yn dawel. Gobeithiai Meg y byddai'n gwneud iddi anghofio ei bod newydd gario corff i gefn fan a gwylio'r fan honno'n rhowlio i lawr rhiw serth i'r tywyllwch i daro wal goncrit, a'i bod wedi lladd dyn gyda'i ffon *camogie*. A bod Brân yn gorwedd yn llonydd ar lawr y gegin, ar ei ben ei hun. Ceisiodd godi, ond cyffyrddodd Ann yn ei braich yn ysgafn, yna anwesu ei boch yn garedig gan wenu:

'Mae Brân yn iawn, dwi'n addo.'

Roedden nhw'n barod. Llyfai fflamau bychain waelod y crochan a deuai stêm o'i gynnwys. Taenodd Lowri lond llaw o lwch i mewn iddo, ac yn araf, trodd y stêm yn las, yna'n felyn, yna'n amryliw. Yna diflannodd yn llwyr. Gafaelodd Ann yn llaw Meg a'i harwain i sefyll uwchben y crochan a sbio i lawr ar y cynnwys. Roedd yr hylif yn dal i droi ohono'i hun, ond yna, peidiodd, ac yn raddol, gallai Meg weld siapiau a wynebau a phobl yn symud ynddo.

Gwelodd wyneb dynes hardd gyda gwallt cyrliog, browngoch, a llygaid emrallt – yr un lliw â'i llygaid hi. Roedd hi'n peintio mewn tŷ bychan ond lliwgar, ac roedd rhai o'r lluniau oedd ar waliau'r castell ar waliau'r tŷ hwn. Siwsi? Yna roedd hi tu allan yn rhywle, ac yn siarad â dyn tal gyda gwallt tywyll ac ysgwyddau llydan, ond allai Meg ddim gweld ei wyneb am ei fod â'i gefn ati. Yn sydyn, trodd y llun i ddangos tair sgwarnog, oedd yn troi yn rhywbeth arall – yn ferched … Dorti, Lowri ac Ann! Ac roedden nhw a Siwsi'n cofleidio ei gilydd ac yn crio, ond yn hapus. Trodd y lliwiau'n dywyllach, a gwelodd gefn y dyn tal eto. Roedd o dan do'r tro hwn, ac roedd ganddo yntau grochan, a gallai ei weld yn cymysgu rhywbeth mewn dysgl, a gallai ei glywed yn llafarganu rhywbeth annealladwy. Yna gwelodd o'n cydio mewn lwmp o gŵyr, wedi ei siapio'n flêr ar ffurf person, ac yn gwthio blewyn browngoch i mewn iddo. Yna nodwydd. Trodd y darlun yn sydyn i ddangos wyneb Siwsi'n sgrechian mewn poen, yna ei chorff yn strancio a neidio'n wyllt; gallai Meg glywed rhegfeydd ffiaidd yn dod o'i cheg a gweld ei hwyneb tlws yn troi'n erchyll: yn grychau dyfnion a llysnafedd gwyrdd dros y croen. Caeodd Meg ei llygaid; doedd hi ddim isio gweld hyn.

'Dy fam di ydi hi, dal ati i sbio,' meddai Lowri.

Daeth y tair sgwarnog yn ôl i'r darlun, yn gwylio Siwsi'n troi a throsi a gwingo a chicio'n wyllt ar y llawr, nes iddi ymdawelu. Aeth un sgwarnog ati a llyfu ei braich yn dringar. Llyfodd un arall ei hwyneb nes bod y llysnafedd wedi mynd. Gwyliodd Meg nhw'n gosod cerrig â marciau rhyfedd arnyn nhw ar y llawr a Siwsi grynedig, waedlyd yn eu hastudio, cyn dechrau tywallt hylifau a chymysgu powdrach a llwch a chwifio ei hudlath yn llesg. Yna clywodd hi'n sibrwd:

'Y sawl sy'n fy swyno,
Yr hwn fyn fy niweidio,
Trof dy ddiawlineb
Yn d'erbyn dy hun …'

Daeth modrwy gyda charreg werdd i'r golwg, yna wyneb dynes ryfeddol o hyll, heb ddant yn ei phen.

'Cadi'r Pant,' sibrydodd Lowri, 'gwrach o Drawsfynydd helpodd Siwsi fwy nag unwaith. Roedd hi'n edrych fel drychiolaeth ar y tu allan ond roedd hi'n angel tu mewn. Hi helpodd Siwsi i gael y fodrwy hud yna'n ôl, modrwy oedd yn ei gwneud hi'n anweledig.'

Trodd y llun yn y crochan yn las a gwelodd Meg ôl traed mewn rhyw fath o bowdr gwyn; roedd hi'n gweld yr ôl traed yn cael eu gwneud ond ddim yn gweld y traed.

'Dwi'm yn dallt,' meddai. 'Ble mae hi?'

'Yn nhŷ Rhys Dolddu, y dyn welaist ti efo'r ddoli gŵyr ohoni,' meddai Lowri. 'Roedden ni angen un cynhwysyn pwysig ar gyfer y swyn fyddai'n ein troi ni'n tair yn ôl yn ferched, unwaith ac am byth, yn hytrach na dim ond dros dro, sef gwaed y ddraig.'

'Ond mae o'n stwff hynod brin a bron yn amhosib ei gael – ac roedd 'na beth gan Rhys,' meddai Ann. 'Ond roedd o'n gwybod ein bod ni ei angen o. Dyna pam roedd angen i Siwsi fod yn anweledig.'

Roedd pen Meg yn troi. Sgwarnogod? Modrwy oedd yn gwneud rhywun yn anweledig? Brwydrodd i ganolbwyntio a cheisio dilyn.

'Ond roedd y diawl yn glyfar. Blawd ydi'r stwff gwyn 'na. Felly roedd o'n gallu gweld yn union lle roedd hi, doedd?' meddai Dorti wrth i'r crochan ddangos sach yn cael ei thynnu dros ben rhywun maint Siwsi, a'r dyn tywyll yn ei chario a'i thaflu ar wely blêr, cyn ei waldio dros ei phen gyda phastwn.

'Dwi'm yn meddwl y dylai hi weld y darn nesa 'ma,' meddai Ann yn bryderus. 'A deud y gwir, dwi'm yn meddwl 'mod i isio'i weld o chwaith.'

'Ond mae'n rhan bwysig o'r hanes,' protestiodd Dorti wrth i Meg wylio'r dyn yn ymbalfalu tu mewn i'r sach ac yna'n tynnu modrwy allan a gwylio siâp corff Siwsi yn ymddangos.

'Mi wna i ddisgrifio be sy'n digwydd 'ta,' meddai Lowri, 'ac mae o i fyny i chi os dach chi isio edrych neu beidio.'

'Cau dy lygaid, Meg!' meddai Ann. Ufuddhaodd Meg a gwrando'n nerfus ar lais Lowri.

'Mae o'n tynnu ei dillad hi, bob cerpyn. Ac mae'r snichyn yn glafoerio, damia fo. Yyy! Dwi'n casáu'r diawl hyll!' Brwydrodd Lowri i reoli ei llais a'i theimladau, yna dechrau arni eto. 'A rŵan, mae o'n ei chlymu hi i'r gwely, gerfydd ei garddyrnau a'i fferau. Yn giaidd o dynn, y sinach iddo fo. A rŵan, mae o'n clymu rhaff arall am ei chanol … ac un arall dros ei chluniau. Doedd o'n amlwg ddim isio iddi fedru symud modfedd.'

Teimlai Meg ei stumog yn troi. Roedd ganddi syniad go lew beth fyddai'n digwydd nesaf. Roedd hi wedi gwylio digon o ffilmiau digon *risqué* gyda Dorti, heb yn wybod i'r ddwy arall. *Mr & Mrs Smith* gyda'r hormonau'n ffrwydro rhwng Brad Pitt ac Angelina Jolie; *9½ Weeks* gyda Kim Basinger a Mickey Rourke, oedd wedi gwneud i Meg deimlo'n reit ryfedd; *Y Tu Mamá También* pan oedden nhw'n esgus mai isio gwella eu Sbaeneg oedden nhw; a *Fifty Shades of Grey* oedd wedi gwneud i Dorti rowlio chwerthin yn ogystal â griddfan yn uchel. Ond doedd Meg ddim wedi cael gwylio honno ar ei hyd am fod Lowri wedi deffro a rhoi andros o row i Dorti am feiddio dangos y fath beth i ferch oedd yn dair ar ddeg ar y pryd.

Roedd y ffilmiau hynny i gyd wedi gwneud i Meg gael breuddwydion digon rhyfedd, a doedd hi ddim wedi medru peidio cyffwrdd ei chorff ei hun yn y gwely wedyn. Ond roedd Dorti wedi dweud nad oedd dim o'i le ar hynny – bod angen i ferch ddeall sut roedd ei chorff yn gweithio. Roedd hi wedi gwylio a darllen ambell beth digon rhywiol ar ei phen ei hun ers hynny – a mwynhau hefyd – ac wedi trafod rhyw gyda Siobhan a'i ffrindiau, a chwarae 'Shaft, marry or kiss' droeon. Difyr oedd y ffaith eu bod i gyd yn anghytuno ynglŷn â phwy oedd yn rhywiol.

Ond doedd dim byd rhywiol am yr hyn oedd yn mynd i ddigwydd i Siwsi. Caeodd ei llygaid yn dynnach.

'Mae hi wedi deffro,' meddai llais Lowri. 'Ac yn poeri yn ei wyneb o, chwarae teg iddi! Ha! Ond dydi o ddim fel 'sa fo'n poeni llawer. Mae o'n mwytho ei thalcen hi a gofyn sut mae ei phen hi ...'

Ond gallai Meg glywed ei lais dwfn drosti ei hun.

'Doedd gen i'm dewis, ti'n gweld,' meddai llais Rhys Dolddu. 'Oeddet ti'n dipyn o lond llaw ...' Yna clywodd Meg anadliad sydyn – Siwsi.

'Mae o'n – ym ...' meddai Lowri.

'Paid â deud wrthi!' ymbiliodd Ann.

'Mae o'n chwarae efo'i bronnau hi,' meddai Dorti. 'Yn defnyddio ei fys a'i fawd i wneud i'w thethi hi ...' Ond roedd llais Rhys yn glir:

'Ydi hi'n oer 'ma, neu ti sy'n mwynhau dy hun?' Yna roedd o'n chwerthin, a Siwsi'n ochneidio. Allai Meg ddim rhwystro ei hun; agorodd ei llygaid, a gweld y dyn gwallt tywyll yn cau ei wefusau am un o dethi caled Siwsi, a wyneb Siwsi yn dangos ei bod hi, am ryw reswm, yn mwynhau'r profiad yn osgytal â'i gasáu. Roedd ei cheg ar agor, ei thafod yn gwlychu ei gwefusau, ac yna roedd o'n ei chusanu hi ar ei gwefusau – ac roedd hi'n ei gusanu'n ôl. Bron na allai Meg deimlo gwres eu cyrff, a'r angen, a'r pleser, a'r cynnwrf yn codi o'r crochan. Roedd Lowri a Dorti wedi anghofio disgrifio, ac Ann hefyd wedi anghofio cau ei llygaid. Roedden nhw i gyd wedi eu hudo, yn methu credu eu llygaid.

Yna, roedd o wedi codi ac yn tynnu ei ddillad; ei gyhyrau yn amlwg, a'i godiad hyd yn oed yn fwy amlwg. Heb iddi sylweddoli, roedd Meg wedi ebychu'n uchel. Doedd hi erioed wedi gweld un go iawn o'r blaen, dim ond lluniau gwirion ar ddesgiau a darnau papur yn yr ysgol.

Neidiodd Ann ar ei thraed a thynnu Meg yn ei hôl.

'Na! Ddylai hi ddim gweld hyn! Ddim bob dim!'

'Cytuno,' meddai Lowri. 'Meg, cau dy lygaid, mi wna i drio disgrifio.' Ond roedd Meg yn gallu clywed llais y dyn yn dweud ei fod wedi bod yn gwylio Siwsi drwy'r ffenest, ac wedi gweld be wnaeth hi i ryw ddyn o'r enw Dewi Jones, "Felly mi benderfynais i y byddai'n gwneud lles i ti dderbyn yn hytrach na rhoi, am unwaith." Roedd sŵn y chwip yn glir hefyd, ac ebychiadau Siwsi.

'Mae'r diawl yn ei chwipio hi!' meddai Lowri. 'Drosodd a throsodd, ond mae hi'n gwrthod gweiddi. A rŵan, mae o'n dringo ar ei phen hi. Meg, mae arna i ofn ei fod o'n mynd i'w threisio hi – paid â – genod, ddylen ni'm stopio rŵan?'

Ond roedd Meg yn gallu clywed sŵn y gwely'n symud, ac ochneidiau'r ddau, yn araf a dwfn i ddechrau, yna'n graddol gyflymu. Roedd Lowri'n fud eto, ac fel y ddwy arall, yn methu â thynnu ei llygaid oddi ar yr olygfa.

'Aros eiliad,' meddai Dorti. 'Mae 'na rywbeth rhyfedd yn digwydd fan hyn. Mae hi'n symud efo fo.'

'Er gwaetha ei hun,' meddai Lowri'n gryg. Agorodd Meg ei llygaid. Roedd pawb yn canolbwyntio gormod ar y lluniau yn y crochan i gadw golwg arni hi. Gwyliodd ben ôl gwyn y dyn yn plannu ei hun yn ddwfn rhwng coesau hirion Siwsi.

'A sbïwch ar ei hwyneb hi …' meddai Dorti. 'Sbïwch ar ei llygaid hi. Mae hi'n sbio i fyw ei lygaid o.'

'O, na … mae hi'n ei garu o!' sibrydodd Ann.

'Paid â bod yn wirion,' meddai Lowri. 'Mae hi'n casáu'r dyn!'

'Ydi, ond eto … mae Ann yn iawn hefyd,' meddai Dorti. 'Nath Michael chwarae caneuon o'r saithdegau i mi'r noson o'r blaen. Dwi'n cofio un gan The Persuaders: "It's a thin line between love and hate", a dydi o ddim yn edrych fel dyn sy'n ei chasáu hi i mi. Sbïwch ar y ffordd mae o'n sbio arni rŵan – mae o'n ei haddoli hi.'

'Wnes i rioed feddwl …' meddai Ann. 'Tase pethau wedi bod yn wahanol, mi allen nhw fod wedi …'

'Ond doedd pethau ddim yn wahanol, nag oedden?' poerodd Lowri. 'Mae o'n – mi nath o ei threisio hi! Dangos iddi mai fo ydi'r bòs mae o, y gall o neud unrhyw beth licith o iddi; jest gwagio ei hun i mewn iddi mae o, fel tase hi'n ddim byd mwy na bin sbwriel …' Stopiodd yn sydyn, ei hatgofion o'r hyn ddigwyddodd iddi hithau yn ferch ifanc wedi codi fel ton a'i rhewi. Rhoddodd Ann ei braich amdani ac estynnodd Dorti am ei llaw a'i gwasgu'n dynn. Roedden nhw'n gwybod yn iawn am y noson honno hefyd.

'Pryd ddigwyddodd hyn?' gofynnodd Meg yn sydyn. Rhewodd y tair arall a bu tawelwch am eiliadau hirion, gyda dim ond ebychiadau Rhys a Siwsi yn codi o'r crochan. Sylweddolodd Dorti fod Lowri ac Ann yn disgwyl iddi hi roi'r ateb.

'Bymtheg mlynedd yn ôl,' meddai, wrth i'r ebychiadau ffrwydro'n floedd a sgrech.

'Pymtheg ...' sibrydodd Meg, gan deimlo ton dywyll, oer yn rhuthro drwy'i chorff. 'Felly fo ydi ...'

'Ia, fo ydi dy dad di.'

Pennod 13

'Mae hi mor ddrwg gen i, Meg,' meddai Ann, a'r dagrau'n nofio yn ei llygaid. 'Ddylet ti ddim fod wedi gweld hynna.'

'Ond doedd 'na fawr o ddewis,' meddai Dorti.

'Oedd, tad! Dim ond pymtheg ydi hi! Allen ni jest fod wedi –'

'Mae'n iawn,' meddai Meg, a'i llais yn swnio'n gryfach nag oedd hi wedi'i ddisgwyl. 'Dwi isio gweld be ddigwyddodd wedyn.'

'Be? Ond mi nath o – fedri di ddim! Mi fyddai hynny'n waeth byth!' protestiodd Ann.

'Ond yn egluro cymaint,' meddai Dorti. 'Wyt ti'n siŵr dy fod ti'n ddigon dewr, Meg?'

Nodiodd Meg a cheisio ymlacio ei hysgwyddau cyn hoelio ei llygaid yn ôl ar y lluniau yn y crochan. Gwelodd fod Rhys bellach wedi diflannu i rywle a bod y tair sgwarnog wedi ymddangos ac yn prysur gnoi drwy raffau Siwsi. Astudiodd wyneb ei mam wrthi iddi godi ac eistedd yn grynedig ar ochr y gwely. Roedd hi'n bendant yn debyg iddi, a'u llygaid yr un fath yn union. Gwyliodd hi'n gwisgo ei chôt a stwffio hudlath, cyllell a phecyn o rywbeth i'r pocedi. Ond roedd rhywbeth yn amlwg ar goll.

'Y fodrwy hud,' sibrydodd Lowri. 'Fethon ni ddod o hyd iddi.'

'Roedden ni i gyd yn dal yn rhy syfrdan, yn rhy hurt i sylweddoli lle roedd hi,' meddai Dorti.

'Roedd o wedi mynd â hi,' eglurodd Ann, wrth iddyn nhw wylio Siwsi'n codi'r sgwarnogod fesul un a'u gollwng yn ofalus drwy'r ffenest i ddüwch y nos tu allan, cyn dringo allan ei hun.

Gallai Meg glywed cŵn yn cyfarth yn wallgo wrth i Siwsi a'r sgwarnogod redeg am eu bywydau i lawr wtra garegog, a gwingodd o glywed clec gwn – a sgrech.

'Fi gafodd honna,' meddai Dorti. 'Welais i mono fo, naddo?'

Roedd y llun bellach yn dangos tŷ cerrig tlws gyda gardd hir, lawn coed, ac roedd Siwsi wedi dringo un ohonynt. Roedd hi'n amlwg yn cuddio, ac yn aros am rywbeth neu rywun. Yna daeth dwy sgwarnog dros y wal.

'Lowri a fi,' meddai Ann. 'Roedd tŷ Siwsi'n rhy beryglus; byddai Rhys yn siŵr o ddod i chwilio amdanon ni yn fanno, felly aeth hi â ni i'r dre, i dŷ ei ffrind hi, Wendy.'

Gwelodd Meg gar yn gwibio'n wyllt drwy'r tywyllwch cyn cyrraedd tref o adeiladau cerrig, ac arafu wrth droi i fyny un o'r strydoedd culion. Yna roedden nhw mewn tŷ, a merch mewn crys nos yn edrych yn gegrwth ar Siwsi'n tywallt cynhwysion i mewn i sosbennaid o ddŵr, yn cynnwys llond llaw o flew ci hynod nerfus y ferch yn y crys nos.

'Wendy,' eglurodd Lowri. 'Ffrind dy fam; dydi hi ddim yn wrach. Doedd ganddi hi na'i chi yr un syniad be oedd yn digwydd, bechod.'

Dallt yn iawn, meddyliodd Meg.

'Gwaed y ddraig,' meddai Ann, wrth iddyn nhw wylio Siwsi'n tywallt hanner pecyn o bowdr coch i'r gymysgedd ac yna'n gweiddi ar Wendy druan cyn dechrau troi'r gymysgedd gyda'i hudlath a llafarganu swyn, nes bod ei chorff yn ysgwyd yn wyllt a stêm yn tasgu o'r sosban. Rhythodd Meg yn fud arni'n tywallt cwpanaid ar ôl cwpanaid o'r hylif dros y ddwy sgwarnoges wrth ei thraed, a rhoddodd naid fechan wrth weld goleuadau trydan y stafell yn fflachio cyn diffodd yn llwyr. Rhyfeddodd at y cylch o olau melyn a welai'n ffurfio o amgylch cyrff y sgwarnogod, a'r gwreichion a ffrwydrodd wedyn, yn lliwiau'r enfys yn chwyrlïo a saethu i bob cyfeiriad. Gallai glywed rhywun yn wylofain – Wendy? Y sgwarnogod? Y ci? Roedd y cyfan yn wallgo, ond mor hynod o brydferth. Yna, aeth y cyfan yn dywyll am eiliadau hirion, mud. Pan ddaeth y golau trydan yn ei ôl, disgynnodd ceg Meg yn agored wrth weld mai cyrff noeth, sgleiniog Ann a Lowri oedd yn sefyll lle gynt bu'r sgwarnogod.

'Dallt rŵan?' gofynnodd Lowri. Nodiodd Meg yn fud.

'Roedden ni'n tair wedi gorfod troi'n hunain yn sgwarnogod bedwar can mlynedd ynghynt,' meddai Ann. 'Rhywbeth dros dro oedd hynny i fod, er mwyn dianc, a dyna i gyd, ond mi nath y sinach Tudur ap Rhydderch 'ma lwyddo i roi melltith arnan ni, olygodd ein bod ni'n methu troi'n ôl yn ni ein hunain. Aeth dy fam drwy hynna i gyd er ein mwyn ni, er mwyn cael yr un cynhwysyn oedd ei angen er mwyn cyflawni'r swyn i ni gael bod yn ferched, yn wrachod eto, unwaith ac am byth. Ond roedden ni angen achub Dorti.'

'A dyna lle mae pethau'n mynd yn wirioneddol hyll,' meddai Dorti. 'Wir rŵan, does dim angen i ti wylio be sy'n digwydd nesa. Rwyt ti wedi gweld sut ddoist ti i'r byd – wel, fwy neu lai, a gweld mai gwrachod ydan ni – a chditha. Dwi'n meddwl bod hynny'n ddigon, tydi?'

Edrychodd Meg i fyw llygaid pob un o'i 'modrybedd' yn eu tro.

'Dwi'n derbyn mai Siwsi ydi fy mam i ac mai'r dyn yna ydi fy nhad i; dwi'n derbyn hefyd eich bod chi i gyd yn rhyw fath o wrachod, a bod 'na waed gwrach ynof fi. Ond mi faswn i'n licio gwybod pam nad ydi Siwsi efo ni bellach.'

'Mi nath hi farw,' meddai Ann yn syth. 'Does dim angen i ti weld sut.'

Roedd y llun yn y crochan yn dangos bod y tair gwrach bellach yn sefyll yn y glaw yn wynebu Rhys Dolddu yn nrws ei gartref, a'i fod yn dal sgwarnog waedlyd, lipa yn ei law.

Gallai Meg glywed ei lais tywyll yn datgan yn hynod glir:

'Mi gewch chi Dorti'n ôl os ga i Siwsi, heb ei hudlath, heb ei chyllell, heb ddim. Ond yn bwysicach na dim, heb ei gwallt.' Neidiodd Lowri ar ei thraed a sefyll rhwng Meg a'r crochan.

'Meg, wir rŵan, mi fasen ni i gyd yn hapusach taset ti ddim yn gwylio'r gweddill. Mi fynnodd Siwsi aberthu ei hun er mwyn Dorti, iawn? Mi fu'n rhaid i ni dorri ei gwallt hi i'r bôn, fel bod ei phwerau hi'n diflannu'n llwyr, ac wedyn ei gadael hi – efo fo.'

'Dyna'r peth gwaetha, anodda a mwya poenus fu raid i ni ei neud erioed,' meddai Ann yn gryg. 'Ond roedd hi'n mynnu. Roedd hi'n beio ei hun am be ddigwyddodd i ni yr holl flynyddoedd yn ôl.'

'Roedd hi'n mynnu ei bod hi isio mynd i Annwn yn dawelach ei meddwl. Roedd y peth wedi bod yn ei bwyta hi ers cymaint, y greadures,' meddai Lowri.

'Annwn?' meddai Meg.

'Yr arallfyd,' meddai Lowri. 'Lle dan ni i gyd yn mynd ar ôl gadael y byd hwn. Mi wnaeth Cristnogaeth ddrysu pethau drwy ei gysylltu efo uffern, ond lol i ddychryn pobl oedd hynna; mae Annwn yn fwy o baradwys. Fanno mae hi o hyd, yn sbio i lawr arnan ni rŵan, siŵr gen i.'

'Mi neith hi adael i ni wybod os fyddan ni'n gwneud rhywbeth o'i le wrth dy fagu di,' meddai Ann. 'Ond hyd yma, dwi'n meddwl ei bod hi reit hapus efo bob dim. Gobeithio ...'

'A dyna un rheswm pam dan ni'n gyndyn i ddangos y gweddill i ti,' meddai Dorti. 'Mae gen i deimlad y gallai o dy greithio di am byth, a dwi'n eitha siŵr mai hi sy'n rhoi'r teimlad hwnnw i mi.'

Anadlodd Meg yn ddwfn a phendroni am rai munudau.

'Felly wnaeth Rhys ei lladd hi.'

'Do.'

'Sut?'

'Drwy ei gwenwyno hi,' meddai Lowri. 'Doedd y canlyniad ddim yn ... fyddai Siwsi ddim isio i ti ei chofio hi fel'na.'

Nodiodd Meg yn araf.

'Digon teg. Ond pam oedd o isio ei lladd hi?'

'Roedd yntau wedi cael ei wenwyno; celwyddau ac ofergoel wedi cael eu pasio i lawr yn y teulu drwy'r cenedlaethau,' eglurodd Ann. 'Roedd o wedi cael ei gyflyru i gredu bod gwrachod i gyd yn fodau dieflig, mileinig, ac mai Siwsi oedd y waetha ohonyn nhw i gyd.'

'Ond ... dwi'm yn dallt,' meddai Meg. 'Roedd o'n wrach ei hun, doedd, os oedd o'n gallu gneud swynion?'

'Mewn ffordd,' meddai Lowri, 'ond doedd o ddim yn ystyried ei hun yn wrach, achos mai dyn oedd o, ac yn ei farn o a'i gyndeidiau, dyn oedd wedi gorfod dysgu sut i ddelio efo gwrachod. Dynes efo gormod o bŵer ydi gwrach ym marn dynion fel fo, ti'n gweld, a chydig iawn o ddynion sy'n teimlo'n gyfforddus efo pŵer fel'na.'

'Roedd o wedi cael ei ddysgu bod merched fel ni i fod i gael eu cosbi a'u difa,' meddai Dorti.

'Yn anffodus, dim bwys faint o addysg gaiff rhywun, mae dylanwad y teulu yn aml yn tra-arglwyddiaethu, a syniadau hurt yn cael eu pasio o genhedlaeth i genhedlaeth,' meddai Lowri. 'Sbia ar Ogledd Iwerddon, gwrth-semitiaeth ac agwedd pobl wyn tuag at bobl dduon yn Ne'r Affrig a'r Unol Daleithiau – ac Ewrop o ran hynny. Ac o ran yr agwedd at ferched pwerus, clyfar, cofia sut mae dynion fel Trump yn trio bychanu merched clyfrach na fo. Mae o'n dal i ddigwydd.'

'Beth bynnag,' meddai Dorti mewn llais uchel, yn ymwybodol bod y lleisiau uchel o'r gorffennol yn y crochan yn treiddio i glustiau Meg. 'Gad i ni roi stop ar y lluniau 'ma.' Cydiodd yn ei hudlath a throi'r stêm yn gyflym fel bod y cyfan yn araf ddiflannu, a'r stafell yn dawel eto.

Eisteddodd Meg yn ei hunfan am hir, yn ceisio gwneud synnwyr o bopeth. Roedd ei phen yn troi a'i chalon yn rasio, ac roedd hi'n teimlo fel taflu i fyny. Brwydrodd i reoli ei hun, yna cododd ei phen yn sydyn.

'Felly, gafodd Siwsi ei lladd y noson ges i fy nghenhedlu? Gan fy nhad i?'

'Do,' atebodd Lowri. 'A dwi'n gweld y cwestiwn nesa'n dod o bell: felly sut gest ti dy eni, ia? Wel, aethon ni'n ôl yno wedi iddo fo'i lladd hi a mynd â'i chroth hi efo ni. Doedd o ddim callach. Wedyn, wnaethon ni dy blannu di – wel, yr wy – ynof fi, ac mi wnes i dy gario di am naw mis a rhoi genedigaeth i ti. Felly mi rydw inna'n fam i ti hefyd, mewn ffordd.'

Rhythodd Meg yn hurt arni, yn ceisio prosesu'r wybodaeth.

'Mae hynna'n wallgo, yn wallgo bost,' meddai. 'Dydi o ddim yn gwneud synnwyr.'

'Wel, ydi, mae o – neu mi fydd o, unwaith y byddi di'n derbyn be mae gwrachod yn gallu ei wneud,' meddai Lowri. 'Ond mi fyddi di angen amser i'r cwbl suddo mewn, siŵr gen i. Y prif beth ydi mai Siwsi ydi dy fam di, ac mai gwrachod ydan ni – a ti.'

'Ond – ond dach chi wedi bod yn deud celwydd wrtha i – ers blynyddoedd!'

'Doedd gynnon ni'm dewis!' meddai Ann gan geisio mwytho ei llaw hi. 'Roeddet ti'n rhy ifanc, ac roedden ni isio i ti gael plentyndod normal, hapus, achos dyna fyddai Siwsi wedi bod isio –'

Chwipiodd Meg ei llaw o afael Ann.

'Normal? Ond dwi ddim yn normal, nacdw, o bell ffordd! Dwi'n wrach, meddech chi!'

'Paid â gadael i hynny dy boeni di,' meddai Lowri, 'mae bod yn wrach yn gallu bod o fudd mawr. Meddylia am y pŵer sy gen ti!'

'Dwi'm isio pŵer – dwi isio bod yn hogan normal, fel fy ffrindiau i – fel Siobhan! Fel genod y tîm *camogie*! Sut fedra i eu wynebu nhw rŵan?' Roedd llygaid Meg yn sgleinio gyda dagrau.

'Jest paid â deud wrthyn nhw,' meddai Dorti. 'A deud y gwir, paid byth â deud wrth neb.'

'Ond dwi'm isio cuddio pethau rhag fy ffrindiau! Mae Siobhan a fi'n deud bob dim wrth ein gilydd!'

'Wel, mi fydd raid i ti gadw hyn yn gyfrinach, mae arna i ofn,' meddai Dorti.

'A be os dwi'n gwrthod?'

Rhythodd ei modrybedd arni gyda braw.

'Gwrthod cadw'r ffaith dy fod ti'n wrach yn gyfrinach?' meddai Lowri. 'Wyt ti'n gall?'

'Ond dwi'm isio bod yn wrach, nag oes! Dwi'm isio bod yn hen ferch od, unig fel chi'ch tair!'

Roedd y tawelwch yn boenus. Dechreuodd gwefus isaf Ann grynu, rhoddodd Lowri ei phen yn ei dwylo a throdd llygaid Dorti'n ddau ddarn o lo tywyll. Sythodd a rhythu i fyw llygaid y ferch ifanc.

'Aros di funud,' meddai Dorti mewn llais oer fel bore cynnar o Ionawr, 'paid ti â meddwl am eiliad –'

'Hen ferched od, unig sy'n lladd pobl!' gwaeddodd Meg, gan neidio ar ei thraed a brysio i fyny'r grisiau allan o'r seler.

'Meg!' meddai Ann a dechrau brysio ar ei hôl hi, ond cydiodd Dorti yn ei braich a'i dal yn ôl.

'Gad iddi. Mi ddaw ati ei hun. Mae hi jest angen amser i feddwl.'

'Ond be os wneith hi fynd at Siobhan – neu ei ffonio hi – neu'r heddlu, neu –'

Cododd Dorti ei hudlath a'i haeliau.

'O, Dorti, na!' meddai Ann.

'Ia. Jest rhag ofn,' meddai Lowri. 'Dowch, brysiwch. Swyn anghofio, dwi'n meddwl, ia?'

'Dwi'm yn siŵr am anghofio,' meddai Dorti. 'Be am jest gneud iddi gysgu am sbel? Cwsg fydd yn ei chadw'n swrth a hanner effro am gyfnod hir wedyn, iddi gael amser i feddwl.'

'Iawn efo fi. Ann?' meddai Lowri.

Cododd Ann ei hysgwyddau ac ochneidio.

'Fawr o ddewis, nag oes?' meddai gan godi a throi at y silff poteli.

PENNOD 14

Cysgodd Meg am ddeuddydd cyfan, a phan ddeffrodd hi, roedd Brân yn gorwedd wrth ei hochr ar y gwely.

'Brân? Ti'n iawn, boi?' sibrydodd yn llesg. Cododd hwnnw ei ben yn syth, ysgwyd ei gynffon a llyfu ei law. Gwenodd Meg arno a cheisio rhoi mwytha i'w ben, ond roedd ei braich yn teimlo fel tunnell a'i phen fel uwd. Caeodd ei llygaid eto. Mae'n rhaid 'mod i'n sâl, meddyliodd. Ond doedd hi byth yn sâl. Pan gafodd pawb yn yr ysgol gynradd frech yr ieir, chafodd hi mohoni. Pan fyddai'r ffliw yn cadw ugeiniau o'i chyd-ddisgyblion – a hanner yr athrawon – adref am ddyddiau, byddai Meg wastad yn cyrraedd y dosbarth yn edrych a theimlo'n iach fel cneuen.

Yna dechreuodd atgofion lifo'n ôl: Brân yn gorwedd yn swp gwaedlyd ar y llawr, clec car yn taro wal yn y tywyllwch … y crochan a'r hyn ddigwyddodd i Siwsi – ei mam go iawn. Ceisiodd godi ei phen, ond roedd yr uwd wedi troi'n goncrit.

Yna, roedd cysgod yn y drws.

'Meg? Faset ti'n licio diod neu rywbeth?' meddai llais isel, annwyl Ann. Ceisiodd, a methodd Meg â nodio ei phen, ond mae'n rhaid bod Ann wedi deall, gan iddi ddiflannu'n syth. Daeth yn ei hôl gyda mŵg o de poeth a darn o gacen sinsir a'u gosod ar y bwrdd erchwyn gwely. Pan welodd na allai Meg godi ei hun ar ei heistedd, gwthiodd ei breichiau o dan ei cheseiliau a'i chodi fel ei bod yn pwyso ei chefn yn erbyn y pen gwely, yna ffysian i roi gobennydd y tu ôl iddi. Cydiodd yn y mŵg a'i ddal wrth geg Meg.

'Fedri di gydio ynddo fo dy hun, neu wyt ti'n rhy wan?' Drwy ddefnyddio ei dwy law, llwyddodd Meg i sipian ohono, a llygadu ei modryb dros ymyl y mŵg. Edrychai'n welw ac roedd ei gwallt yn flêr.

'Dach chi wedi bod yn sâl hefyd?' meddai mewn llais dieithr o wan.

'Sâl? Fi? Naddo. Ddim yn … wel, teimlo'n sâl, do.' Oedodd cyn eistedd ar waelod y gwely a rhoi mwytha i Brân. Yna, gan osgoi llygaid Meg, gofynnodd: 'Wyt ti'n cofio be welaist ti yn y selar?'

'Yndw. Rhywfaint.'

'Wyt ti isio siarad amdano fo?' Roedd hi'n dal i edrych ar Brân yn hytrach na Meg.

'Nacdw.' Roedd y te yn hyfryd.

'Isio mwy o amser i feddwl wyt ti?'

'Ella.' Sip arall.

Nodiodd Ann, a chwarae am rai eiliadau gyda darn o edau rhydd ar y cwrlid cyn codi a mynd am y drws.

'Wel, rho wybod pan fyddi di'n barod i drafod … neu holi mwy. Isio'r gorau i ti ydan ni, cofia. Isio i ti fod yn hapus,' meddai gan edrych i fyw llygaid Meg am y tro cyntaf, ond dim ond am eiliad.

Gwyliodd Meg hi'n diflannu'n araf i lawr y grisiau, yna trodd i edrych ar Brân.

'Dwi isio lot mwy o amser i feddwl, tydw, boi? Be amdanat ti? Ti'n well, dwi'n gweld, ond wyt ti'n cofio be ddigwyddodd i ti, Brân? Wyt ti, 'ngwas i?' Edrychodd y ci arni gyda'i dafod allan a'i ben ar un ochr. Roedd o'n gwrando ar bob gair. Rhoddodd ebychiad sydyn, byr, yn union fel petai'n ei hateb, yna llyfu ei llaw. Gwenodd Meg. Gwenodd Brân yn ôl arni ac ysgwyd ei gynffon cyn symud at y drws a throi'n ôl i edrych yn obeithiol arni.

'Isio mynd allan wyt ti? Gad i mi weld,' meddai Meg gan godi o'r gwely yn ofalus. Roedd ei choesau'n teimlo'n wan a'i phen yn dal i droi, ond cerddodd yn sigledig at y ffenest ac agor y llenni. Roedd hi'n braf tu allan, a'r awyr yn berffaith las. Agorodd y ffenest ac anadlu llond ysgyfaint o awyr iach, a theimlo'n gryfach yn syth. Yna sylwodd ar gigfran ar goeden o'i blaen.

'Helô,' sibrydodd Meg. Trodd yr aderyn ei ben i'w llygadu. Yna hedfanodd at gangen agosach at y ffenest. 'Aros eiliad,' meddai Meg a throi'n ôl at y cwpwrdd erchwyn gwely a'r gacen sinsir. Rhwygodd gornel ohoni gyda'i bysedd a throi'n ôl at y ffenest. Rhewodd. Roedd y gigfran ar sil y ffenest, ac yn syndod o fawr. O leia chwe deg centimedr o hyd, meddyliodd Meg. Gwyddai y dylai fod ganddi ofn, ond roedd 'na rywbeth am yr aderyn hwn, ac roedd o mor hardd, a phlu glas yn sgleinio ynghanol y plu du bitsh. Camodd yn araf tuag ato, a'r darn o gacen sinsir ar gledr ei llaw. Gallai glywed Brân yn cnewian y tu ôl iddi, ond doedd o ddim yn rhuthro at yr aderyn gan gyfarth fel y byddai hi wedi ei ddisgwyl. Daliodd ei llaw allan iddo a rhyfeddu at faint a thrwch ei big.

'Cacen sinsir Dodo Ann,' sibrydodd Meg.

Estynnodd yr aderyn ei big a bachu'r gacen yn ofalus. Llyncodd hi ar ei phen, a chyffwrdd llaw Meg yn dyner gyda'i big wedyn. Gwenodd Meg, a chyffwrdd y plu ar gefn yr aderyn yn araf. Teimlai fel sidan.

'Dwi'n meddwl bod gen i ffrind newydd,' meddai wrth i Brân fentro'n araf tuag atyn nhw a gwylio'r gigfran yn ofalus. Bu'r tri yn edrych ar ei gilydd am funudau hirion, tawel, cyn i'r gigfran benderfynu hedfan i ffwrdd eto. Gwyliodd Meg hi'n codi i'r awyr uwchben yr ardd ac yn hedfan yn urddasol draw am y goedwig. Trodd i edrych ar Brân, yna camu at y gwely a bwyta darn hael o'r gacen. 'Dwi'n teimlo'n well,' meddai, 'felly awn ni am dro bach. Jest gad i mi newid o 'mhyjamas.'

Yn y cyfamser, i lawr y grisiau, roedd Lowri'n tywallt mwy o win i'r ddwy arall.

'Buan y daw hi ati ei hun rŵan,' meddai, 'ond lwcus bod yr ysgol wedi cau am yr haf, i ni gael cadw Siobhan a'r genod *camogie* draw am sbel.'

'Mi fydd Siobhan yn diodde o'r ffliw am chydig ddyddiau hefyd, paid â phoeni,' meddai Dorti. 'Ac mae ffôn Meg yn dal yn giami, yndi?'

'Ydi. Y batri'n gwrthod yn lân â tsharjio, bechod,' meddai

Lowri. 'Iawn, felly dan ni'n gobeithio y gwnaiff hi sylweddoli yn o fuan nad ydi bod yn wrach yn ddrwg i gyd, yndan?'

Clinciodd y tair eu gwydrau.

Erbyn i Meg ddod yn araf i lawr y grisiau, roedd llygaid ei thair modryb yn sgleinio a Lowri yn giglan ar ddim.

'Hei – Meg! Ti'n well!' meddai Lowri. 'Mae'n siŵr dy fod ti'n llwgu. Mi wna i fwyd i ti rŵan. Be wyt ti ffansi? Unrhyw beth lici di. Rhywbeth wnest ti ei fwynhau gymaint pan oedden ni yn Ffrainc? Coquilles Saint-Jacques? Quenelles? Moules marinières?'

'Brechdan domato fyddai'n neis.' Roedd Meg yn amau'n gryf mai bwriadu defnyddio hud i 'goginio' fyddai Lowri, a'i bod isio dangos ei hun. Ond rhywbeth syml roedd Meg isio ar hyn o bryd beth bynnag. Ceisiodd beidio â gwenu wrth weld y siom yn llygaid ei modryb. 'Ond dwi am fynd am dro bach efo Brân yn gynta.'

'Am dro? Ond wyt ti'n ddigon cry?' holodd Ann yn syth.

'Dim ond i'r ardd, i weld sut fyddan ni. Dan ni'n dau angen chydig o awyr iach.'

'Ddown ni efo chi,' meddai Lowri, gan roi ei gwin i lawr a cheisio codi o'r soffa ddofn.

'Na, jest Brân a fi. Jest am bum munud. Dwi'm yn bwriadu dianc os mai dyna sy'n eich poeni chi.'

'Dianc? Dwyt ti rioed yn meddwl ein bod ni'n dy gaethiwo di?' meddai Ann mewn braw.

'Poeni y byddi di'n llewygu neu rywbeth o'n i!' meddai Lowri.

'Wna i ddim, a nacdw siŵr. Arhoswch chi'n fanna efo'ch gwin. Gewch chi gadw golwg arna i drwy'r ffenest os dach chi isio.' Felly arhosodd y tair modryb yn fud ar y soffa wrth i Meg a Brân fynd drwy'r drws. Roedd Meg yn eitha siŵr mai ei thair 'modryb' oedd yn gyfrifol am y ffaith ei bod yn teimlo mor wan a swrth.

'A gobeithio eu bod nhw'n teimlo'n euog!' meddai dan ei gwynt. Roedd hi'n benderfynol o gerdded i ben draw'r ardd, at y fainc yng nghanol y berllan, ond doedd plygu i godi pêl i'w thaflu i Brân ddim yn syniad da. Oedodd nes i'w phen roi'r gorau i droi, a phalu 'mlaen at y fainc. Daeth Brân i eistedd wrth ei thraed, a mwythodd ei war wrth iddi gau ei llygaid, a phendroni.

'Felly dwi'n wrach,' meddyliodd. 'Dwi'n ffecin gwrach! Pa mor nyts ydi hynna?' Allai hi byth ddweud wrth Siobhan na'r lleill, siŵr; mi fydden nhw'n meddwl ei bod hi wedi colli arni, fel ddigwyddodd i'r hogyn 'na llynedd, yr un oedd wedi dringo i ben tŵr yr eglwys yn gweiddi mai fo oedd yr angel Gabriel.

'Be mae o'n ei olygu'n union, dwed?' meddai wrth Brân. 'Be'n union ydw i'n gallu ei wneud? A sut? Ydw i isio potsian efo hud a lledrith o gwbl?'

Roedd ganddi gymaint o gwestiynau, ond roedd hi'n dal yn rhy flin i holi'r tair jaden 'na oedd yn esgus peidio syllu arni drwy ffenest y gegin. Y we amdani felly, unwaith yr âi yn ôl i'r tŷ. Byddai'n siŵr o ddod o hyd i rywbeth, doedd bosib?

Sylwodd fod y gigfran ar dŵr y castell, yn cadw golwg arni.

'A be wyt ti, y?' galwodd yn uchel. 'Wyt ti'n gwybod rhywbeth dwi ddim? Gwrach wyt titha hefyd?'

Wedi gorffen ei brechdan domato, ac anwybyddu cwestiynau gofalus Ann a Lowri, teipiodd 'Witches' yn y peiriant chwilio ar sgrin y Mac. Porodd drwy'r damcaniaethau a'r ffeithiau: o leia dau gan mil o wragedd wedi eu llosgi, eu crogi neu eu poenydio rhwng 1484 ac 1750 yng Ngorllewin Ewrop, a'r rhan fwyaf o'r rheiny yn hen wragedd tlawd ac unig, gydag ambell faen geni neu ddafad yn tyfu mewn mannau anffodus. Darllenodd am hanes y llyfr *Malleus Maleficarum*, a gyhoeddwyd yn 1487, a'r penawdau ynddo fel:

Whether Witches may work some Prestidigatory Illusion so that the Male Organ appears to be entirely removed and separate from the Body.

How, as it were, they Deprive Man of his Virile Member.

Of the Manner whereby they Change Men into the Shapes of Beasts.

Of the Method by which Devils through the Operations of Witches sometimes actually possess men.

Of the Way how in Particular they Afflict Men with Other Like Infirmities.

'Felly dynion nerfus neu hollol boncyrs oedd y tu ôl i'r holl ofergoelion bryd hynny,' meddyliodd. 'Neu jest dynion oedd yn casáu merched am ryw reswm.'

Darllenodd am ŵr o'r enw Matthew Hopkins o Loegr, a alwodd ei hun yn 'Witchfinder General' a chrwydro de-ddwyrain Lloegr rhwng 1644 ac 1647 gan grogi tri chant o 'wrachod' (yn ogystal â chwpwl o weinidogion yr Efengyl oedd wedi ceisio rhwystro Hopkins a'i griw), a doedd hynny ddim yn cynnwys y merched a fu farw yng ngharchardai afiach, tamp y cyfnod. Porodd drwy ei lyfr *The Discovery of Witches*, a gwingo wrth ddarllen am ei ddulliau o brofi bod rhywun yn wrach: croesi eu breichiau a chlymu eu bodiau i'w traed fel eu bod yn gwneud siâp croes cyn eu gollwng i lyn neu afon; os nad oedden nhw'n boddi, roedden nhw'n bendant yn euog o fod yn wrach. Dull arall oedd clymu'r gwragedd i gadeiriau am oriau, dyddiau hyd yn oed, a gwrthod gadael iddyn nhw gysgu na bwyta nes eu bod yn cyfaddef neu'n enwi gwrachod eraill. Ac os oedd pryfyn o ryw fath yn dod i mewn i'r stafell a'r gwylwyr yn methu ei ddal, dyna brofi mai 'cyfaill' neu ellyll y wrach oedd o.

Ysgydwodd Meg ei phen mewn anghrediniaeth. Diolchodd nad oedd pobl heddiw mor dwp ac afergoelus. Wel, nid yn y rhan fwyaf o wledydd gyda system addysg gall. Yna gwingodd eto wrth ddarllen am brawf y 'pigo', sef rhoi nodwydd neu gyllell mewn dafad neu faen geni ar gyrff y gwrachod i weld oedden nhw'n teimlo unrhyw boen neu'n gwaedu. Cyflogi merched a bydwragedd i wneud y chwilio fydden nhw, oherwydd mai rhwng y coesau fyddai'r 'marciau'r diafol' hyn. Y gred oedd mai dyna lle byddai eu hellyllon yn sugno maeth ohono, yn union fel babanod.

Rhoddodd Meg y gorau i ddarllen. Roedd hi'n teimlo fel taflu i fyny.

'Afiach, tydi?' meddai llais Lowri y tu ôl iddi.

'Braidd,' atebodd Meg yn swta.

'A gwragedd cyffredin oedd y rhan fwya o'r rheina, bechod. Mi gafodd ambell wrach go iawn ei lladd, cofia, ond gan amla, roedden ni'n ddigon call i ddianc neu droi'n sgwarnogod mewn pryd.'

'Faint ydi'ch oed chi 'ta, Dodo Lowri?'

'A. Ia. Dyna i ti gwestiwn. Wel, mi ges i 'ngeni yn 1628 …' Oedodd wrth weld aeliau Meg yn codi'n uchel. 'Dwyt ti ddim yn fy nghredu i? Dwi'm yn siŵr sut alla i ei brofi o, ond Siarl y Cynta oedd yn frenin ar y pryd. Roedd o'n dal yn frenin yn 1645, pan o'n i'n ddwy ar bymtheg, pan aeth bob dim o'i le i Ann, Dorti, Siwsi a fi; y flwyddyn gafodd deunaw o wrachod eu crogi yn Bury St Edmunds yn Lloegr. Dwi'n cofio gwrando ar faledwr yn ffair Dolgellau yn deud yr hanes. Fanno oedden ni'n byw.

'Be arall dwi'n ei gofio? Ro'n i'n rhyw ddeg oed pan godon nhw'r Bont Fawr yn Nolgellau, ond dwyt ti rioed wedi gweld y lle, felly fydd hynny'n golygu dim i ti, drapia.' Pendronodd Lowri yn galed. Sut gebyst oedd hi'n mynd i allu darbwyllo'r ferch ei bod yn dweud y gwir? Roedd ei holl osgo, ei gwefusau tyn a'i llygaid oerion yn dangos ei bod yn amau pob gair. 'Aros di!' meddai'n sydyn. 'Chydig dros ddeng mlynedd wedi i ni gael ein melltithio i fod yn sgwarnogod am byth, mi ddoth George Fox, y Crynwr, i Ddolgellau, a throi nifer o bobl leol yn Grynwyr. Mi wnes i wrando arno fo hefyd, ac Ann a Dorti; wel, ar y boi oedd yn cyfieithu, achos doedd gynno fo'm gair o Gymraeg, ond nath o'm byd i mi, achos sgwarnog o'n i. Er, ro'n i'n falch ei fod o'n mynnu bod gan ferched eneidiau … Meddylia! Mi gafodd ei lambastio am hynna, cofia! Ond dyna i ti sut roedden ni ferched yn cael ein trin gan yr awdurdodau a'r Eglwys ar y pryd – credu nad oedd gynnon ni eneidiau! Dim rhyfedd eu bod nhw mor barod i'n beio ni am bob dim oedd yn mynd o'i le.'

'Diddorol iawn,' meddai Meg yn sych, 'ond mi allech chi fod wedi astudio hanes yr oes a'i gofio fo.'

Rhowliodd Lowri ei llygaid mewn anghrediniaeth.

'Pam fyddwn i wedi gneud hynny, Meg? Pam fyddwn i isio deud celwydd wrthat ti? Ti ydi'r peth pwysica yn fy mywyd i – ein bywydau ni i gyd! Dyna pam ein bod ni wedi dod i Iwerddon yn y lle cynta! Gwranda, mi ges i 'ngeni yn 1628, wir i ti; Ann ddwy flynedd cyn hynny a Dorti rhyw bedair, ond dydi hynna ddim yn golygu ein bod ni'n faint bynnag ydi o – bron yn bedwar cant oed. Dydan ni ddim yn byw llawer hirach na meidrolion fel arfer. Rhyw gant o bosib, cant a hanner ar y mwya.'

'O? Pam eich bod chi'ch tair mor wahanol 'ta?' gofynnodd Meg yn garreg o oeraidd.

'Am ein bod ni wedi cael ein melltithio i fod yn blydi sgwarnogod am byth! Nath hynny ddrysu'r drefn yn ffecin rhacs, yn do! Sori – do'n i ddim wedi pasa rhegi, ond mae hyn mor, mor –'

'Anhygoel?'

'Naci! Rhwystredig! Dwi'n trio egluro bob dim i ti, i ti gael gwybod be sy o dy flaen di, a be wyt ti, ond ti'n gwrthod blydi gwrando heb sôn am gredu be dwi'n ddeud!'

'Www … rhegi eto, Dodo Lowri. Dydi hyn ddim fatha chi. 'Sa well i chi gael paned bach i gwlio i lawr, 'dwch?'

'Dwi'm isio blydi paned! Ac i ti gael dallt, doedd 'na'm ffasiwn beth â the na choffi pan o'n i'n hogan ifanc! Nid yng Nghymru o leia. Mi fu'n rhaid i mi aros canrifoedd i gael blasu Gold Blend!'

'O? Be oeddech chi'n ei yfed 'ta?' Anadlodd Lowri'n ddwfn i geisio rheoli ei rhwystredigaeth. Yna, atebodd, yn bwyllog:

'Dŵr pan o'n i adre, ac yn gwybod ei fod o'n lân, ond cwrw neu seidar fel arall. Mi fydden ni'n gwneud ein cwrw ein hunain adre, ond doedd o'm yn neis iawn.'

'Rhaid bod bywyd heddiw wedi bod yn sioc fawr i chi. Be oedd y newid mwya?'

'Bob dim! Y dillad, y tai bach – a phapur tŷ bach! Dwi'n dal wedi gwirioni efo hwnnw, a finna wedi arfer efo dail tafol. Pethau fel trydan a theledu ac ati wrth gwrs, ond y bwyd hefyd. Do'n i rioed wedi gweld pethau fel tomatos na bananas. Efallai eu bod nhw wedi cyrraedd Llundain, ond welais i rioed rai ym marchnad Dolgellau na'r Bala pan o'n i'n ferch ifanc. A do'n i rioed wedi gweld ffyrc o'r blaen chwaith. Powlen a llwy bren oedd hi acw. Dim ond bobl ariannog oedd â llestri piwtar, a doedden ni'n bendant ddim yn ariannog.'

'Be oedd eich hoff fwyd chi 'ta?'

'Llus! A mefus gwyllt. Ond doedden nhw ddim yn para'n hir iawn wrth gwrs. O, a chnau. Wrth fy modd efo cnau yn ffres o'r goeden, ac roedd 'na filoedd o goed cyll acw. Mi fyddai 'nhad yn gwneud llwythi o ffyn allan o'r coed ifanc. A hudlath o bren collen sydd gen i, am ei bod hi'n goeden sy'n gallu hyrwyddo doethineb a chreadigrwydd – ond nid bod yn greadigol ydw i rŵan, wir i ti. Mae hyn yn wir, bob gair.' Oedodd Lowri i edrych i fyw llygaid Meg. 'Dwi'n gwybod bod gen ti gant a mil o gwestiynau, Meg, ac mi allwn i fynd 'mlaen fel hyn am ddyddiau; mae gen i gymaint liciwn i ei ddysgu i ti. Ond wyt ti'n fy nghredu i rŵan?'

Syllodd Meg arni, ac yna nodio ei phen yn araf. Roedd hi'n gwybod ei bod yn dweud y gwir ers y dechrau.

'Felly be rŵan?' gofynnodd. 'Trio dal i fynd fel tase 'na ddim byd wedi digwydd? 'Mod i ddim gwahanol?'

'Wel, i'r byd tu allan, ia. Ond adre, fan hyn efo ni, mi fedrwn ni dy ddysgu di fel cawson ni'n dysgu gan ein mamau a'n neiniau.'

'Os wyt ti isio, ynde,' meddai llais Dorti y tu ôl iddyn nhw. 'Does dim rhaid i ti.'

Trodd Meg i weld bod Dorti ac Ann yn amlwg wedi bod yn sefyll yno'n gwrando ers tro.

'Does dim rhaid i mi fod yn wrach?'

'Wel, rwyt ti'n bendant â galluoedd gwrach,' meddai Dorti, 'ond mi allet ti fyw heb ddefnyddio dy bwerau.'

'Ond fyddai hynny ddim yn hawdd,' meddai Ann. 'Yn enwedig i – hynny yw,' cywirodd ei hun yn frysiog, 'y peryg ydi y gallet ti wneud rhywbeth ar ddamwain. Mi fydden ni'n argymell i ti gael dy ddysgu, rhag ofn i rywbeth fynd o'i le a dy gael di i drwbwl.'

'Be? Taswn i'n methu rheoli fy mhwerau mewn pryd dach chi'n feddwl? Fel ddigwyddodd efo Brian yn yr ysgol gynradd?'

'Ia. Gwendid dy fam oedd ei thymer hi, ac mae arna i ofn y gallai'r un gwendid fod ynot ti,' meddai Ann.

'Ond anaml fydda i'n colli 'nhymer,' protestiodd Meg. 'Neu mi faswn i wedi gallu lladd rhywun ar y cae *camogie* erbyn heddiw.'

'Gallet. Ond mi wnaethon ni roi swyn arnat ti flynyddoedd yn ôl i dy gadw rhag colli dy dymer yn ormodol,' meddai Lowri. 'Ac mi wnest ti ladd rhywun efo dy ffon *camogie* 'run fath, yn do?'

Bu tawelwch am eiliadau hirion.

'Roedd 'na adroddiad yn y papur newydd gyda llaw,' meddai Ann. 'Dau gefnder o Ddulyn wedi eu lladd mewn damwain car anffodus. Felly fydd gan y Garda ddim rheswm i'n hamau ni o gwbl.'

'O, gwych,' meddai Meg. 'Bob dim yn iawn felly.' Cododd o'i chadair a cherdded at y ffenest i edrych draw at yr ardd a'r ceffylau yn pori'n dawel yn y cae. Cymerodd anadl ddofn a'i gadael yn ôl allan yn araf, araf. Rhoddodd gledrau ei dwylo ar y gwydr oer. Yna trodd i'w hwynebu. 'Felly tasech chi'n tynnu'r swyn 'ma roioch chi arna i i 'nhawelu i, does wybod pa mor wyllt fyswn i?'

Edrychodd y tair gwrach ar ei gilydd.

'Wel, na ... ia, mae'n anodd deud, tydi?' baglodd Dorti.

'Wyt ti isio i ni dynnu'r swyn?' gofynnodd Lowri. Ystyriodd Meg y cwestiwn am hir, wrth i Dorti gynnau sigarét ac i Ann gnoi ei hewinedd.

'Be taswn i'n fwystfil hebddo fo?' meddai Meg o'r diwedd.

'Fyddi di ddim, siŵr,' meddai Lowri.

'Ond allwch chi ddim bod yn siŵr, na fedrwch?' meddai mewn llais bychan, braidd yn gryg.

Roedd y tair arall yn fud. Wedi mwy o bendroni tawel, a rhoi mwytha breuddwydiol i ben Brân, sythodd Meg, yn amlwg wedi dod i benderfyniad.

'Dwi'n mynd am dro i gael meddwl,' meddai, gan godi a symud at y drws. 'Na,' meddai wrth weld ei 'modrybedd' yn dechrau symud i'w dilyn. 'Jest fi a Brân – a'r beic. Mi faswn i'n mynd â fy ffôn, ond dach chi wedi rhoi swyn ar hwnnw hefyd, yn do?'

Cochodd y tair, a gadawodd Meg. Roedd hi wedi hen arfer beicio gyda Brân yn trotian yn ufudd wrth ei hochr, ac roedd stamina'r ci yn rhyfeddol o ystyried ei oed.

'Ond dyna fo, maen nhw wedi rhoi swyn arnat titha hefyd, yn do, 'ngwas i.'

PENNOD 15

Sylwodd hi ddim fod y gigfran yn eu dilyn drwy'r pentre ac ar hyd y ffordd gul am y gorllewin. Doedd hi ddim yn siŵr lle roedd hi'n anelu, ond roedd yr awel yn ei hwyneb yn sicr yn ei helpu i wneud synnwyr o'r dyddiau diwethaf. Roedd hi wrth ei bodd yn pedlo'n hamddenol drwy bentrefi bychain, heibio'r baneri gwyrdd a melyn ar goed, ffensys a thai yn cefnogi tîm *hurling* An Fhiacail neu Feakle.

Welodd hi fawr neb ar y ffordd, ac yn sicr welodd hi neb yn y tai trist, gwag oedd wedi codi fel madarch tua adeg y mileniwm, mwy o lawer nag oedd y wlad eu hangen ac yn sicr mwy nag y gallai pobl eu fforddio. Syllai'r ffenestri hynny arni'n pedlo heibio, ffenestri na farciwyd erioed gan ôl dwylo plant na'u hagor i gael gwared ag arogl tost wedi llosgi. Tyfai eiddew dros stwmps sigaréts yr adeiladwyr o dramor ger y drysau cefn.

Pan welodd Meg lyn bychan mewn cae coediog, corsiog, penderfynodd fod Brân yn siŵr o fod yn sychedig bellach. Doedd dim arwydd yn dweud 'No Trespassers', felly aeth drwy'r giât a gosod y beic yn erbyn un o'r coed. Neidiodd Brân ar ei ben i'r llyn ac eisteddodd Meg ar foncyn i'w wylio'n llowcio a nofio'n hapus ei fyd. Dyna pryd welodd hi'r gigfran yn glanio ar gangen gyfagos.

'Yr un un wyt ti, ynde?' meddai. 'Wedi'n dilyn ni'r holl ffordd, do?' Crawciodd y gigfran a chodi i'r awyr eto, gan blymio wedyn am wyneb y llyn cyn codi am rai eiliadau a phlymio i'r un cyfeiriad eto. Gwnaeth hyn bedair gwaith cyn i Brân lamu drwy'r dŵr tuag ati a phlymio yn ddwfn i'r man lle roedd hi wedi bod yn plymio.

'Brân? Be ti'n neud, yr hogyn gwirion?' meddai Meg.

Doedd hi erioed wedi ei weld yn plymio fel'na o'r blaen. 'Ci wyt ti, ddim dyfrgi!'

Roedd o wedi bod dan y dŵr am gryn amser ac roedd hi'n anesmwytho. Oedd o wedi mynd yn sownd mewn chwyn neu ryw hen beiriant roedd rhyw fandal wedi ei daflu yno? 'Brân? Brân!' Rhuthrodd at y lan yn barod i neidio i mewn i'w achub, ond fel roedd hi'n tynnu ei sgidiau daeth pen Brân i'r wyneb a nofiodd tuag ati. Roedd ganddo rywbeth yn ei geg. Edrychai fel darn o bren trwchus, yn llaid i gyd, ond pan ollyngodd y ci y teclyn wrth ei thraed, gwelodd mai siâp potel ryfedd, dindrom oedd o. Aeth ar ei chwrcwd wrth y dŵr i lanhau'r llaid oddi arni a gweld gwydr glas yn sgleinio rhwng ei bysedd. Roedd ei gwaelod fel pêl a'r gwddf yn fyr a thrwchus, ac roedd y gwydr glas wedi'i staenio'n frown a melyn yma ac acw. Os bu corcyn ynddi unwaith, roedd o wedi hen bydru, a dim ond dŵr budr a llaid oedd ynddi bellach.

Edrychodd Meg draw at y gigfran oedd wedi glanio'n ôl ar ei changen. Gwyddai nad cyd-ddigwyddiad mo hyn. Roedd y frân wedi dangos i Brân lle i blymio, a'r ci wedi ei deall. Edrychai hwnnw arni'n awr gyda'i dafod hurt o binc yn crogi'n gam o'i geg.

'Be sy mor arbennig am y botel hon 'ta?' meddai Meg yn uchel. Ond gwyddai wrth ei chyffwrdd fod pŵer ynddi. Roedd ei chorff yn groen gŵydd i gyd a'i chalon wedi cyflymu. 'Be dwi fod i neud efo hi? Ga i dywallt y dŵr budr 'ma?' Dim ond ei gwylio'n dawel wnaeth y gigfran, felly tywalltodd Meg y cynnwys yn ôl i'r llyn a'i llenwi eto er mwyn ceisio ei glanhau'n well. Pan redodd y dŵr allan ohoni yn glir, crawciodd y gigfran a chodi i'r awyr eto i gyfeiriad coedwig fechan ar fryn cyfagos nid nepell o'r ffordd. Yna trodd yn ei hôl i grawcian ar Meg a Brân cyn anelu eto am y goedwig. Edrychodd Brân ar Meg a nodiodd hithau. Cododd, gosod y botel yn ei sach gefn, a mynd i nôl y beic.

O fewn munudau, roedd hi a Brân wrth droed llwybr serth a ddringai o'r ffordd darmac drwy'r coed. Cuddiodd y beic y tu ôl i wrych, er nad oedd wedi gweld unrhyw un o gwmpas, a dilyn Brân i fyny'r bryn. Yno, yn garped o eiddew, safai bwthyn bychan a'i do wedi hen bydru. Gallai deimlo blaenau ei bysedd yn pigo, pigo. Safai'r gigfran ar gangen ffawydden fawr ar yr ochr chwith iddo.

Aeth Meg drwy'r drws a'r llen o eiddew a syllu'n hurt ar y cannoedd o greiriau oedd wedi eu pentyrru ar bob sìl ffenest a phob wal oddi mewn: poteli a photiau o bob lliw a llun; canhwyllau a chanwylbrennau; ambell freichled oedd wedi gweld dyddiau gwell; rhubanau; sgarffiau; cregyn; tusw o flodau gwyllt wedi hen sychu, ac ornament rhad o gath ddu.

Gwyddai cyn gweld y gath mai cartref gwrach oedd hwn. Rhedodd ei bysedd dros y cerrig ac anadlu'n ddwfn. Arogl mwsog a madarch. Aeth yn ôl allan a cherdded o amgylch tu allan y bwthyn, gan gyffwrdd pob wal a thynnu ambell ddarn o eiddew yn ofalus. Byddai'r gwreiddiau yn chwalu'r waliau yn rhacs cyn hir, gan adael dim byd ond pentwr o gerrig. Natur oedd yn ennill y frwydr fan hyn.

'Grand, isn't it?' meddai llais o gyfeiriad y ffawydden. Trodd Meg mewn braw i weld hen ŵr gyda ffon yn edrych arni. 'Sorry, I scared you,' meddai pan ddechreuodd Brân gyfarth arno.

'Hisht, Brân,' meddai Meg, gan gydio yn ei goler a mwytho ei ben. 'No, it's fine,' meddai gan egluro nad oedd hi wedi disgwyl gweld unrhyw un yma.

'Aye, not many come now, just some strange hippy types every now and then – they're the ones who leave those little trinkets and bottles – and the odd American tourist looking for signs of old Biddy Early.'

'Sorry? Who?'

'Oh, you didn't know? She lived here in the 1800s, had at least three husbands and was a witch of some kind – healed people anyway, and could see into the future, so they say. Never accepted money as payment, just some poiteen or whiskey, or food sometimes.'

'What happened to her?'

'Oh, she died. Lived to the ripe old age of seventy-six, which wasn't bad for those dark days. Come to think of it, that's the same age as me! Well, almost. It'll be my birthday next week. Aye, 'tis a pity about the state of the place now.

"For ivy climbs the crumbling hall
To decorate decay;
And spreads its dark deceitful pall
To hide what wastes away."

'That was Dickens, I believe – no, no, I'm wrong, it was that one-poem poet: Philip James Bailey. An Englishman.' Sylwodd yr hen ŵr fod Meg yn syllu'n hurt arno. 'Sorry! I used to be a lecturer, can't get out of the habit. Do you enjoy poetry?'

'Um, yes. We did Seamus Heaney and Brendan Kennelly last term.'

'Ah! Two masters!' meddai'r gŵr, yn amlwg wedi ei blesio, a dechrau dyfynnu Kennelly mewn llais fel mêl yn toddi ar dost cynnes.

"Though we live in a world that dreams of ending
that always seems about to give in
something that will not acknowledge conclusion
insists that we forever begin."

Gwenodd Meg arno, a chyfaddef mai 'Poem from a Three Year Old' oedd ei ffefryn hi gan Kennelly, am fod plant bach yn gallu dweud pethau prydferth heb drio, a bod eu syniadau yn gallu llorio oedolion.

'The petals fall, the petals fall from flowers, and do the petals fall from people too …' meddai hi'n swil.

'Ah yes, I love that one too,' meddai'r hen ŵr, 'and I'm sure you were a similar three-year-old!'

'I don't think so … my family tells me I was a terror.'

Roedd yr hen ddarlithydd wrth ei fodd gyda hi, a bu'r ddau'n sgwrsio'n braf am blentyndod a Seamus Heaney am hir cyn i Meg fentro gofyn mwy am hanes Biddy Early a'r bwthyn. Eglurodd y dyn, a gyflwynodd ei hun fel Dr O'Connell, fod y bwthyn wedi ei adfer yn y saithdegau gan ddyn lleol, ond ei fod, oherwydd diffyg arian, wedi chwalu eto wedyn.

'Apparently nothing but misfortune followed him after restoring the cottage, poor man,' meddai. 'Oh, and another thing: they say that on her deathbed, Biddy asked a local priest to throw her special blue bottle, which was supposed to have magic powers, into the lake over there, which he apparently did. People have searched for it since, but it has never been found.'

'Oh, really …' meddai Meg, gan deimlo ei sach gefn yn boeth ar ei chefn. Gwyddai na ddylai gelu'r gwir rhag y dyn clên hwn, ond eto, na, roedd y gigfran isio iddi hi gael potel Biddy, hi a neb arall. Roedd hi'n dal i'w gwylio nhw o'r ffawydden. Wedi chydig o fân sgwrsio eto, diolchodd i'r dyn am y sgwrs a dweud ei bod hi'n hen bryd iddi gychwyn am adref. Cododd yntau ei law arni gyda gwên a dweud, 'Don't forget what Heaney said about believing in miracles, cures and healing wells.'

Pedlodd Meg am adref gyda Brân wrth ei hochr a'r gigfran ymhell uwch eu pennau. Erbyn cyrraedd y pentre, roedd hi wedi penderfynu dweud wrth ei modrybedd beth fyddai'n digwydd nesaf.

'Am y tro, dwi am aros fel ydw i,' meddai. 'Mi gewch chi fy nysgu i, ond mi fyddai'n well gen i wybod sut i reoli y pwerau 'ma cyn … wel, cyn i chi neud be bynnag fyddai'n rhaid i chi ei neud. Mi fydda i'n oedolyn mewn rhyw ddwy flynedd, felly be am wersi tan hynny, tan fy mhen-blwydd yn ddeunaw?'

Nodiodd y tair yn araf.

'Syniad call a doeth,' meddai Lowri.

'Iawn, wna i ddim deud gair wrth Siobhan na neb am hyn,' meddai Meg, 'dwi isio dwy flynedd arall fel hogan ysgol gyffredin, normal. Ond unwaith fydda i'n ddeunaw ac wedi gadael yr ysgol, wel … gawn ni weld, ynde? Gyda llaw, ydi'r enw Biddy Early yn golygu unrhyw beth i chi?'

'Biddy pwy?'

Allai Meg ddim credu na fyddai tair gwrach yn gwybod bod gwrach wedi byw mor agos i lle roedden nhw wedi ymgartrefu.

'Wnaethoch chi'm teimlo ei phresenoldeb hi?' Ysgydwodd y tair eu pennau. 'Wel, roedd hi'n teimlo'n presenoldeb ni, achos dwi bron yn siŵr mai hi, neu ei hysbryd hi, ydi'r gigfran acw fancw,' meddai Meg gan bwyntio drwy'r ffenest. 'Hi arweiniodd fi at ei bwthyn hi.'

'Dy deimlo di wnaeth hi, ddim ni,' meddai Ann yn dawel.

'Pam dach chi'n deud hynna?'

Edrychodd Ann ar y ddwy arall gyda chwestiwn yn ei llygaid. Anadlodd Lowri'n ddwfn cyn dweud:

'Achos mae 'na rywbeth arbennig amdanat ti, Meg. Tair gwrach ddigon cyffredin ydan ni, ond mae gen i deimlad bod y pŵer sydd ynot ti yn rhywbeth llawer cryfach. Mae'n rhaid bod y Biddy Early 'ma'n teimlo hynny hefyd.'

Bu tawelwch wrth iddyn nhw adael i eiriau Lowri atsain ym mhen Meg.

'Cofia di, Meg,' meddai Dorti, 'y swyn roion ni arnat ti i dy dawelu di: tawelu dy dymer di yn fwy na dim oedd y bwriad. Ond beryg ei fod o wedi tawelu pethau eraill ynot ti hefyd.'

'Fel be?'

'Dy hormonau di. Dy nwydau di.'

Edrychodd Meg arni'n hurt. Ei nwydau hi?

'Ti'n un ar bymtheg,' meddai Dorti yn ofalus, 'a … wel, dwyt ti ddim wedi cael rhyw eto, naddo?'

'Naddo siŵr!' Allai Meg ddim credu bod Dorti wedi gofyn y fath beth.

'A dwyt ti ddim wedi cael dy demtio chwaith? Ddim efo'r hogyn 'na oeddet ti'n ei licio?'

Ysgydwodd Meg ei phen gan hanner chwerthin. 'Mae o'n fwy o ffrind na dim byd arall.'

'Dach chi wedi cusanu?'

Cochodd Meg wrth gofio'r gwefusau gwlyb a'r cofleidio lletchwith yn y cysgodion ar ôl parti Nadolig. 'O ryw fath.'

'Sut wnaeth o neud i ti deimlo? Oedd dy galon di'n rasio, dy stumog di'n mynd din dros ben a dy goesau di'n wan?'

'Na. Roedd o jest yn teimlo'n od, ac yn wlyb, ac yn wirion. 'Nes i chwerthin yn ei geg o. Doedd o ddim yn hapus wedyn.'

'Wela i,' gwenodd Dorti. 'Felly un ai does 'na ddim trydan rhyngddat ti a fo, a fydd 'na byth – y fferomonau anghywir – neu mae'r swyn yn bendant wedi dofi dy nwydau di. Wyt ti isio i ni addasu'r swyn er mwyn eu deffro nhw?'

'Deffro fy nwydau i? Dwi'm yn siŵr. Be ddigwyddith wedyn?'

'Does wybod. Dibynnu pa mor gryf ydyn nhw; mae pawb mor wahanol, ti'n gweld. Yn bendant, mi fyddi di'n sbio ar fechgyn – ac ella merched, mae'n dibynnu – yn wahanol, ac mi fydd dy gorff di'n ymateb pan fydd rhywun yn dy gusanu di, neu'n dy gyffwrdd di mewn mannau gwahanol. Ac os fyddi di'n debyg i dy fam – a fi o ran hynny, a ...' – roedd hi ar fin enwi Lowri pan welodd y fflach o rybudd yn llygaid honno, a chywiro ei hun mewn pryd – 'wel, mi fyddi di braidd yn gocwyllt.'

Doedd Meg erioed wedi clywed y gair o'r blaen, ond roedd hi'n gallu dyfalu beth oedd yr ystyr.

'Felly ... mi fydda i isio cael rhyw efo pawb?'

'Ella. Mae nwydau cryfion wedi cael cymaint o ferched i ddŵr poeth dros y canrifoedd. Dyna pam roedd rhai'n cael eu cyhuddo o fod yn wrachod yn y lle cynta – jest am eu bod nhw'n mwynhau cael rhyw! A bet i ti mai dyna pam ddechreuodd pobl dorri mes merched ifanc i ffwrdd mewn gwledydd fel yr Aifft a Sudan.'

'Mes?' meddai Meg yn ddryslyd.

'Clitoris 'ta. Mes oedden ni'n eu galw nhw ers talwm – edrych fatha mesen fach, tydi? Ta waeth, FGM maen nhw'n galw'r torri y dyddiau yma – a merched sy'n ei neud o i ferched, gan feddwl ei fod o'n eu gneud nhw'n fwy pur neu rywbeth.

Lol botes! Mae o jest yn greulon! Ac mae rhai yn colli mwy na dim ond eu mesen; mae'r cwbl lot yn cael ei dorri, wedyn maen nhw'n eu gwnïo i adael y twll bach lleia iddyn nhw fedru piso a gwaedu drwyddo fo, ac os ydi'r pethau bach yn byw drwy hynna, mae'r twll yn cael ei rwygo neu ei agor efo cyllell pan fydd y gŵr isio'i damed, a'i dorri eto pan fydd y babi isio dod allan!'

Roedd Meg yn welw erbyn hyn, ac yn amlwg wedi drysu'n lân.

'Dorti,' meddai Lowri, 'ti'n dychryn yr hogan. Neith hyn ddim digwydd i ti, Meg. Ac mae'r awdurdodau'n trio ei stopio fo yn Affrica a'r Dwyrain Canol ac ati ers blynyddoedd rŵan. Wedi bod yn darllen am y peth ar y we mae hi, ac ar gefn ei cheffyl am y peth ers tro, yn enwedig gan fod ei nwydau hi mor gry, yn gryfach na'r rhan fwya o ferched – a gwrachod o ran hynny.'

'Ia, sori, mae'n ddrwg gen i am grwydro,' meddai Dorti. 'Ac mae Lowri'n iawn. Mae fy nwydau i chydig yn rhemp erioed, ac roedd dy fam yn ddigon tebyg. Dwi'n cofio sut ro'n i pan wnes i ddarganfod rhyw am y tro cynta pan o'n i fymryn iau nag wyt ti rŵan – fedrwn i ddim cael digon! Dwi hyd yn oed yn cofio –'

'Ond Dorti ydi honno, Meg!' torrodd Ann ar ei thraws. 'Mae 'na lawer iawn o ferched – a gwrachod – sy ddim yn cael eu rheoli gan eu nwydau – ddim i'r un graddau o leia. Do'n i'n sicr ddim fel'na; roedd – ac mae – cariad yn bwysicach i mi na rhyw. Un dyn wnes i ei garu rioed a doedd gen i ddim diddordeb yn unrhyw un arall. O'n, ro'n i'n mwynhau cael rhyw efo fo, ond oherwydd 'mod i'n ei garu o.'

'Ac mi ges i brofiad anffodus yn ifanc,' meddai Lowri, 'ymhell cyn 'mod i'n barod.' Aeth ymlaen i egluro bod ganddi ofn cael rhyw am hir wedi'r profiad hwnnw, ei bod yn gyndyn i edrych ar ddynion, hyd yn oed, rhag ofn iddyn nhw gael y syniad anghywir. Credai mai hi oedd ar fai am roi'r negeseuon anghywir. 'Mi gymerodd sbel i mi ddod dros hynna ac i adael i mi fy hun deimlo nwydau o unrhyw fath. Ro'n i'n teimlo'n euog os o'n i'n cynhyrfu'r mymryn lleia. Ond, efo amser, ac amynedd ambell ffrind da ...' – gwenodd Dorti arni – 'ac ambell ddyn caredig, a chydig o hud, dwi'n falch iawn o fy nwydau erbyn hyn. Ond roedd Dorti fel cwningen rioed –'

'Dwi ddim rŵan!' protestiodd Dorti.

'Wyt tad,' meddai Ann yn syth, 'dwi'n gwybod yn iawn dy fod ti'n hanner lladd yr hogyn Michael 'na, waeth pa mor ffit ydi o!'

Gwenodd Dorti. Doedd hi'n amlwg ddim yn mynd i wadu'r peth. Aeth Ann yn ei blaen i egluro wrth Meg bod pawb yn wahanol. Cytunodd Lowri.

'Dwi'n hoff iawn o ryw erbyn hyn,' meddai, gan ychwanegu bod y fath beth â gormod o bwdin, ac y gallai fyw hebddo hefyd. 'Oedd, roedd dy fam yn ferch ... ym, gorfforol iawn, ond dydi hynny ddim yn golygu y byddi ditha hefyd.'

Nodiodd Meg yn araf, yna gofyn i'r tair modryb beth oedd y peth gorau i'w wneud felly: addasu'r swyn ai peidio? Roedd Ann o blaid gadael pethau fel roedden nhw nes bod Meg yn ddeunaw, ond doedd Dorti ddim yn cytuno.

'Mae hormonau rhemp yn rhan naturiol a phwysig o dyfu i fyny!' meddai. 'Tydyn, Lowri?' Trodd llygaid pawb at Lowri. Ochneidiodd honno.

'O mam bach ... fi ydi'r man canol eto, ia?' Cytunodd fod yr hormonau'n rhan o dyfu i fyny a dysgu delio efo teimladau. 'Ond ... ti'm isio neidio ar bob dyn ti'n ei weld chwaith, nag oes? Felly dwi'n cytuno efo Ann. Ond be wyt ti'n ei feddwl, Meg? Dyna be sy'n bwysig.'

'Dwi jest isio bod yn normal.'

Ochneidiodd Lowri eto a gwasgu llaw Meg.

'Ond be ydi normal, 'mach i?' meddai Lowri. 'Dwi'n siŵr bod Siobhan yn wahanol iawn i rai o'r genod *camogie*, tydi?'

'Ydi, ond mae ganddi gariad: Liam. Hogyn tawel, clên, sy'n wych ar y piano. Mae o'n perthyn i Christy Moore o bell.'

'O, difyr,' meddai Lowri. 'Ond ydi hi'n cael rhyw efo'r Liam 'ma?'

'Rargol, nacdi!' meddai Meg gan eu hatgoffa mai Catholigion oedd teulu Siobhan, ac y byddai ei nain yn ei lladd hi.

'Wel dyna ni, felly,' meddai Ann. 'Gwna di fel mae Siobhan yn gneud a fyddi di'n iawn.'

'Iawn,' meddai Meg, cyn ychwanegu'n sydyn: 'Ond maen nhw'n gyrru lluniau at ei gilydd …'

'A be sy o'i le efo hynny?'

'Wel. Lluniau braidd yn –'

'Lluniau budr! Dwi wedi clywed am hyn!' meddai Dorti. 'Am hwyl!'

'Dorti! Callia!' meddai Lowri. 'Dwi wedi clywed am y busnes secstio 'ma hefyd, ac mae o'n anghyfreithlon ac yn hurt ac yn beryglus, felly paid ti â meiddio rhoi syniadau gwirion ym mhen yr hogan 'ma!'

'Ac wrth gwrs, does 'na'r un ohonon ni rioed wedi gneud unrhyw beth anghyfreithlon, naddo?' meddai Meg. 'Dydi lladd rhywun ddim yn cyfri, dwi'n cymryd.'

Rhythodd y tair modryb yn fud arni.

PENNOD 16

Dros y ddwy flynedd nesaf, bu Meg yn gweithio'n galed ar gyfer ei 'Leaving Certificate' (saith pwnc i gyd) ond byddai hefyd yn cael gwersi unwaith yr wythnos ar ôl ysgol gan ei modrybedd: sut i wneud swynion, a gofalu fod pob dim yn berffaith lân cyn dechrau; sut i gasglu a dod o hyd i gynhwysion; beth oedd yn beryglus ac i'w drin gyda'r gofal mwyaf; sut i gymysgu a throi'r cynhwysion hud heb ollwng diferyn; sut i ddarllen y llyfr swynion; sut i ganolbwyntio'n llwyr a chau pob dim allan o'i meddwl, a sut i drin ei hudlath.

Rhoddodd Ann hen hudlath Siwsi iddi, un o bren ysgawen.

'Pren arbennig o bwerus ar gyfer swynion o bob math,' meddai Ann. 'Draenen wen ydi f'un i, yli, sy'n neilltuol o dda ar gyfer cadw ysbrydion drwg draw yn ogystal â hybu hyder ac amynedd, ac un o bren collen sydd gan Lowri, coeden â'r gallu i hyrwyddo doethineb a chreadigrwydd ond hefyd i ddod â newid mawr os oes angen.'

'Derwen ydi f'un i,' meddai Dorti, 'coeden oedd yn bwysig iawn i'r derwyddon. Mae'n cynrychioli'r gwirionedd, yn wych ar gyfer canolbwyntio a gallu anwybyddu unrhyw un neu unrhyw beth sy'n ceisio ymyrryd, ac fel y byddet ti'n ddisgwyl o bren caled, cryf, mae o hefyd yn hybu cryfder a dewrder.'

Tynnodd Ann gyllell arian allan o'r bocs a'i rhoi yn nwylo Meg, gan egluro mai cyllell Siwsi oedd hon hefyd, ond mai Meg oedd pia hi bellach.

Syllodd Meg ar y marciau cymhleth, cywrain oedd arni.

'Mae hi'n hardd,' sibrydodd.

'Ac yn hen,' meddai Ann. 'Does gen i ddim syniad pa mor hen, ond roedd hi wedi ei phasio i lawr drwy deulu Siwsi ers cenedlaethau, ac mi gei di ei phasio ymlaen i dy ferch di pan ddaw'r amser.'

Sythodd Meg, gan osod y gyllell yn ofalus yn ôl yn y bocs.

'Wel, dydi hynna ddim yn mynd i ddigwydd am amser hir, os o gwbl,' meddai. 'Dwi'm yn siŵr ydw i isio bod yn gyfrifol am ddod â gwrach arall i'r byd.'

Rhowliodd Dorti ei llygaid.

'Nefi, mae gynnon ni waith profi i ti pa mor lwcus wyt ti, yn does? Meddylia am y peth fel dawn yn hytrach na niwsans! Fel taset ti wedi cael dy eni efo llais canu anhygoel, neu'r gallu i ganu'r piano neu redeg neu neidio neu nofio ar lefel ryngwladol. Mae o yn dy DNA di, yn ddawn y byddai'n bechod o'r mwya taset ti ddim yn ei meithrin hi a'i hymarfer hi. Meddylia tase Bryn Terfel wedi gwrthod canu, neu Usain Bolt wedi gwrthod rhedeg. Neu'r Serena Williams ifanc wedi gwrthod yn lân ag ymarfer ei sgiliau chwarae tennis!'

'Dydi o ddim cweit yr un peth, nacdi?' meddai Meg. 'Maen nhw wedi rhoi pleser i filoedd, i filiynau; pobl yn eu cymeradwyo nhw a'u haddoli nhw. Rhywbeth i'w guddio ydi dawn gwrach, ynde?'

Ysgydwodd Dorti ei phen a tharo cledr ei llaw yn erbyn ei thalcen. Doedd ganddi mo'r amynedd i ddelio gyda hyn, ac roedd Ann jest yn sefyll yno'n gegrwth a mud.

'Lowri!' gwaeddodd. 'Ty'd i gnocio rhywfaint o synnwyr i mewn i ben hon, wnei di?'

Ymlwybrodd Lowri tuag atyn nhw o'r lolfa. Roedd hi wedi bod yn darllen nofel oedd wedi ei hudo ers deuddydd ac wedi bod yn gyndyn o adael byd dychmygol honno am eiliad. Eglurodd Ann y sefyllfa iddi.

'Meg fach,' meddai Lowri gan gydio yn ei dwylo, 'mae bod yn wrach yn fraint! Dan ni'n gallu helpu pobl, cofia, gwneud bywyd yn haws i bobl sy'n diodde, fel nain Siobhan a'i chricmala – o, ac mae hi a'i ffrindiau angen mwy o'n hufen hud ni gyda llaw.' Atgoffodd Meg eu bod wedi dod â Brân yn ôl i dir y byw. 'A ti'n cofio ti'n sôn bod gan dy athrawes Ffrangeg di gansar? Wel, erbyn iddi fynd i weld yr ymgynghorydd nesa, mi fydd y canser wedi diflannu.' Oedodd wrth i Meg rythu'n hurt arni. Gwenodd ac estyn ei bys i sgubo cudyn o wallt y ferch y tu ôl i'w chlust.

'Wir i ti! Mae 'na ffyrdd o wneud y pethau 'ma.' Bythefnos ynghynt, roedd Lowri wedi chwilota ym min sbwriel yr athrawes, a llwyddo i hel llond llaw o'i gwallt ar ôl i'r hogan torri gwallt fod yno. Bu'r gwallt hwnnw o fudd mawr wrth wneud y swyn i waredu'r canser. Ond roedd Ann wedi penderfynu mynd â chacen arbennig iddi hefyd er mwyn gwneud yn siŵr. Roedden nhw'n benderfynol o'i helpu: 'Achos mae hi'n ferch ry ifanc a rhy glên i ddiodde fel'na.'

Soniodd hefyd eu bod yn gallu dysgu gwersi i bobl oedd ddim cweit mor glên, fel yr hogyn roddodd Meg gweir iddo yn yr ysgol gynradd am fwlio Siobhan, '– A'r crinc o ddyn 'na welson ni'n rhoi cweir i'w gi. Fydd o ddim yn gallu gadael y tŷ am hir rŵan, oni bai fod 'na dŷ bach bob pum can llath.' Y wraig fyddai'n mynd â'r ci am dro bellach, ac roedd hi wrth ei bodd yn cael esgus i adael y drewdod am awr neu ddwy, a fu'r ci erioed mor fodlon ei fyd.

'Ac roedd pawb mor falch bod Mrs O'Dowd wedi dod o hyd i ŵr newydd ar ôl colli Michael, doedden? Roedd hi mor unig, bechod, a byth yn mynd i nunlle, nes i'w pheiriant golchi hi ddechrau gollwng ac i blymar annwyl oedd newydd gael ysgariad ddigwydd cael ei yrru draw yno.'

'Chi nath hynna?' gofynnodd Meg, a'i llygaid fel soseri.

'Ia, malu'r peiriant golchi a gyrru'r plymar,' gwenodd Dorti.

'Dan ni wedi bod yn helpu llwyth o bobl yn dawel bach ers i ni ddod yma,' meddai Ann.

'Os oedden nhw'n ei haeddu o wrth gwrs,' meddai Dorti. A dyna be sy'n braf, ni sy'n penderfynu pwy i'w helpu. Mae bod â phŵer fel'na yn deimlad rhyfeddol – ac yn fraint.'

'Wyt ti'n dallt rŵan, Meg?' gofynnodd Lowri gan syllu i fyw ei llygaid. Nodiodd Meg yn araf, a gwenu.

'Sori,' meddai. 'Dwi'n gallu bod fatha mul weithia, tydw? Fy oed i ydi o.' Ymlaciodd ei hysgwyddau a rhoi ochenaid fodlon. Gofynnodd am gael dal ati gyda'r wers, gan ychwanegu yr hoffai ddysgu beth yn union allai potel las Biddy Early ei wneud. Yn ôl yr hyn roedd wedi ei ddarllen am honno, helpu pobl mewn angen fyddai hi, a byddai Meg yn hoffi helpu rhywun hefyd.

Gofynnodd Lowri a oedd ganddi unrhyw un penodol mewn golwg.

'Wel, mi fu Brendan, un o hogia tîm *hurling* y pentre, mewn damwain car go ddrwg pnawn 'ma …'

Wedi hanner awr o arbrofi gyda'r botel las, roedd y pedair gwrach yn gegrwth. Roedd hi'n bendant yn botel arbennig, a chymysgedd fyddai'n gweithio'n eitha da yn y crochan yn gweithio'n rhyfeddol o gael ei thywallt i botel Biddy. Rhythodd y pedair ar yr enfys o liwiau a gwreichion yn troelli oddi mewn iddi ac yna'n tasgu allan ohoni.

'Waw. Dramatig iawn,' meddai Meg.

'Hoffi steil y Biddy 'ma,' gwenodd Dorti, cyn cofio am y dasg o'u blaenau. Yn ôl Meg, roedd Brendan yn ysbyty'r Mid-Western yn Ennis, felly o fewn dim, roedden nhw'n gyrru am y dref honno. Yn y sedd gefn, newidiodd Ann i'r dillad y byddai nyrsys yr adran argyfwng yn eu gwisgo. Wedi cyrraedd y maes parcio, rhoddodd Ann ffiol fechan o'r hylif hud a gymysgwyd ym mhotel Biddy Early yn ei phoced, a brysio am un o ddrysau cefn yr ysbyty.

Arhosodd y gweddill yn y car yn cyffwrdd eu hudlathau ac yn cydadrodd swyn nes i Ann agor y drws, a'i bochau'n binc.

'Dyna ni, wedi ei neud: mae o'n llifo i mewn i'w gorff o ers o leia deg munud.'

'Go dda ti,' meddai Lowri. 'Dim trafferthion?'

'Dim. Roedd yr anafiadau i'w ben o'n o ddrwg, roedden nhw'n poeni na fyddai o byth yn deffro eto, ond dwi'n meddwl y bydd y meddygon a'i deulu o'n gwenu erbyn heno.'

Roedd hi'n iawn. Am ddeg y nos, derbyniodd Meg neges ar ei ffôn gan Helen o'r tîm *camogie* oedd yn gyfnither i Brendan, yn dweud fod gwyrth wedi digwydd a'i fod wedi agor ei lygaid a siarad, a gofyn am baned. Roedd y meddygon wedi dweud bod ei benglog fel concrit, mae'n rhaid. Roedd ei fam yn grediniol mai Duw a gweddïau Father Con oedd wedi ei achub.

'Dyna ni eto, rhywun arall yn cael y clod,' chwyrnodd Dorti. 'Mae gen i awydd gyrru'r bil disel at Father Con, wir.'

O hynny ymlaen, bu Meg yn talu bron mwy o sylw i'w gwersi hud nag i'w gwaith ysgol. Ond roedd hi'n gwrthod defnyddio swynion i wneud ei gwaith cwrs. Twyllo fyddai hynny, ac roedd hi'n daer na fyddai hi'n twyllo, byth.

'Ond wnest ti roi bisged arbennig i Siobhan ddoe, yn do?' meddai Lowri. Edrychodd Meg arni'n hurt.

'Sut oeddech chi'n gwybod hynna? O, wela i … cwestiwn gwirion,' meddai gyda gwên. 'Ond mae helpu rhywun arall yn wahanol, tydi? Roedd hi wedi bod yn poeni gymaint am y prawf mathemateg, roedd ei phen hi wedi troi'n uwd. Dim ond rhywbeth bach i glirio'r uwd oedd o.'

Gwenodd ei modrybedd arni. Roedd Meg yn datblygu i fod yn wrach addawol iawn, yn defnyddio ei doniau yn y ffordd gywir. Pan aethon nhw am dro ar y ceffylau y noson honno, roedd y gigfran yn eu dilyn bob cam, ac roedd Dorti'n eitha siŵr iddi ei gweld yn gwenu.

Gwenu roedd Meg pan ddaeth allan o'r ysgol ynghanol ei ffrindiau ar ddiwrnod ei harholiad olaf.

'Ieeee! Dyna ni, rhyddid o'r diwedd!' chwarddodd Dorti gan ei chofleidio. 'Iawn, ble awn ni, be fysat ti'n licio'i neud i ddathlu?'

Sylwodd Ann fod Meg yn gwthio blaen ei hesgid i rych yn y slabiau concrit ar lawr buarth yr ysgol a synhwyro ei bod hi eisoes wedi trefnu rhywbeth efo'i ffrindiau. Gwelodd Dorti fod Meg yn edrych draw at y criw oedd yn dawnsio a chofleidio ei gilydd.

'Wel dyna ni felly, mi ddathlwn ni efo ti fory 'ta. Neu drennydd,' meddai Dorti, 'dibynnu pryd fyddi di'n rhydd.'

Tawedog iawn oedd y tair allan ar y to y noson honno. Syllodd y tair ar y sêr, oedd yn rhyfeddol o agos heno.

'Dan ni'n ei cholli hi, tydan?' meddai Lowri. Edrychodd

Ann ar sglein y lleuad ar ei gwydr gwin ond ddywedodd hi ddim byd. Ochneidio'n ddwfn wnaeth Dorti.

'Dyna hanes pob rhiant am wn i,' meddai. 'Gorfod trio teimlo'n hapus a balch bod dy blentyn yn agor ei hadenydd, yn torri ei chŵys ei hun, a dy adael di ar ôl.'

'Neith hi mo'n gadael ni,' meddai Ann. 'Neith hi?'

'Mae hi'n sôn am fynd i'r coleg, tydi?' meddai Lowri. 'Mi fysa Trinity yn ei bachu hi'n syth.'

'Dulyn … ochr arall y wlad,' meddai Ann, a'r sglein bellach yn ei llygaid.

'Dim ond rhyw ddwy awr a hanner i ffwrdd!' meddai Dorti.

'Ond mi fysa Galway gymaint agosach tase … tase hi isio dod adre ar fyr rybudd. Tase hi'n teimlo'n unig neu rywbeth.'

Doedd Lowri ddim yn siŵr a fyddai Meg am fynd i goleg yn syth. Roedd Siobhan a hithau wedi bod yn sôn am gymryd blwyddyn allan.

'Dyna'r ffasiwn y dyddiau yma, mae'n debyg. A dwi'n meddwl ei fod o'n syniad da, fy hun: dysgu rhywbeth am y byd mawr tu allan cyn cyfyngu dy hun i fwy o astudio.'

'A finna,' meddai Dorti. 'Nath Michael yr un peth. Ond dwi'n meddwl mai gweithio i gael pres oedd syniad Siobhan, iddi fedru fforddio mynd i goleg. Dydi Meg ddim yn gorfod poeni am hynny, nacdi?'

'Mi allen ni helpu Siobhan efo pres, siŵr,' meddai Lowri, 'yn dawel bach. Rhyw docyn loteri lwcus, neu rywbeth fel'na.'

'Ia, os awn nhw i Galway,' meddai Ann yn frwdfrydig. 'Mae'n un o'r prifysgolion gorau yn y byd, yn yr un y cant uchaf.'

Crychu ei thrwyn wnaeth Lowri, gan ddweud mai i Trinity fyddai'r goreuon yn mynd fel arfer, ac y byddai'n esgus da dros gael mynd i Ddulyn am ambell benwythnos. Roedd hi wastad wedi bod isio gweld Llyfr Kells.

'Pff. Dim ond beibl arall ydi o,' meddai Dorti.

'O'r flwyddyn wyth gant! Ac isio gweld y lluniau ydw i, siŵr.'

'Ond Lowri, ti newydd ddeud ei bod hi'n sôn am gymryd

blwyddyn allan,' meddai Dorti. 'Bosib mai teithio i Ewrop neu Affrica neu rywle fydd hi am neud.'

'Affrica?' gwichiodd Ann. 'Ond mae fanno'n beryg!'

'Ann ...' meddai Lowri, gan rowlio ei llygaid. 'Wnei di roi'r gorau i fynd o flaen gofid dragwyddol? Lle bynnag eith hi, mi fydd hi'n iawn. Gwrach ydi hi.'

'Ond maen nhw'n dal i ladd gwrachod yn Affrica!' meddai Ann yn ddagreuol. ''Nes i weld rhaglen am y peth, roedd o'n –'

'Ann!' meddai Dorti gan roi ei braich am ei hysgwydd. 'Neith hi'm mynd i nunlle gwirion, siŵr. Mae hi'n hogan gall, a dwi'n berffaith hapus iddi fynd lle bynnag mae hi awydd mynd – o fewn rheswm.'

'A finna,' meddai Lowri. 'A dwi'm yn meddwl mai poeni am lefydd fel Affrica ddylen ni.' Edrychodd y ddwy arall arni gyda diddordeb, a chododd hithau ei haeliau. Syrthiodd y geiniog.

'O hec ...' ochneidiodd Dorti. 'Fydd hi ddim yn ddigon gwirion i fynd i Gymru, does bosib?'

PENNOD 17

Penderfynodd Meg a Siobhan eu bod yn bendant am gymryd blwyddyn allan.

'Mi fyddwn ni yn Thailand pan ddaw'r canlyniadau,' meddai Meg wrth ei modrybedd. 'Mae 'na ddigon o Wi-Fi yn fanno i mi fedru'ch sgeipio chi.'

'Thailand?' sibrydodd Ann yn nerfus. 'Pa mor ddiogel ydi fanno? I ddwy ferch ifanc fel chi?'

'Mae 'na filoedd o bobl ifanc yn bacpacio yno bob blwyddyn ers blynyddoedd, Dodo Ann,' meddai Meg. 'Ac mae tad Siobhan yn byw yn Bangkok, ac mi ddaw o i'n nôl ni o'r maes awyr a dangos y ddinas i ni. Wedyn dan ni am dalu i fod efo grŵp am y pythefnos wedyn beth bynnag, efo arweinwyr profiadol a chriw o bobl eraill fel ni o Awstralia a Seland Newydd ac ati.'

'Ia, mi soniodd Michael ei fod o wedi gneud hynna,' meddai Dorti. 'Swnio'n andros o hwyl. Fysat ti'm isio dy dair modryb efo ti, decini?'

Rhoddodd Meg edrychiad iddi, a chwarddodd Dorti.

'Mi allen ni'n tair fynd i unrhyw le, unrhyw adeg, erbyn meddwl,' meddai Lowri. 'Tra fyddi di'n galifantio rownd y byd, does 'na'm rheswm i ni fod yn styc fan hyn, nag oes?'

'Oes. Mae'n rhaid i rywun edrych ar ôl Brân a'r ceffylau,' meddai Meg yn syth. Byddai'r cathod yn iawn, gan y byddai'n ddigon hawdd trefnu i rywun fel Brendan y posmon eu bwydo. Ond byddai'n rhaid i rywun ymarfer y ceffylau, 'ac mi fysa Brân yn torri ei galon.'

Gwenodd Ann yn drist arni.

'Mi fyddi di'n ei golli o'n fwy na ni, yn byddi …'

'Na fydda, siŵr,' meddai Meg. 'Ond mi fydda i'n ei golli o'n ofnadwy, mae hynny'n saff,' ychwanegodd gan fwytho pen y ci a rhoi cusan ar ei gorun.

'Wel, nath hi mo'n mwytho ni, naddo?' meddai Dorti. 'Gest ti sws ar dy gorun, Ann?'

'Naddo, dim byd,' meddai Ann. 'Nath hi'm hyd yn oed sbio arna i.' Ond pan gododd Meg ei phen i brotestio, gwelodd fod y tair yn gwenu arni.

'Ble arall dach chi am fynd 'ta?' holodd Lowri.

Roedd y ddwy yn bendant am fynd i Gambodia a Fietnam, ac yna Awstralia, ond roedd Meg yn gyndyn i ddweud pryd yn union y byddai'n dod adref. Prysurodd i ddweud nad oedd Siobhan am adael ei nain ar ei phen ei hun yn rhy hir, ac roedd hi wedi dweud wrthi nad oedd yn bwriadu gwario pob ceiniog o'r enillion loteri ar ei gwyliau.

'Handi oedd ennill cymaint, ynde?' meddai Dorti.

'Handi iawn …' meddai Meg gan giledrych arni. 'Diolch am drefnu hynna.' Rhoddodd Dorti bwt bach i'w braich, yna tanio sigarét.

'Gwaith tîm,' meddai.

'Ond mi wnewch chi fod yn ofalus, yn gnewch?' meddai Ann. 'Mae 'na ffilmiau ofnadwy am bobl yn mynd i helynt wrth deithio drwy Awstralia, mae 'na anifeiliaid peryglus yno, fel crocodeils anferthol, heb sôn am bobl sydd isio'ch lladd chi am ddim rheswm o gwbl.'

Chwarddodd Dorti. 'Storis oedd rheina, Ann, ffuglen. A ph'un bynnag, wnest ti'm aros i weld diwedd yr un ohonyn nhw.'

'Naci, roedd yr un am y crocodeil a'r ddwy hogan druan 'na yn wir! *Based on a true story*, a dyna pam ro'n i jest methu diodde gweld mwy.'

Addawodd Meg na fyddai'n mynd i unman lle byddai'n debygol o gyfarfod crocodeils, gan ychwanegu gyda gwên: 'A dwi yn wrach, cofiwch … Geith unrhyw grocodeil fydd yn trio fy mwyta i goblyn o sioc.'

'Tro nhw'n lyffantod,' meddai Dorti. 'Ond paid â'u swsian nhw wedyn.'

'Paid â swsian neb!' meddai Ann.

'Wyt ti am fynd â dy hudlath?' gofynnodd Lowri. 'Rhag

ofn y byddi di angen gwneud swyn go fawr …' Oedodd Meg a phendroni am rai eiliadau.

'Do'n i ddim wedi bwriadu gwneud,' meddai. 'Be os fydd rhywun yn mynd drwy fy mag i yn y lle *Customs*? Sut dwi fod i egluro pam fod gen i hudlath?'

'Dwed dy fod ti'n ffan o Harry Potter,' meddai Dorti.

Chwarddodd Meg.

'Iawn, a' i â fy hudlath efo fi 'ta, ond fiw i mi fynd â'r gyllell arian. A bydd raid i chi edrych ar ôl potel Biddy i mi nes bydda i'n ôl.'

'Rwyt ti am ddod yn ôl felly …' meddai Lowri.

'Yndw siŵr!'

'Felly fyddi di'n ôl erbyn Dolig?' gofynnodd Ann. Trodd Meg i edrych arni gan ddal ati i chwarae gyda chlustiau Brân.

'Fel ddeudis i, gawn ni weld sut eith hi.'

Ddaeth Meg ddim yn ôl erbyn y Nadolig, ond bu'n ffyddlon iawn yn cysylltu gyda nhw ar Skype bob Sul, pan fyddai tua naw o'r gloch y nos yn Asia. Roedd hi'n cael amser gwerth chweil; yn swnio ac edrych yn iach; yn hapus ac yn frown. Roedd hi wedi helpu i fwydo a golchi eliffantod; cael *massage* anfarwol; crwydro dwsinau o demlau; mynd i barti lleuad llawn ar draeth Koh Phangan; dringo'r creigiau yn Krabi; plymio sgwba a nofio mewn rhaeadrau, a beichio crio yn Phnom Penh wrth weld yr erchyllterau gyflawnodd y Khmer Rouge yn y saithdegau.

Dim ond gwenu fyddai hi pan fyddai Dorti'n ei holi am ddynion.

Penderfynodd beidio â sôn wrthyn nhw am y noson y cafodd diod Siobhan ei sbeicio yn Koh Phangan. Roedd hi wedi llwyddo i stwffio'r cof am y noson honno i ben draw ei meddwl. Doedd ganddi ddim dewis, gan fod wyneb y dyn ddaliodd hi'n ceisio plannu ei hun i mewn i gorff diymadferth, hanner noeth Siobhan wedi rhoi hunllefau iddi am gyfnod rhy hir o lawer; ychydig iawn o wyneb oedd ar ôl ganddo wedi iddi orffen efo fo. Diolch byth, doedd Siobhan yn cofio dim, a doedd neb wedi dod o hyd i'r corff gladdodd Meg yn ddwfn yn y tywod nes eu bod wedi hen adael yr ardal.

Soniodd hi ddim chwaith eu bod nhw wedi mynd gyda chriw o facpacwyr eraill i weld un o sioeau ping-pong drwgenwog Bangkok. Roedden nhw wedi eistedd yno'n teimlo'n hynod chwithig ynghanol hen ddynion croen pinc yn glafoerio'n chwyslyd, cyplau meddw yn bwyta a byseddu ei gilydd yn y cefn, a thwristiaid eraill yr un mor chwithig â nhw yn gwylio merched yn gwneud campau gyda pheli ping-pong a dartiau. Oedd, roedd cryfder cyhyrau cuddiedig y merched bach tenau yn rhyfeddol, ond doedd dim byd yn rhywiol am y sioe; roedd yn fwy o syrcas, gyda merched yn perfformio yn lle mwncïod neu lewod caeth, blinedig. Roedd Meg wedi gallu treiddio i feddyliau'r merched a theimlo eu hatgasedd at yr hyn roedden nhw wedi cael eu hyfforddi i'w wneud ers eu bod yn ifanc iawn, iawn. Llwyddodd i dreiddio hefyd i feddyliau'r merched fyddai'n sefyllian mewn drysau a thu ôl i ffenestri yn ceisio denu cwsmeriaid am ryw rhad. Roedd yr hyn a welodd hi wedi gwneud iddi deimlo fel cyfogi – a chrio – a gwylltio'n gandryll.

Roedd hi wedi cymryd yn ganiataol mai dynion oedd y tu ôl i'r cyfan, ond roedd merched yr un mor euog; merched hŷn yn 'mabwysiadu' merched bach ifanc o'r wlad a'u gorfodi i'r busnes rhyw, a hynny heb owns o euogrwydd gan mai dyna fu eu hanes hwythau pan oedden nhw'n iau, a wnaeth o ddim drwg iddyn nhw, naddo?

Bu'n rhaid i Meg reoli ei hun yn arw rhag dysgu gwers boenus i'r 'rheolwyr' hyn, a dweud wrthi hi ei hun nad oedd yn fater du a gwyn, syml o bell ffordd. Ond addunedodd y byddai'n bachu ar bob cyfle i geisio gwella safon byw merched fel y rhain.

'Gan 'mod i'n wrach, gan fod gen i bwerau arbennig, dwi'n mynd i'w defnyddio nhw i wella'r byd 'ma,' meddai wrthi hi ei hun. Pan glywodd ddyn canol oed o Awstralia yn trefnu i dair merch ifanc iawn yr olwg dreulio noson chwyslyd gydag o yn ei westy, penderfynodd newid ei feddwl. Er mawr syndod iddo fo, a'r merched, aeth â nhw allan am bryd o fwyd drud yn lle hynny, ac yna mynnu eu bod nhw'n cael noson o gwsg yn ei wely anferthol tra oedd o'n cysgu ar y llawr. Yn y bore, ac yntau heb gyffwrdd blaen bys ynddyn nhw, talodd iddyn nhw fynd adre. Doedd ganddo ddim syniad pam roedd o wedi penderfynu gwneud hynny, ond roedd y wên ddiolchgar ar wynebau'r tair wedi gwneud iddo yntau wenu am weddill y diwrnod.

Ar fore dydd Nadolig yng Nghastell Dumhach, canodd y sŵn Skype seiloffonaidd yn gynharach nag arfer, am ddeg y bore. Roedd Meg a Siobhan mewn bicinis ar draeth yn Awstralia, yn cael barbeciw gydag ugeiniau o facpacwyr eraill o bedwar ban byd.

'Nollaig shona dhaoibh! Nadolig llawen i chi i gyd!' gwenodd Meg gan godi ei *stubby* o lager i'r sgrin. Doedd hi'n amlwg ddim yn sobor.

'Nadolig llawen i titha, 'nghariad i, *and you, Siobhan*,' meddai Lowri, gan sychu ei dwylo ar ei ffedog. Roedd hi ar ganol stwffio'r twrci pan alwodd Meg, a Dorti yng ngofal plicio'r llysiau (gyda hudlath yn hytrach na chyllell wrth reswm, gan fod bywyd yn rhy fyr i blicio dim). Brysiodd Ann o'r stafell fwyta, lle roedd hi wedi bod yn gosod y bwrdd i chwech. Byddai Michael a'i ffrindiau yn dod atyn nhw'n nes ymlaen.

'Meg! Ti'n edrych yn dda, cofia! A sbia, mae Brân newydd glywed dy lais di!' Roedd y ci yn gwichian, wedi cynhyrfu'n rhacs, wrth sgrialu heibio'r dodrefn tuag atyn nhw. Gosododd ei ben o flaen y sgrin a chyfarth a gwenu ar wyneb Meg. Llanwodd ei llygaid hithau yn syth.

'Brân … ti'n iawn, boi? Pascal, regarde! C'est mon chien – Brân!' Daeth dyn ifanc golygus a di-grys at y sgrin a rhoi ei fraich frown am ysgwyddau Meg. Braich oedd wedi hen arfer. Trodd Brân ei ben i'r ochr. Wnaeth o ddim chwyrnu'n uchel, ond roedd cyhyrau ei ysgwyddau wedi tynhau.

'Wyt ti am ein cyflwyno ni?' gofynnodd Dorti, gan roi ei braich hithau am ysgwyddau Brân.

Hogyn o ardal Morzine yn Ffrainc oedd Pascal, wedi ei fagu ar fferm yn yr Alpau, ac yn hyfforddwr sgio oedd yn siarad Saesneg ac Eidaleg yn rhugl.

'Dach chi'n cysgu efo'ch gilydd?' gofynnodd Dorti. Gwridodd Meg o dan ei lliw haul cyn dweud wrthi gyda gwên i feindio ei busnes.

'Gobeithio dy fod ti'n defnyddio rhywbeth ...' meddai Ann.

'Wnewch chi roi'r gorau iddi!' protestiodd Meg, ond gan chwerthin. 'Ffrindiau ydan ni, iawn! Ffrindiau da. Ond mae o wedi gofyn i mi dreulio chydig o amser efo fo yn yr Alpau pan fydd o'n mynd adre ymhen y mis.'

'O? Ac wyt ti am fynd?' gofynnodd Lowri.

'Gawn ni weld. Dwi isio gweld Seland Newydd yn gynta.' Ond roedd 'na sglein yn ei llygaid.

Edrychodd y tair dodo ar ei gilydd. Roedd hi'n berffaith amlwg ei bod am fynd gydag o. Daeth y sgwrs i ben gyda chriw mawr o'r dathlwyr ifanc ar y traeth yn codi llaw a dymuno Nadolig llawen iddyn nhw. Edrychodd y tair, a Brân, ar y sgrin wag am rai eiliadau wedi i'r cysylltiad gael ei dorri.

'Hogan lwcus ...' meddai Dorti. 'Yn cael gweld cymaint o'r byd. Ac mae o'n *charmant*, *n'est-ce pas*?'

'*Très charmant*,' meddai Ann. 'Dwi'm yn siŵr ydi'r sgrin a'r we yn gallu cuddio'r arwyddion, cofia, ond deimlais i ddim byd cas oddi arno fo, dim ond tonnau o garedigrwydd.'

'Finna'r un fath,' meddai Lowri. 'Mae'n bosib ei bod hi wedi bachu un da yn fanna. Dwi'n teimlo reit genfigennus.'

'Wel, mae 'na gwpwl o ddynion da a digon *charmant* fydd yn fwy na hapus i chwarae cuddio efo ti ar ôl cinio,' meddai Dorti. 'Dwi'n siŵr y gneith hynna gael gwared ag unrhyw deimladau o rwystredigaeth.' Trodd at Ann. 'Ac mi neith les i titha hefyd. Ti wedi bod yn rhy bropor o beth coblyn yn ddiweddar. Mae'n hen bryd i ti lacio dy staes eto.'

Oedodd Ann cyn ateb yn bwyllog:

'Dwi'm yn meddwl. Dwi'n berffaith hapus i giniawa a thynnu cracyrs efo nhw, ond mi fydda i'n diflannu pan fyddwch chi'n dechre chwarae gemau gwirion, diolch yn fawr.'

'Ond ti wastad wrth dy fodd efo'r gêm tynnu lluniau 'na,' meddai Lowri, gan estyn am botel o sieri y tu ôl iddi.

'Pan mae Meg yma. Fydd hi ddim yr un fath efo rhyw ddynion dwi prin yn eu nabod.'

'Jest dyro gyfle iddyn nhw, bechod,' meddai Dorti wrth wylio Lowri yn tywallt sieri i dri gwydryn Waterford.

'Does 'na'm pwynt trio fy meddwi i,' meddai Ann, gan lygadu'r hylif brown Amontillado yn llifo o'r botel.

'Jest i'n cael ni yn yr hwyliau Nadoligaidd mae hwn, siŵr,' gwenodd Lowri gan estyn gwydryn iddi. 'I Meg!' meddai gan glincian gwydrau'r ddwy arall.

'Dim amharch iddi,' meddai Dorti, 'ond dwi'n edrych ymlaen at Ddolig fymryn yn wahanol hebddi, a bod yn onest.'

'Dorti!' meddai Ann yn flin.

'Na, chwarae teg,' meddai Lowri, 'dwi'n cytuno efo Dorti. Mae Meg yn cael hwyl, felly dydi hi ddim ond yn iawn i ninna gael peth hefyd, yn lle gorfod bod yn ofalus be dan ni'n ddeud neu'n neud o'i blaen hi dragwyddol. Mae magu plant yn gallu bod yn bali niwsans weithiau. Dwi'n deud wrthat ti rŵan, Ann: dwi'n mynd i ruo ac udo pan fydda i'n dod heno.'

Sipiodd y sieri drud ac ochneidio gyda phleser, cyn cofio'n sydyn ei bod hi'n hwyr glas iddi roi'r twrci yn y popty. Ond gyda chymorth ei hudlath, roedd o wedi coginio'n berffaith mewn da bryd, wrth gwrs.

Bu'r cinio'n llwyddiant mawr, ac roedd yr anrheg roedd Dorti wedi ei brynu i'w dwy ffrind, chwe photel o win St Emilion Château Cheval Blanc 1982, yn hyfryd, ac yn sicr yn ychwanegu sglein i lygaid y ddwy.

'Dwi'n gallu gweld y staes yn llacio'n barod,' sibrydodd Lowri yng nghlust Dorti wrth wylio Ann yn gadael i Declan roi llond llwy o hufen brandi rhwng ei gwefusau. Roedd clun

Andrew, syrffiwr chwe throedfedd o'r Alban, eisoes yn pwyso'n galed a chynnes yn erbyn ei chlun hithau dan y bwrdd.

Roedd pawb yn fwy na pharod i chwarae gemau ar ôl gwthio'u platiau i ganol y bwrdd, ac yn wahanol i'r arfer, doedd Ann ddim ar frys i olchi'r llestri. Declan a hithau enillodd y gêm Pictionary yn hawdd; roedden nhw'n amlwg ar yr un donfedd, ac roedd hi wrth ei bodd gyda'r ffordd y byddai'n rhochian chwerthin. Rhuo fyddai o i ddechrau, wedyn byddai rhoch yn dianc ohono, fyddai'n gwneud i bawb arall udo. Dotiai at y ffordd y byddai o'n cochi fymryn bob tro, gan roi edrychiad swil iddi gyda'i lygaid tywyll. Ac roedd o'n hoffi cerddoriaeth canu gwlad!

'Ga i roi John ac Alun ymlaen?' gofynnodd i'r lleill. Ond doedd neb yn poeni pa gerddoriaeth oedd yn y cefndir erbyn hynny.

Michael gynigiodd y dylen nhw chwarae cardiau, ac wedi ambell gêm go danllyd a hwyliog o Gin Rummy, Black Bitch a Snap.

'How about Beggar-my-neighbour?' cynigiodd Andrew. Doedd neb arall wedi clywed am y gêm. 'Also known as Strip Jack Naked,' gwenodd Andrew gan gymysgu'r pac o gardiau'n feistrolgar o gyflym. Ond doedd yr un o'r merched wedi clywed am honno chwaith, ac allen nhw ddim egluro nad oedd y fath gêm yn bod yng nghefn gwlad Meirionnydd bedwar can mlynedd yn ôl.

Pan ddysgon nhw'r rheolau, roedd Dorti'n ysu i ddechrau chwarae.

'Dwi'm yn siŵr os –' dechreuodd Ann.

'Ann, ni fydd yn rheoli hon,' meddai Dorti. 'Mae 'na botensial am andros o hwyl fan hyn ...'

Roedd hi'n iawn. Allai'r dynion ddim credu eu hanlwc gyda'r cardiau, ond roedd y gwin yn lleddfu eu cwynion. O fewn dim, roedd y tri yn gwbl noeth a'r merched â'r rhan fwyaf o'u dillad yn dal amdanynt, ac â sglein pendant yn eu llygaid.

'Oh dear,' meddai Dorti, 'so it looks like forfeits from now on, boys.'

Roedd y gosb gyntaf yn un ddigon diniwed: bu'n rhaid i Andrew ddringo ar ben y bwrdd i ganu 'Oh flower of Scotland'. Doedd ei lais canu ddim yn wych o bell ffordd, ond roedd Lowri'n talu mwy o sylw i agweddau eraill ohono a bod yn onest. Declan oedd y nesaf i gael ei gosbi a Dorti oedd yn gosod y gosb, sef bod raid iddo dreulio o leiaf deng munud yn rhoi sylw cunnilingaidd manwl i Ann. Gwenu wnaeth Ann o glywed hyn, gan fod y gwin yn sicr wedi llacio ei staes erbyn hynny. Gwenu roedd Declan hefyd nes iddo weld Ann yn ymestyn yn ei hôl ar y soffa ac yn codi ei sgert hir, ddu dros ei chluniau i ddangos nad oedd hi'n credu mewn siafio pob blewyn oddi ar ei chorff.

'What, here? Now? In front of everybody?' gofynnodd Declan. Nodio wnaeth Ann gan wenu'n ddrwg arno. Gwyddai y gallen nhw roi swyn anghofio ar y tri cyn iddyn nhw fynd adref, tasai raid.

Wedi dechrau sigledig, nerfus, dechreuodd Declan anghofio fod ganddo gynulleidfa, a mwynhau gwneud i Ann ochneidio a gwingo gyda phleser. Allai'r gweddill ddim tynnu eu llygaid oddi ar y ddau, na rhwystro eu cyrff hwythau rhag ymateb. Tynnodd Dorti ei ffrog sidan dros ei phen a gwahodd Michael i roi sylw i'w bronnau wrth iddi ddal ati i wylio Ann yn cyrraedd yr uchelfannau. Roedd Lowri eisoes wedi gadael i'w llaw grwydro rhwng coesau Andrew, ac yntau wedi darganfod bod yr olygfa ar y soffa wedi cael effaith hyfryd o wlyb rhwng ei choesau hithau.

I gyfeiliant John ac Alun yn y cefndir yn canu am rowndio'r horn, ffrwydrodd Ann, a dal ati i ffrwydro, yn gryndod a chwys drosti am gryn ddeng munud. Doedd hi erioed wedi cael cymeradwyaeth o'r blaen, ond gwenodd arnynt i gyd a chusanu Declan nes bod ei ben yn troi.

'Thank you …' sibrydodd, cyn mynd ati i dalu'r ffafr yn ôl iddo mewn ffordd na phrofodd Declan erioed o'r blaen, a hynny i gyfeiliant Lowri yn udo wrth iddi hithau gyrraedd ei huchelfan hithau. Griddfanodd Dorti wrth wylio'r cyfan o'i safle dros y bwrdd bwyd a theimlo Michael yn tyfu y tu mewn iddi ac yn ymwthio'n gryfach a chaletach nes bod y gwydrau a'r llestri a'r mannau cudd y tu mewn iddi i gyd yn tincial.

'Mi fysa hyn wedi gwneud ffwc o ffilm ...' meddyliodd, cyn teimlo ei hunan a Michael yn cydffrwydro mewn ffordd gwbl, gwbl hudol.

Pennod 18

Roedd Pascal yn gwmni da i gyd-deithio ag o. Roedd o'n gyfeillgar gyda phawb, ond yn warchodol ohoni os byddai angen; yn agored i brofiadau newydd, yn weithgareddau ac yn fwydydd, a doedd y ffaith ei fod yn cymharu pob dim gyda *la cuisine française* ddim yn mynd ar nerfau Meg. Roedd o'n dweud y gwir am ragoriaethau bwydydd Ffrainc, wedi'r cwbl. Doedd o chwaith ddim yn un o'r dynion hynny sydd fel nodwydd wedi sticio ar 'Be wyt ti isio neud heddiw?' neu'n ateb 'Dwn i'm, be wyt ti isio neud?' Ei fantra cyson oedd bod 'llwybr bywyd yn llawn wiwerod fflat oedd yn methu gneud penderfyniad'.

Byddai ganddo wastad rip o syniadau difyr am bethau i'w gwneud, ac roedd o'n fwy na bodlon codi pac a mynd i rywle ar amrantiad heb orfod pendroni na dili-dalian na threfnu pob dim ymlaen llaw. Efallai'n rhy fodlon, gan y golygai hynny weithiau eu bod yn gorfod treulio oriau yn disgwyl am fws neu'n cysgu dan goeden ar ochr ffordd, ond roedd ganddo'r gallu i wneud pob dim yn hwyl ac yn antur. Roedd o hefyd yn gallu bod yn dawel ac ymgolli mewn llyfr am gyfnodau hirion, braf. Ac os nad oedd y llyfrau'n ddigon diddorol, byddai'n codi ei lygaid gleision a chodi ei aeliau arni; ac os nad oedden nhw mewn lle rhy gyhoeddus at ddant Meg, byddai hithau'n gwenu'n ôl arno a phwyso tuag ato, fel bod eu gwefusau'n cyffwrdd a'r ddau'n cusanu a chofleidio a chyffwrdd ei gilydd am oesoedd, nes bod pen Meg yn troi.

'Dyma be roedd Dorti yn sôn amdano,' meddyliodd wrth doddi'n fenyn yn ei freichiau.

'Only the French can french kiss properly,' sibrydodd yntau yn ei chlust, gan wneud iddi biffian chwerthin a chwalu'r foment – ond dim ond am foment.

Doedd ganddi ddim rheswm i amau ei air. Doedd ganddi ddim gymaint â hynny o brofiad o gusanu dynion mewn ffordd mor angerddol â hyn. Roedd hogyn o Middlesbrough wedi ceisio stwffio ei dafod fawr dew i lawr ei chorn gwddw un noson feddw ar draeth Otres yng Nghambodia, ond roedd hynny wedi bod yn afiach, ac roedd hi wedi ceisio ei wthio i ffwrdd. Pan gydiodd o'n dynnach ynddi a phlannu ei law yn erbyn boch ei phen ôl a gwthio'i belfis yn erbyn ei chorff a stwffio'i falwoden yn ddyfnach i'w cheg, roedd hi'n flin. Yn flin iawn. Doedd hi ddim yn siŵr be'n union wnaeth hi iddo fo, gan ei fod wedi digwydd mor gyflym, ond roedd o wedi disgyn i'r llawr yn griddfan mewn poen, a gwaed yn diferu o'i drwyn a'i glustiau. Rhedeg i ffwrdd i ganol y dorf wnaeth hi wedyn, gan weddïo y byddai o'n iawn. Wel, na fyddai o'n marw o leia. Deallodd yn ddiweddarach ei fod wedi mynd i'r ysbyty. Roedd Siobhan wedi gweld yr ambiwlans.

Y bore wedyn, roedd Meg wedi bod yn brwsio'i gwallt yn y drych yn yr hostel, yn holi ei hun tybed a oedd swyn ei modrybedd i dawelu ei phwerau wedi colli ei effaith yn llwyr. Roedd ei thymer wedi cael canlyniadau brawychus, a hynny heb ddefnyddio ei hudlath, hyd yn oed. Dyna pryd sylwodd hi fod ei gwallt wedi tyfu'n arw ers iddi adael Iwerddon. Roedd ei chyrls yn cyrraedd ei hysgwyddau bellach. Ddylai hi ei dorri? Estynnodd am ei siswrn bychan torri ewinedd ac edrych arni ei hun yn y drych eto. Na, penderfynodd. Byddai'n rhaid iddi ddysgu rheoli ei thymer, dyna i gyd. Ond fyddai gofyn i'w modrybedd wneud swyn arall i'w thawelu yn gwneud dim drwg. Gyrrodd decst atyn nhw. Derbyniodd un yn ôl bron yn syth:

'Dim probs, di bon cadw d wallt bob tro rdden ni'n dorri o. Swyn wan.' Dorti'n ceisio bod yn 'gyfoes' eto – gwyddai Meg mai 'swyn rŵan' roedd hi'n ei feddwl.

Aeth am frecwast gyda Siobhan, a chlywed y staff yn dweud bod pawb aeth i'r ysbyty y noson honno yn mynd i fod yn iawn, ac yn gwaredu bod twristiaid ifanc yn yfed mor wirion.

'Gad i ni beidio yfed heddiw,' meddai Siobhan, oedd yn edrych yn welw a phrin yn cyffwrdd ei bwyd. Cytunodd Meg yn ddiolchgar, a theimlo ton o dawelwch yn dod drosti: roedd y swyn draw yn y castell yn Iwerddon wedi ei wneud.

A'r noson honno, cyfarfu â Pascal. Roedd o wedi baglu wrth ddod o stondin fwyd ar y stryd a thywallt ei Pad Thai drosti. Wrth iddo ymddiheuro iddi, a hithau'n protestio mai damwain oedd hi, roedd 'na wefr wedi saethu drwyddi wrth gyfarfod ei lygaid. Roedd hi wedi ei weld eto yn ddiweddarach ar y traeth, pan oedd o'n chwarae pêl-droed, a'r bêl wedi hedfan tuag ati. Fo redodd i nôl y bêl, ei hadnabod a chochi. Cochi wnaeth hithau hefyd. Roedd o wedi cicio'r bêl yn ôl at y lleill ac aros i sgwrsio gyda hi a Siobhan.

'Mae o wir yn dy licio di,' meddai Siobhan, pan aeth Pascal i nôl bob i ddŵr cneuen goco iddyn nhw, cyn cadarnhau ei bod am fynd adref i Iwerddon ar ôl y flwyddyn newydd. Gwenodd wrth weld Pascal yn canolbwyntio'n galed ar gario tair cneuen goco tuag atyn nhw heb golli diferyn. 'Bosib mai fo fydd dy gyd-deithiwr nesa di ...' Ac roedd hi wedi bod yn llygad ei lle.

Swyn neu beidio, doedd dim wedi gwneud i Meg golli ei thymer tra bu'r ddau yn teithio drwy Seland Newydd. Roedd y bobl mor glên a ffwrdd-â-hi, y golygfeydd yn wefreiddiol, y gweithgareddau yn hwyl, o'r rafftio dŵr gwyn a'r naid bynji i'r gemau rygbi a phêl-droed ar y traeth. Roedd Pascal yn rhy gyflym i neb ei ddal pan fyddai pêl rygbi yn ei law, ac roedd hithau wedi profi'n chwaraewraig daclus. Roedd y tro cyntaf iddi gael ei thaclo yn sioc, a doedd hi ddim wedi mwynhau cael llond ceg o dywod, ond roedd mwynhad yr adrenalin yn gryfach na'r awydd i dalu'n ôl i'r person daclodd hi.

Do, aeth ton hyll o genfigen drwyddi pan welodd ryw flonden mewn bicini fel darn o fflos dannedd yn fflyrtio gyda Pascal wrth y bar yn Queenstown, a do, bu'n rhaid i honno gilio i'w stafell pan deimlodd boenau sydyn yn ei stumog, olygodd ei bod wedi byw ar y tŷ bach am y pedair awr ar hugain canlynol. Ond dyna'r unig dro i Meg golli rheolaeth, chwarae teg. A doedd hi'n difaru dim am wneud hynny i'r jaden ddigywilydd beth bynnag. Ond cyfaddefodd y cyfan i'w modrybedd. Er hynny, doedden nhw ddim yn credu bod angen rhoi swyn arall arni.

Wrth iddyn nhw dreulio mwy o amser gyda'i gilydd, pylodd y teimladau o genfigen. Roedd 'na ddealltwriaeth ddieiriau rhyngon nhw, darn o lastig yn eu cysylltu ynghanol y dorf, ac roedd hi'n hurt o hapus. Yn Hahei, mewn storm o law, treuliodd y ddau dridiau yn eu stafell; doedden nhw ddim ond yn dod allan i fwyta. Doedd hi erioed wedi teimlo mor fyw.

Pan aeth i Ffrainc gydag o ddiwedd Ionawr a chyfarfod ei deulu a'i ffrindiau, roedd hi'n nerfus, a byth yn siŵr i ba ochr i anelu wrth wneud y ddefod 'cusanu' neu *faire la bise* i'r chwith a'r dde. Gwingodd wrth i'w gwefusau gyffwrdd croen boch ei fam. Cusanu'r gwynt oedd y syniad, ond roedd hi wedi bod yn rhy eiddgar. Gwenodd ei fam arni'n garedig. Roedd ganddi geg hynod debyg i Juliette Binoche.

Gwyliodd Pascal ei *petite amie* yn siarad a chochi a symud a gwenu ymysg ei deulu a'i gyfeillion, a theimlo mor hynod o falch ohoni. Dysgodd hi sut i sgio, ac roedd hi wrth ei bodd o'r cychwyn cyntaf, yn chwerthin wrth drio meistroli'r lifft botwm a glanio ar ei hwyneb a'i phen ôl yn yr eira fwy nag unwaith. Roedd hi'n gallu troi heb orfod gwneud aradr â'i thraed erbyn canol y pnawn cyntaf.

'Tu es un naturel,' meddai Pascal wrthi, gan gusanu ei bochau pinc, oer wedi iddi hedfan i lawr y llethr ar ei ôl.

Gyrrodd Meg fidio ohoni ei hun yn sgio at ei modrybedd. Gyrrodd Ann fidio o Brân yn chwarae yn eira siwgr eisin Iwerddon yn ôl ati.

Pan aeth Pascal yn ôl i'w waith yn cynnal gwersi sgio, roedd Meg ar goll. Roedd o wedi bod wrth ei hochr drwy'r dydd, bob dydd cyhyd fel y teimlai fod rhan ohoni wedi diflannu.

'Callia, hogan,' meddai wrthi ei hun, 'paid â bod mor bathetic.' Derbyniodd wahoddiad ei fam i siopa bwyd a mynd i wersi ioga. Dysgodd sut i wneud *tartiflette* gyda chaws

Reblochon, hufen a gwin gwyn, a Brioche de Saint-Genix gyda chnau siwgr almon.

Cynorthwyodd ei dad a'i frawd i fwydo'r gwartheg oedd yn cael eu cadw dan do nes i'r eira doddi. Mentrodd fynd i sgio ar ei phen ei hun, a mentrodd droeon i mewn i'r coed i grwydro gyda'r cŵn. Gwelodd aderyn anferthol yn hedfan drwy'r awyr las uwch ei phen un bore, a sylweddoli mai eryr aur oedd o.

Ond byddai'n ysu am gwmni Pascal, ysfa oedd yn gorfforol, yn brifo. Pan fyddai'n dod yn ôl o'i waith, allai hi ddim rhwystro ei hun, roedd hi fel ci bach yn ei ddilyn i bob man. Byddai'n ei gyffwrdd bob cyfle a gâi: gadael i'w bysedd gyffwrdd â'i law wrth basio cwpan neu ddesgil llysiau iddo; pwyso ei choes yn erbyn ei goes o ar y soffa ledr wrth iddyn nhw wylio'r teledu; cyffwrdd yn ei lawes pan fyddai'n siarad ag o, yn ei goler, yn ei wallt pan fyddai'n gadael am ei waith. Gwyddai fod ei deulu'n sylwi ac wedi dechrau rhowlio llygaid y tu ôl i'w chefn. Roedd hi'n amau ei fod o'n tynnu'n ôl fymryn hefyd. Ond allai hi wir ddim rhwystro ei hun.

Bob nos, byddai'n teimlo ei hun yn ymlacio o'r diwedd wrth lithro o dan y dwfe i gael teimlo croen Pascal yn gynnes yn erbyn ei chroen hi, a charu'n araf, dawel rhag i ben yr hen wely pren gnocio ei rieni'n effro.

'Be sy?' gofynnodd ei modrybedd dros Skype pan benderfynodd hi roi galwad iddyn nhw o gaffi yn y dref yn hytrach nag o'r tŷ.

'Dwi'm yn siŵr.'

'Ydi o wedi bod yn gas efo ti?' gofynnodd Dorti. 'Achos os ydi o, mi –'

'Nacdi, ddim o gwbl. Fi ydi'r broblem. Dwi jest ddim yn fi fy hun.' Disgrifiodd ei hun yn mynnu ei ddilyn o gwmpas fel ci bach, y ffordd y teimlai pan na fyddai yn ei gwmni.

'Mewn cariad wyt ti, dyna i gyd,' meddai Ann. 'Mwynha'r teimlad yn lle poeni amdano fo!'

'Na, aros funud,' meddai Lowri. 'Ti'n iawn, dydi hyn ddim

yn swnio fel ti, Meg. Ydi hi'n bosib bod y swyn roion ni arnat ti i dy dawelu di wedi dy wneud di'n rhy lywaeth, sgwn i?'

'Wn i ddim, ond dwi ddim yn gyfforddus efo'r ffaith 'mod i mor ddibynnol ar ei gwmni o. Dwi'n pathetic, ac yn mynd ar fy nerfau fy hun.'

'Iawn, os nad wyt ti'n hapus, ty'd adre,' meddai Ann.

'Na, mae hynny'n rhy hawdd,' meddai Meg, gan fethu rheoli'r dagrau oedd yn cronni yn ei llygaid. 'Rhaid i mi ddysgu sefyll ar fy nhraed fy hun.'

'Be am i ni dynnu'r swyn oddi arnat ti 'ta?' gofynnodd Lowri. 'Fel dy fod ti wir yn ti dy hun.'

'Ydi hynny'n beth doeth?'

'Ti sy'n gwbod. Allwn ni wastad ei ail-neud o os eith rhywbeth o'i le.'

'Iawn, tynnwch y swyn 'ta.'

'Heno?' meddai Ann.

'Ia, gorau po gynta, mae'n siŵr. Wedyn … os ydi o'n gweithio neu beidio, y peth calla ydi i mi adael fan hyn. Dim ond dros dro oedd o i fod beth bynnag.'

'Yn hollol, a dim ond deunaw wyt ti, cofia,' meddai Dorti. 'Rhy ifanc o lawer i gaethiwo dy hun i un boi.'

'Caethiwo? Paid â gwrando arni!' meddai Ann. 'Ond os ydi o wir yn dy garu di a thitha ynta, mi welwch chi'ch gilydd eto.'

'Mi fydd raid i mi ddeud wrth Pascal 'mod i'n gadael,' meddai Meg gan sychu ei thrwyn. 'Dwi'm yn siŵr i ble eto. Dwi am ddod adre, yndw, achos dwi'n hiraethu amdanoch chi a Brân a dwi'n ysu am gael merlota dros y Burren eto. Ond ddim eto … dwi am fynd i Brydain yn gyntaf.'

Tawelwch.

'Prydain? Pam fanno?' gofynnodd Lowri.

'I gael profi llefydd fel Llundain a Chôr y Cewri, a'r Alban ella.'

'Meg …' meddai Lowri. 'Dwyt ti ddim yn bwriadu mynd i Gymru, gobeithio.'

Tawelwch.

'Gawn ni weld. Chi sydd wedi addo peidio mynd yn ôl yno wedi'r cwbl, nid fi.'

'Ond Meg, be os –'

'Dwi'm yn deud 'mod i am fynd yno. Gawn ni weld, dyna i gyd.' Pwysodd yn nes at y sgrin, a cheisio gwenu. 'Dwi yn oedolyn rŵan, cofiwch.'

Y bore wedyn, gwyddai'n syth fod ei modrybedd wedi tynnu'r swyn oddi arni. Teimlai'n gryfach, ac roedd yr ysfa i lynu fel gele yn Pascal wedi diflannu. Roedd hi'n dal i feddwl y byd ohono, ond roedd y lastig wedi llacio.

Roedd Pascal yn deall yn iawn ei bod hi am adael; doedd o ddim wedi disgwyl iddi aros am byth wedi'r cwbl, ond byddai'n gweld ei cholli ac roedd o'n bendant am ddod i'w gweld lle bynnag fyddai hi yn yr haf.

'Bien sûr,' meddai Meg, gan ei gofleidio'n gynnes.

Wnaeth hi ddim para'n hir iawn yn Llundain. Roedd y lle'n ddigon difyr, ond roedd hi'n ddinas mor fawr ac mor brysur a'r holl gyrff yn gwasgu a brysio heibio i lawr yn nyfnderoedd dryslyd y tiwb yn ei hatgoffa o haid o lygod mawr. A doedd fawr neb yn gwenu yno. Roedd y rhan fwyaf â'u pennau am i lawr yn astudio eu ffonau, hyd yn oed allan ar y strydoedd, lle roedden nhw'n dilyn Google Maps fel defaid yn hytrach nag edrych o'u cwmpas. Roedd hi wedi gorfod chwerthin yn uchel pan welodd hi un o'r defaid hynny yn cerdded i mewn i bolyn lamp, ond roedd hi'n falch ei bod wedi achub un ferch ifanc drwy gydio yn ei braich cyn iddi gerdded i mewn i foi oedd yn saethu heibio ar feic. Nid ei bod wedi cael llawer o ddiolch am wneud hynny. Cafodd ei themtio am eiliad i wneud i feic arall daro'r ferch anniolchgar. Na, doedd prysurdeb a sŵn Llundain ddim yn lle da i fod a'r swyn tawelu wedi ei dynnu oddi arni.

Roedd Côr y Cewri fymryn yn well, heblaw bod byseidiau o bobl yn fanno hefyd, yn clician eu camerâu a thynnu selffis dragwyddol, ac roedd ffens yn cadw pawb rhag cael mynd yn rhy agos at y cerrig. Roedd hi wedi gobeithio cael llonydd i deimlo awyrgylch hynafol y lle, ond roedd angen canolbwyntio o ddifrif i deimlo unrhyw beth hudol ynghanol y gynffon o bobl oedd yn cwyno am y gost o fod yno.

'And one – just one scoop of ice cream was two pounds and sixty-five pence!' meddai dynes gyda phedwar o blant blin a chwynfanllyd, heb hufen iâ. Gallai Meg deimlo ei hun yn dechrau corddi. Roedd hi wedi cael llond bol o orfod sefyll mewn ciws hir o hyd. Roedd hi angen tawelwch. Pan glywodd rywun yn sôn mai o Gymru y daeth y cerrig yn wreiddiol, dyna ni, roedd ei phenderfyniad wedi'i wneud. Daliodd drên i Gaerdydd.

Astudiodd fapiau o Gymru ar y ffordd. Gwyddai mai ym Meirionnydd roedd gwreiddiau Siwsi a'i modrybedd, ac roedd enwau'r trefi yno yn neidio oddi ar y dudalen ati. Ond erbyn holi, doedd teithio yno ar drafnidiaeth gyhoeddus o Gaerdydd ddim yn hawdd: y daith gyflymaf oedd trên yn ôl dros y ffin i Loegr i'r Amwythig, newid yn fanno am drên i Fachynlleth, yna bws i Ddolgellau.

Penderfynodd ffonio ei modrybedd.

'Ga i brynu car?'

'Meg, dy bres di sydd yn y cownt 'na, nid ni. Pres dy fam. A rŵan dy fod ti'n ddeunaw, gei di neud be lici di efo fo – o fewn rheswm,' meddai Lowri wrthi.

'Do'n i jest ddim yn licio … heb ofyn,' meddai Meg.

'Chwarae teg i ti. Naethon ni joban ryfeddol o dy fagu di, yn amlwg!' gwenodd Ann. 'Gwranda, pryna gar, ond bydd yn ofalus. Fuest ti'n gyrru yn Ffrainc, do?'

'Do, chydig.'

'Wel, maen nhw'n gyrru ar yr ochr arall ym Mhrydain, iawn?'

'Dwi wedi sylwi, Dodo Ann … dwi yma ers dros wythnos rŵan.'

'Ble wyt ti am fynd 'ta?'

'O, jest dilyn fy nhrwyn.' Doedd hi ddim yn meddwl eu bod nhw angen gwybod mai anelu am Feirionnydd roedd hi. Teimlai fymryn yn euog am gelu'r gwirionedd rhagddyn nhw, ond roedd hi'n gwybod ym mêr ei hesgyrn ei bod yn gwneud y peth iawn, mai dyma fyddai Siwsi yn ei ddymuno.

Aeth Meg i garej yng nghanol Caerdydd a phrynu Citroen C3 bach gwyn, ail-law am ddeuddeg mil. Yna, gyrrodd i fyny'r A470 yn y glaw. Hedfanodd heibio Merthyr a phenderfynu stopio am baned o garafán ynghanol Bannau Brycheiniog. Doedden nhw ddim yn siarad Cymraeg yno, ond roedden nhw'n glên iawn.

Wedi gyrru'n bwyllog heibio Dinas Mawddwy a rhyfeddu at y llethrau serth bob ochr iddi, dringodd y car i fyny Bwlch yr Oerddrws, y tu ôl i bic-yp a thrêlar Ifor Williams. Roedd hi'n rhy nerfus i fentro ei basio, a doedd hi ddim ar frys. Roedd ei llwnc wedi dechrau mynd yn sych ac ugeiniau o ieir bach yr haf wedi dechrau cael parti yn ei stumog hi.

Erbyn iddyn nhw gyrraedd y top, gwelodd fod lle i barcio ar y chwith a thynnodd i mewn. Gwasgodd y llyw yn dynn. Gwyddai ei bod bron yno. Agorodd y drws a deall yn syth pam y cafodd y bwlch ei enw. Roedd y gwynt yn gryf ac yn oer. Penderfynodd ffonio ei modrybedd i gyfaddef lle roedd hi.

Doedd dim signal. Dringodd dros gamfa i gae llawn defaid a brwyn, ac anelu am fryncyn bychan. Gallai weld bod y ffordd yn disgyn yn serth i'r gorllewin. Roedd y gwynt yn chwipio'i gwallt yn ffyrnig. Caeodd ei llygaid ac anadlu'n ddwfn. Roedd hi'n agos. Yn agos iawn. Fflachiodd ei llygaid, a gwenodd. Sylwodd hi ddim ar y gigfran yn hofran ymhell uwch ei phen hi.

Pennod 19

Cafodd ystafell mewn gwesty yng nghanol tref Dolgellau. Roedd hi wedi ei siomi bod y derbynnydd ddim yn deall Cymraeg, ond roedd dwy ddynes ganol oed yn sgwrsio yn Gymraeg wrth fwrdd cyfagos, a gwnaeth hynny iddi deimlo'n well. Gwenodd arnyn nhw, a gwenodd y ddwy yn ôl, fymryn yn ddryslyd, ddim yn siŵr a oedden nhw i fod i'w nabod ai peidio. Wrth iddi gychwyn am y grisiau, clywodd un ohonynt yn gofyn i'r llall:

'Ydi hi ar y teli, dwed?'

'Dim clem. Ond gwallt del gynni hi, does?'

Wedi cael cawod, gwelodd drwy'r ffenest fod y glaw wedi peidio a'r llechi'n sgleinio. Aeth yn syth allan i grwydro'r sgwâr a'r strydoedd a sylweddoli ei bod hi'n groen gŵydd drosti. Roedd ei mam, ei mam go iawn, wedi cerdded fan hyn – gallai ei theimlo ar bob pafin, wrth droi pob cornel.

Cerddodd dros y bont ac edrych i lawr ar y dŵr yn llifo'n lliw caramel oddi tani, wedi ei chwyddo a'i liwio gan y glaw. Gwyddai fod ei mam wedi gwneud yr un peth yn union. Cerddodd dros wair gwlyb y Marian, oedd bellach yn gaeau rygbi, pêl-droed a chriced, gan deimlo ei mam ym mhob cam. Aeth drwy fynwent yr eglwys a chyffwrdd llechi'r beddi, gan deimlo ym mêr ei hesgyrn fod ei hynafiaid wedi eu claddu yma yn rhywle, rhyw dro. Ond gwyddai nad oedd Siwsi yno.

Clywodd grawc, a gweld cigfran yn ei gwylio o ddo'r eglwys. Gwyddai fod rhywun yn gofalu amdani a gwenodd eto.

Aeth yn ôl am y sgwâr ac oedi wrth gaffi mewn adeilad hynafol yr olwg gyda beic bron yr un mor hynafol o'i flaen, â basged yn llawn blodau. Byddai paned yn dda. Camodd i mewn dros y llawr llechi ac aeth at y cownter. Roedd merch ifanc gyda'i gwallt mewn cynffon ar ganol gwneud *cappuccinos* wrth y peiriant.

'Be with you now,' meddai.

'Dim problem,' meddai Meg.

'Felly Cymraes wyt ti,' meddai'r ferch wedi iddi fynd â'r *cappuccinos* at gwpwl oedd yn amlwg newydd fod yn cerdded y mynyddoedd, eu hesgidiau a'u gardysau yn weddillion gwair a llaid i gyd.

'Ia, ydi hynny'n beth anarferol?'

'Nac ydi. Jest 'mod i'n tueddu i nabod y Cymry sy'n dod yma, dyna i gyd. Pasio drwadd wyt ti?'

'Dwi'm yn siŵr eto. Gawn ni weld.'

Cododd y ferch ei phen yn sydyn, wrth i gigfran lanio ar fasged y beic tu allan a syllu drwy'r ffenest. Syllodd hithau'n ôl arno yn fud am rai eiliadau, cyn gofyn i Meg:

'Chwilio am job wyt ti? Achos oedd 'na lythyr yn holi yn y papur lleol am rywun i ofalu am faes carafannau i fyny'r ffordd; Gwenda, y ddynes sy pia'r lle, wedi torri ei chlun, bechod, a jest isio rhywun dros Pasg a'r ha' yn fwy na dim. Faswn i'm yn meindio gneud y job fy hun, achos dwi'n fan hyn ers blynyddoedd, ond mi fysa Mam yn 'yn lladd i. Hi ydi'r bòs,' ychwanegodd, heb sylwi ar y gigfran tu allan yn hedfan i ffwrdd yn hamddenol.

Roedd copi o'r papur yn y caffi. Porodd Meg drwy'r mymryn gwybodaeth am y maes carafannau a'r swydd-ddisgrifiad. Roedd hi wedi hen arfer gwersylla yn Seland Newydd ac Awstralia ac wedi gweld beth oedd yn gwneud maes carafannau da. Byddai disgwyl iddi lanhau toiledau, ond pa mor anodd allai hynny fod? Sipiodd ei the yn araf. Roedd hi'n od ei bod hi wedi cael hanes swydd yr eiliad y cerddodd hi i mewn i'r lle yma.

'Ffawd ...' meddyliodd, gan wneud nodyn o rif ffôn y gwersyll.

Wedi cael y cod Wi-Fi, edrychodd ar ei negeseuon ar ei ffôn, a gweld bod ei modrybedd, Siobhan a Pascal yn holi lle roedd hi erbyn hyn a sut oedd y car newydd yn bihafio. Ac roedd Ann wedi gyrru llun hyfryd arall o Brân. Cyffyrddodd y sgrin â blaen ei bys, ac ochneidio. Roedd hi'n gweld ei golli mor ofnadwy. Efallai y dylai anghofio am aros yng Nghymru a jest mynd adre. Ond gwyddai na allai wneud hynny. Roedd angen iddi aros yma.

'Os ga i'r swydd, mi fydd yn ddigon hawdd i mi bicio'n ôl adre i Iwerddon i nôl Brân,' meddyliodd.

Chwiliodd am wefan y gwersyll i gael mwy o wybodaeth am y lle, ond yn ofer.

'Go brin bod Gwenda Dolrhedyn yn fodlon talu am wefan,' gwenodd Leah.

Ffoniodd Meg y rhif o'i stafell yn y gwesty. Dyn atebodd, dyn oedd yn amlwg ddim yn un am dreulio gormod o'i amser yn sgwrsio dros y ffôn. Trefnodd iddi bicio draw fore trannoeth ar ôl brecwast, cyn iddo fynd i ysbyty Wrecsam i weld ei wraig.

Felly, y bore canlynol, aeth draw i'r maes carafannau lle roedd Mr Jones yn disgwyl amdani yn y dderbynfa, a fan fechan oedd wedi cael sawl cnoc wedi ei pharcio wrth y wal.

'Gwenda sy'n edrych ar ôl y lle, does gen i'm mynedd efo'r diawlied. Dim ond helpu i osod ambell garafán static fydda i, a thorri'r gwair. Ond mi fedra i ryw lun o ddangos y lle i chi.'

Crwydrodd y ddau o amgylch y caeau iddi gael gweld beth oedd y drefn, a dysgu termau fel *hard-standing*, *tourers* a *hook-ups*. Roedd yn wersyll braf, ac arogl bacwn hyfryd yn dod o'r ychydig bebyll oedd ar lan yr afon. Yna, aethon nhw i'r dderbynfa.

Ffeiliau a phentyrrau o bapurau oedd y system bwcio, ac roedd nifer o alwadau yn fflachio'n goch ar y peiriant ateb.

'Dach chi isio gwrando ar rhain?' gofynnodd Meg.

'Nacdw i. Dwi'm yn gwbod pa fotwm i'w bwyso beth bynnag. Ffarmwr ydw i, ddim ysgrifenyddes.'

Felly pwysodd Meg y botwm, gwrando ar y negeseuon a nodi enwau a rhifau ffôn pob un yn daclus. Gwyliodd Mr Jones hi wrthi gan geisio peidio â gwenu gormod. Yna:

'Iawn,' meddai. 'Dach chi'n amlwg yn ddigon 'tebol, felly dach chi awydd rhoi cynnig arni? Gorau po gynta o'm rhan i.

Geith Gwenda drefnu cyflog ac ati efo chi, ac mi ddeudodd bod 'na static yn rhydd i chi gael aros ar y seit. A' i â chi i'w weld o rŵan os liciwch chi.'

Roedd hi'n garafán hen iawn, gyda charped o fwsog dros y to ac arogl braidd yn fadarchaidd tu mewn, ond roedd y dŵr a'r tân trydan yn gweithio, a'r rhewgell, a'r tŷ bach maint poced, a doedd matres y gwely ddim yn rhy ddrwg. Dywedodd Mr Jones y gallai nôl blanced drydan o'r tŷ i'w êrio'n iawn, a rhoi benthyg dillad gwely iddi.

'Mae 'na ddigon yn y cwpwrdd êrio acw. Felly, neith hi'r tro i chi?'

'Gneith. Diolch. Mi symuda i mewn fory os liciwch chi.'

Felly treuliodd Meg weddill y bore yn cael trefn ar y swyddfa ac yn ffonio'r bobl oedd isio gwersylla yno dros y Pasg. Yna aeth yn ôl i'r gwesty i ddweud y byddai'n gadael drannoeth ac i siopa am fwyd a manion ar gyfer y garafán.

Wrth basio'r caffi lle roedd y ferch soniodd wrthi am y swydd yn gweithio, penderfynodd bicio i mewn i ddiolch iddi. Ond dynes ganol oed oedd y tu ôl i'r cownter y tro hwn, a phan welodd hi Meg, sythodd a rhythu'n od arni. Daliodd Meg yr edrychiad yn ei llygaid a dechreuodd ei chalon gyflymu. Gwyddai ei bod hi wedi ei gweld hi o'r blaen, pan oedd hi'n iau, a hynny ym mwg y crochan, ond hi oedd hi: Wendy. Roedd Siwsi wedi mynd â'r sgwarnogod i'w thŷ hi i'w troi yn wrachod, a doedd Wendy ddim wedi edrych yn rhy hapus am y peth. Ond fyddai hi ddim yn cofio'r noson honno, doedd bosib? Oni fyddai Siwsi wedi rhoi swyn anghofio arni? Daliai Wendy i rythu'n od arni, ond fymryn yn ansicr.

'Helô,' meddai Meg.

Saib, wrth i ysgwyddau Wendy ymlacio fymryn.

'Is that an Irish accent?' gofynnodd.

'Ydi,' meddai Meg, 'ond dwi'n siarad Cymraeg. Wedi dysgu drwy Saysomethinginwelsh,' ychwanegodd gan gofio'n sydyn ei bod wedi cyfarfod pobl yn Awstralia a Seland Newydd oedd wedi dysgu Cymraeg yn rhyfeddol drwy'r wefan honno.

Doedd hi ddim wedi bwriadu dweud celwydd, ond roedd hi wedi cael y teimlad sydyn nad oedd angen i Wendy wybod pwy oedd hi – eto. 'Wnes i gyfarfod merch yma ddoe. Roedd hi'n gweithio yma.'

'O, fy merch i, Leah, mae'n rhaid.'

'Ia, dach chi'n debyg. Ydi hi yma?'

'Nac ydi, pnawn ffwrdd i chwarae criced.'

'Criced?'

'Ia, mae 'na dîm merched yma rŵan. Yr oes wedi newid. Dim ond pêl-rwyd a hoci oedd merched yn cael chwarae yn fy amser i.'

'Ond ro'n i'n meddwl mai dim ond yn yr haf mae pobl yn chwarae criced?'

'Ti'n iawn, ond mae'r rhain mor *keen*, maen nhw isio ymarfer rŵan, cyn Pasg. Dydyn nhw'm yn gall. Ta waeth, wyt ti isio gadael neges iddi?'

'Wel, dim ond i ddeud wrthi 'mod i wedi cael y swydd yn y maes carafannau, ac i ddiolch iddi gan mai hi wnaeth sôn wrtha i amdani.'

'O? Lle Gwenda wyt ti'n feddwl? Dolrhedyn?' meddai Wendy gyda diddordeb.

'Ia. Nes bydd ei chlun hi'n iawn, beth bynnag.'

'O, da iawn. Wel, llongyfarchiadau.'

'Diolch.'

'A be ydi dy enw di?'

'Meg. Meg Siôn.'

'Enw Cymraeg … dyna pam wnest ti ddysgu Cymraeg, ia?'

Gallai Meg deimlo ei hun yn dechrau cochi fymryn, ond brwydrodd i ateb gyda gwên, a heb oedi gormod.

'Ia. Rhai o fy nheulu i'n dod o Gymru'n wreiddiol.'

'Wel, ti wedi dysgu'n uffernol o dda, ti'n swnio'n hollol *fluent*. Ac mae'n siŵr dy fod ti'n gwbod be ydi *fluent* yn Gymraeg?'

'Ym. Yndw. Rhugl … dwi'n meddwl.'

'Ia siŵr. Uffar o beth pan mae dysgwyr yn siarad dy famiaith di'n well na chdi. Ond dyna fo, mae pobl sy'n dysgu Cymraeg i gyd yn glyfar, tydyn? Felly oedd dy deulu di'n dod o'r part yma o Gymru, oedden?'

Roedd meddyliau Meg yn rasio bellach, ac roedd hi isio dianc. Roedd Wendy'n rhythu braidd yn rhy ddwys arni.

'Dwi ddim yn siŵr ... ro'n i'n meddwl mai o Sir Fôn oedden nhw.'

'O? Achos ti'n atgoffa fi o rywun o'n i'n nabod ers talwm. Ond jest y gwallt, mae'n siŵr.'

Roedd Meg yn chwysu bellach. 'O. Ia, mae'r gwallt yma'n gallu bod yn ... be ydi *nuisance*?'

'Niwsans.'

'O ia, wrth gwrs. Wel, mae'n well i fi – i mi – fynd. Mae gen i tipyn o gwaith siopa i'w neud, dwi'n symud mewn i garafán static fory.'

'Wel, braf dy gyfarfod di, Meg. Wendy dw i.' Oedodd Wendy wrth ysgwyd ei llaw a sbio i fyw ei llygaid cyn ychwanegu: 'Pob lwc yn Nolrhedyn.'

'Diolch!' A cheisiodd Meg ddianc heb redeg.

Pennod 20

'Carafán yn lle?' meddai Ann dros y ffôn. "Di'r lein ddim yn glir iawn, a dan ni ar y *speakerphone* i bawb gael dy glywed di.'

'Ddim yn bell o Ddolgellau,' meddai Meg gan wingo, yn barod am yr ymateb.

Saib.

'Roedd hynna'n swnio fel Dolgellau ...' meddai llais tywyll Lowri.

Adroddodd Meg yr hanes yn frysiog a digoma. Roedd ei dwylo'n chwysu a'i chalon yn curo ac roedd hi'n gallu dychmygu'r ffordd y byddai'r tair yn edrych ar ei gilydd.

'Be 'di enw'r lle carafannau 'ma?' gofynnodd Dorti.

'Dolrhedyn.'

Tawelwch llethol eto, ond roedd Meg yn amau iddi glywed rhywun yn tynnu ei hanadl yn sydyn.

'Dolrhedyn ...' meddai Lowri wedi rhai eiliadau. 'Fanno roedd fy nheulu i'n byw. Dros bedwar can mlynedd yn ôl.' Aeth croen Meg yn bigau drosto, a llyncodd yn galed. 'Ym mha gae mae'r carafannau?' gofynnodd Lowri wedyn.

'Ym. Pebyll hefyd ... dwi'm yn siŵr be 'di enw'r cae ond mae o i lawr wrth yr afon,' meddai Meg.

'Wn i,' meddai Lowri. 'Ydi, mae'n hollol wastad yn fanna, yn berffaith i bobl wersylla arno fo.'

'Ti'n dallt nad wyt ti'n bell o gwbl o Dolddu, wyt?' gofynnodd Dorti, y straen yn ei llais yn amlwg, hyd yn oed dros y signal gwael.

'Na, wyddwn i mo hynny. Dwi'm yn bwriadu mynd yno, peidiwch â phoeni.'

'Well i ti beidio.'

Tawelwch eto.

'Tan pryd fyddi di yno 'ta?' gofynnodd Ann. 'Dros Pasg, ia?'

'Wel … fydd Gwenda – hi ydi'r perchennog – ddim yn iawn am fisoedd. Dydi hi'm wedi dod yn ôl o'r ysbyty eto, felly 'nes i ddeud y byswn i'n aros dros yr haf … nes bydd hi'n gant y cant eto.'

'Dros yr ha'?' adleisiodd Ann, yn amlwg ddim yn hapus o glywed hynny.

'Ond ro'n i'n meddwl picio adre cyn hynny, i'ch gweld chi i gyd,' meddai Meg. 'Ac i nôl Brân, ella? Mi fyddai o wrth ei fodd yma.'

'Tisio mynd â Brân oddi arnan ni hefyd?' meddai llais sych Dorti.

'Dim ond am chydig fisoedd,' baglodd Meg, 'mi fyddai'n gwmni i mi. Os fydd Mr Jones a Gwenda'n fodlon.'

'Syniad da,' meddai Ann. 'Mi faswn i'n hapusach o wybod ei fod o yno i edrych ar dy ôl di. Does wybod sut bobl sy'n dod i wersylla i fanna, a titha'n ferch ifanc, ddel ar dy ben dy hun.'

'Dwi'n gallu edrych ar ôl fy hun yn iawn, Dodo Ann, wir yr. Felly ga i bicio adre i'ch gweld chi ar ôl Pasg, pan fydd hi wedi tawelu yn y gwersyll? Ac mi fydd angen *pet passport* ar Brân i ddod mewn i Gymru. Newch chi drefnu hynna?'

'Iawn, dim problem,' meddai Lowri. 'Edrych 'mlaen i dy weld ti.'

'A paid â gneud dim byd gwirion yn y cyfamser!' meddai Dorti.

Syllodd y tair ar y ffôn am hir wedi i'r alwad ddod i ben.

'Ia, paid â gneud dim byd gwirion fel ni, yn cael orji meddw noson Dolig efo tri oedd methu credu eu lwc,' meddai Lowri. 'Ac yn bendant, paid â bod yn ddigon gwirion i anghofio rhoi swyn anghofio arnyn nhw wedyn …'

'Ylwch, maen nhw wedi ymddiheuro, iawn!' meddai Dorti'n flin. 'A ph'un bynnag, ddim ein bai ni ydi o bod pobl mor barod i farnu, naci? Hen betha cul, sych.'

'Tipical dynion, methu peidio brolio o flaen eu ffrindiau …' meddai Lowri.

'Hei! Rhowch y gorau iddi!' meddai Ann. 'Dydi'r ffaith ein bod ni'n destun siarad drwy Swydd Clare ddim yma nac acw. Mae Meg yn Nolgellau! Ac mae Rhys Dolddu yn siŵr o'i nabod hi!'

'Ti'n iawn, Ann. Mae'n ddrwg gen i. Ond be fedran ni neud am y peth?'

'Swyn, rŵan, i'w chadw hi'n ddiogel. Dowch,' meddai Ann, gan frysio am y selar. Edrychodd Lowri a Dorti ar ei gilydd, a chodi'n fud i'w dilyn.

'Be am dŷ Siwsi?' meddai Dorti. 'Mi fyddai hwnnw'n fwy cyfforddus iddi na ryw hen garafán.'

'Byddai. Ond mae Rhys yn siŵr o fod yn cadw golwg ar fanno, tydi?' meddai Lowri. 'Na, gwell peidio sôn am fanno wrthi, a gadael i Welsh Cottages ddal ati i'w rentu fo i ni. Mi fydd hi'n fwy diogel mewn carafán. Am rŵan.'

Pan ddaeth Gwenda adref o'r ysbyty ar ei baglau, mynnodd fod Meg yn dod i'w gweld yn syth. Roedd hi'n ddynes fain ond gref yr olwg, yn ei saithdegau, ac yn amlwg yn casáu gorfod bod yn llonydd am y tro cyntaf yn ei bywyd. Eisteddai yn welw ar gadair freichiau wrth hen Rayburn yn y gegin, gyda llyfrau a chylchgronau, bocs o dabledi lladd poen a phecyn o licris olsorts ar fwrdd wrth ei hochr.

'Mae'n gas gen i ofyn i ti neud dy baned dy hun, ond dyna fo,' meddai, a'r boen yn ei llais yn amlwg. 'Mae'r tecell ar y Rayburn fel y gweli di, a'r mygiau yn y cwpwrdd ar y dde. Llaeth yn y ffrij, os ydi Wil wedi cofio prynu peth. Mae o'n casáu siopa ac eith o ddim ond i Spar, a hynny wysg ei din. Dim siwgr i mi, diolch, a dwi'n ei licio fo'n gry.'

Wrth i Meg baratoi'r ddau fŵg o de, bu Gwenda'n ei holi'n dwll am y maes carafannau. Unwaith iddi fodloni ei hun bod Meg wedi gwneud pob dim yn iawn, dechreuodd ei holi amdani ei hun.

'Felly Gwyddeles wedi dysgu Cymraeg wyt ti?'

'Ia. Dros y we, wedyn gwrando ar Radio Cymru.'

'Duw, go dda. A phaned dda hefyd. Felly be nath i ti landio fan hyn o bob man?'

'Dim ond dilyn fy nhrwyn a hoffi golwg y lle. Mae hi'n brydferth iawn yma, tydi? Dim rhyfedd bod pobl isio dod yma ar wyliau.'

'Ia, tasen nhw'n mynd adre wedyn mi fysa hynny'n fendith, ond mae cymaint ohonyn nhw'n gwirioni ac yn penderfynu symud yma i fyw. Dwi'm yn nabod neb yn y dre 'cw wedi mynd. Tasen nhw'n dysgu Cymraeg fel ti, faswn i ddim yn cwyno, ond tydyn nhw ddim, nacdyn? Neu maen nhw'n rhoi'r gorau i drio ar ôl pythefnos. Ac yn galw Dolgellau yn 'Dol'! Wedyn mae'r Cymry ifanc lleol yn eu copïo nhw … meddwl bod o'n swnio'n fwy 'cool' am wn i. Glywaist ti ffasiwn beth yn dy fyw? Paid ti â gadael i mi dy glywed di'n deud 'Dol', 'ngeneth i!'

'Wnewch chi ddim, addo!' gwenodd Meg.

Bu'r ddwy yn trafod telerau yn ddigon didrafferth am sbel, a gofynnodd Meg a fyddai'n iawn iddi gael wythnos i ffwrdd pan fyddai pethau wedi tawelu ar ôl gwyliau'r Pasg.

'Bydd, siŵr. Geith Wil bicio yno bob nos a bore, rhag ofn bod 'na ryw gampafan wedi sleifio mewn yn meddwl gawn nhw getawê efo hi, ac mae o'n gallu sgwrio toilets yn iawn pan fydd raid. O, gyda llaw, mi fyddan ni'n gwerthu bagiau coed, a dyma i ti rif Iwan sy'n eu torri a'u bagio i ni. Dwi'n eitha siŵr bod angen stoc newydd erbyn hyn.'

Cymerodd Meg y rhif gan addo ei ffonio drannoeth. Yna gofynnodd a fyddai'n iawn iddi dod â'i chi yn ôl efo hi o Iwerddon. Dangosodd ei lun iddi ar ei ffôn, a'i sicrhau y byddai'n ddiogel o gwmpas y defaid, ac y byddai'n ei gadw ar dennyn ar y maes carafannau a rhoi ei faw yn y bin pwrpasol.

'Mae o'n un mawr, tydi!' meddai Gwenda. 'Handi os fydd angen i ti gadw trefn ar rywun sy'n cambihafio. Mae pawb reit dda fel arfer, ond mae gormod o gwrw yn gallu troi'r bobl neisia yn hen ddiawlied. Ydi o'n un am goethi?'

'Dim ond os fydd 'na bobl ddrwg o gwmpas y lle,' meddai Meg. Gwenodd Gwenda a'i sicrhau y byddai croeso i'r ci.

Diolchodd Meg iddi, yna codi'r ddau fŵg gwag a mynd â nhw at y sinc, oedd yn llawn llestri budron.

'Dwi'm yn disgwyl i ti olchi llestri i mi, siŵr!' protestiodd Gwenda. 'Mae Wil yn gallu gneud yn iawn.'

'Dau funud fydda i,' meddai Meg. 'Ac mae o'n brysur efo'r wyna, tydi? Mi fydd o wedi blino, siŵr gen i.'

'Ti'n un penderfynol, dwyt?' gwenodd Gwenda. 'Ti'n siŵr o neud gwell joban ohoni na Wil erbyn meddwl. Dydi o byth yn rinsio nhw'n iawn a mae 'na wastad stremps melynwy'n dal ar y ffyrc.'

Gwyliodd Gwenda y ferch ifanc yn sgwrio a rinsio'n gyflym ond yn drwyadl, ac yna'n sychu'r wyrctop i gyd gyda chadach. Merch ifanc oedd yn gweld gwaith, am unwaith. Roedden nhw'n brin. Byddai'n rhaid iddi edrych ar ôl hon. Roedd hi eisoes wedi cael gair efo rhai o berchnogion y statics dros y ffôn ac roedden nhw i gyd yn ei chanmol hi. Efallai ei bod hi'n ifanc, ond roedd 'na hen ben ar yr ysgwyddau 'na.

Yn y cyfamser, roedd Meg yn gwenu iddi ei hun wrth sychu a chadw'r llestri. Roedd hi wedi cymryd at Gwenda'n syth. Yna trodd yn sydyn gan ofyn ers pryd roedd teulu Gwenda yn byw yn Nolrhedyn.

'Teulu Wil, nid fi, a dwi'm yn siŵr, sti. Cenedlaethau, mae hynny'n sicr. Ond dwi'm yn siŵr be fydd hanes y lle wedi i ni'n dau fynd. Mae gynnon ni ferch, Alwena, ond mae hi'n byw yng Nghaerdydd ers blynyddoedd a dwi'm yn ei gweld hi na'r plant yn dod yn ôl i fan hyn, rhywsut. Gwerthu neith hi, mae'n debyg, a rhyw deulu o Loegr fydd yma wedyn, decini. Dyna hanes cymaint o hen dai y cylch 'ma bellach.'

'Ond mi allai teulu lleol fod isio fo?'

'Isio fo, ia, ond gallu fforddio ei brynu o? Ddowt gen i. Mae gan bobl o ffwrdd gymaint mwy o bres, yn does? Gwaith a chyflog da ddenodd Alwena i Gaerdydd; roedd hi wedi deud y byddai hi'n dod yn ôl, ond unwaith ti wedi bwrw gwreiddiau a magu plant i lawr fanna, mae'n anodd symud. Yn enwedig gan fod 'na fwy o Gymraeg i'w glywed yng

Nghaerdydd nag yn fan hyn, bellach. Mae hi'n aelod o gôr yno a bob dim. Alto da.'

Sylwodd Meg ei bod hi wedi mynd yn hynod welw wrth siarad.

'Dach chi'n iawn, Gwenda?'

'O, jest wedi blino. Dwi'm wedi cael noson iawn o gwsg ers i mi falu'r blwmin glun 'ma. Gorfod trio cysgu ar fy nghefn a finna wedi arfer cysgu ar fy ochr ers dros saith deg mlynedd … ond waeth i mi heb â chwyno. Fy mai i oedd o yn dringo i fyny'r ysgol 'na yn y lle cynta.'

Gwnaeth Meg yn siŵr ei bod yn gyfforddus, ac erbyn iddi gychwyn am y drws, roedd llygaid Gwenda wedi cau.

Wedi picio i mewn i doiledau'r gwersyll i wneud yn siŵr bod pob man yn daclus, aeth Meg yn ei blaen i'r dref. Roedd arni angen signal Wi-Fi i yrru lluniau at ei modrybedd, Siobhan a Pascal. Roedd y llyfrgell wedi cau, ac roedd Leah wrthi'n troi'r arwydd 'Agored' ar ddrws y caffi pan barciodd o'i flaen. Ond pan welodd hi wyneb siomedig Meg, gwenodd, ac arwyddo arni i ddod i mewn.

'Isio paned wyt ti?' gofynnodd wrth i Meg ddringo allan o'r car.

'Wel, y Wi-Fi yn fwy na dim a bod yn onest, ond os wyt ti isio cau, mi fedra i fynd i far y Llong …'

'Dim problem, siŵr. Mae gen i waith clirio a golchi i'w neud beth bynnag, ac mi wna i baned i ni wedyn. Stedda.'

Gyrrodd Meg ei negeseuon a'i lluniau o'r maes carafannau a'i chartref newydd yn ddidrafferth, yna brysiodd i'r cefn i gynnig helpu Leah. Ond roedd y llwyth olaf eisoes yn canu grwndi yn y peiriant golchi llestri, pob man yn sgleinio a'r tecell yn berwi.

'Felly gest ti'r job,' meddai Leah wrth estyn stôl uchel iddi. 'Llongyfarchiadau – neu wyt ti'n difaru'n barod? Faswn i'm yn meddwl bod Gwenda Dolrhedyn yn un hawdd gweithio efo hi.'

'Na, wrth fy modd, a dwi'n glyd iawn yn y static. Mae'r drefn yn eitha hen ffasiwn yna, dwi ddim yn deud, ac mi fyddai bywyd dipyn haws i mi a'r gwersyllwyr tase gynnon ni Wi-Fi yno. Mi fyddai gwefan yn handi hefyd. Bwcio dros y we mae pawb y dyddiau yma, ynde?'

'Mi gei di drafferth perswadio Gwenda i dalu am wefan ...' meddai Leah, gan basio mŵg o de iddi. 'Mae hi'n ddiarhebol o dynn.'

'Ond mae hi'n dipyn o ddynes fusnes,' meddai Meg. 'Ella wna i ddod â hi yma am baned ryw ben, efo fy laptop, a dangos iddi sut mae gwefannau pobl eraill yn gweithio.'

'Ia, pam lai? A dwi'n nabod hogyn lleol sy'n wych am neud gwefannau. Fo nath un i ni. Mae o'n chydig o *geek*, ond dyna fo; roedd o'n gyflym a rhesymol iawn.'

Diolchodd Meg iddi gan sipian ei the, a phenderfynu peidio â dweud ei bod hi'n gallu gwneud gwefan yn iawn heb gymorth unrhyw *geek*.

'Rhy fuan i ti gael bywyd cymdeithasol yma, mae'n debyg, yndi?'

'Dwi ddim yn siŵr lle i ddechrau a deud y gwir.'

'Mae 'na ddwy ffordd dda o setlo mewn ardal newydd,' meddai Leah. 'Un ydi cael babi ...'

'Ha! Dim diolch!' gwenodd Meg.

'A'r llall ydi ymuno efo tîm chwaraeon o ryw fath. Wyt ti'n un am chwaraeon? Ti'n edrych reit ffit.'

Chwarddodd Meg a sôn wrthi am y *camogie* a'r jiwdo a'r nofio. Ysgydwodd Leah ei phen ac egluro y byddai'n rhaid iddi deithio i Fachynlleth neu'r Bala i chwilio am bwll nofio, a doedd dim clwb jiwdo yn agos iawn chwaith.

'Ond mae'r *camogie* 'ma'n swnio'n ddifyr. Mae 'na dimau hoci yn Nhywyn a Phorthmadog, ond pêl-rwyd ydi'r gêm draddodiadol fan hyn ... ond criced ydi'r boi rŵan. Dan ni'n ymarfer dan do ers mis Chwefror ac mi fyddan ni'n dechrau tu allan ganol Ebrill 'ma – ac yn dechrau chwarae yn erbyn timau eraill. Mae 'na ymarfer nos fory os ti ffansi dod i roi cynnig arni.'

'Does gen i mo'r syniad lleia sut i'w chwarae hi, dwi rioed wedi gwylio'r gêm yn fy myw!'

'Na finna, nes iddyn nhw ddechra tîm merched yma. 'Ty'd, fydd o'n hwyl. O, a sgen ti feic?'

'Oes, adre yn Iwerddon.'

'Da i ddim yn fanno, nacdi! Wel, dwi am fynd i Goed y Brenin rŵan, am ryw awren cyn swper, ar un o'r llwybrau hawdd. Gei di fenthyg fy hen feic i os lici di. Dydi'r *suspension* ddim yn wych arno fo ond mae'n iawn ar gyfer y llwybr sy gen i mewn golwg. Gei di fenthyg hen drowsus gen i hefyd, sbario i ti faeddu'r jîns 'na.'

Syllodd Meg yn hurt arni. Roedd Leah yn ei hatgoffa o Pascal a'i barodrwydd i jest gollwng pob dim ar amrantiad, a disgwyl i bawb arall wneud yr un fath. Ond doedd hi ddim wedi beicio mynydd ers bod yn Seland Newydd gyda Pascal, ac roedd y syniad yn sicr yn apelio; y gwynt yn ei hwyneb, a'r wefr o saethu dros greigiau ac o fedru bod yn feistr ar feic. A doedd mo'i hangen yn y gwersyll am sbel; roedd hi wedi gosod arwyddion 'reserved' gydag enwau pawb oedd wedi bwcio lle, ac ar gyfer pawb arall roedd 'na arwydd yn y ffenest yn deud 'Just pitch up, see you later'.

'Iawn,' meddai, 'pam lai!'

Roedd Meg wedi gosod y beiciau ar y rac ar gefn car Leah wrth i honno frysio i'r tŷ i nôl dillad addas iddi. Ond gallai weld Wendy yn y ffenest yn ei gwylio. Cododd law arni wrth i Leah saethu'n ôl allan, a chafodd ryw lun o wên yn ôl.

Awr yn ddiweddarach roedd y ddwy'n gyrru'n ôl am y dre, yn fwd a chwys drostyn nhw, ac wedi mwynhau'n arw.

'Hen beth slei, ddim yn deud dy fod ti'n giamstar!' chwarddodd Leah. 'Ond ti'n un o'r bobl 'ma sy'n dda am bob dim, mae'n siŵr, dwyt?'

'Faswn i ddim yn deud hynny.'

'Ti'n gallu canu piano?'

'Yndw.'

'Unrhyw offeryn arall?'

'Gitâr.'

'Wnest ti gynrychioli dy ysgol neu dy sir mewn chwaraeon?'

'Do.'

'Wnest ti basio dy Maths a dy Saesneg?'

'Do.'

'"A" yn y ddau, mwn?'

'Ia, rhywbeth fel'na.'

'Wel, 'nes i fethu Maths a chael "C" yn Saesneg! Dwi ddim yn gerddorol o gwbl a ches i rioed fy newis i dîm yr ysgol am unrhyw beth. Ro'n i'n casáu genod fatha ti yn yr ysgol!'

'O. Sori …'

'Paid â'i gymryd o'n bersonol. *Late developer* o'n i. Dwi'n fwy ffit rŵan na fues i rioed.'

'Roeddet ti fel wiwer yn mynd i fyny'r rhiw ola 'na, yn bendant.'

'Dwi wedi gwella ers y tro cynta, reit siŵr. Ro'n i'n meddwl 'mod i'n mynd i gael harten. Ond ti'n amlwg yn hynod o ffit; mi fyddi di'n dda am chwarae criced, dwi'n gwbod.'

'Gawn ni weld …' meddai Meg, wrth iddyn nhw arafu ar gyfer cylchfan Llanelltyd. Yna, roedd ei chroen yn pigo mwya sydyn, a'i stumog yn corddi. Am eiliad, cafodd deimlad eu bod ar fin cael damwain, a chydiodd ym mraich Leah.

'Watsia!' meddai, a tharodd Leah y brêcs yn awtomatig, gan orfodi'r BMW y tu ôl iddyn nhw i frêcio'n llawer cynt nag oedd o wedi'i ddisgwyl. Gan eu bod i gyd yn gyrru'n araf iawn erbyn hynny, tharodd neb i mewn i neb ond roedd gyrrwr y BMW yn rhegi y tu ôl iddyn nhw.

'Be? Be welaist ti?' gofynnodd Leah, oedd hefyd isio rhegi.

Atebodd Meg mohoni, dim ond gwylio pic-yp du, blêr yn pasio o'u blaenau ar y gylchfan, a theimlo ei gwaed yn fferru. Roedd hi wedi nabod y dyn wrth y llyw: Rhys Dolddu. Ond welodd o mohoni hi.

PENNOD 21

Roedd Iwan wedi dweud dros y ffôn y byddai'n dod â stoc o fagiau coed tân heibio'r gwersyll rhwng naw a deg y bore, ond roedd hi bellach yn tynnu am hanner awr wedi deg a doedd dim golwg ohono. Doedd dim pwynt glanhau'r toiledau nes roedd pawb wedi gorffen cael eu cawodydd, felly aeth Meg i gael trefn ar y biniau a thynnu bagiau o fwyd a baw ci o'r bin ailgylchu – eto. Doedd rhai pobl un ai ddim yn gallu darllen neu roedden nhw'n anwybyddu'r arwydd 'RECYCLING ONLY!' Roedd yr arwyddion i gyd yn ddwyieithog wrth gwrs, gan mai rhai Cyngor Gwynedd oedden nhw. Ai defnyddio hynny fel esgus oedd y rhai diog?

O'r diwedd, cyrhaeddodd fan wen gyda dyn ifanc gwallt golau wrth y llyw a bagio fel ei fod wrth ymyl y sied goed.

'Iwan?' meddai Meg, wrth iddo ddringo allan o'r fan, gan sylweddoli'n syth bod y cwestiwn braidd yn ddiangen. Nodiodd yntau. Roedd o'n dal a heglog a ddim yn ddiolwg o bell ffordd. Gwenodd yn swil arni.

'Sori 'mod i'n hwyr. Roedd 'na ryw ffyliaid wedi gadael giât ar agor a'r defaid wedi mynd ar hyd y ffordd. Criw o'r pethau Duke of Edinburgh 'na.'

Cochodd Meg. Roedd criw o'r rheiny newydd aros dros nos yn y gwersyll a gadael yn gynnar y bore hwnnw.

'Roedd 'na rai yma neithiwr …' meddai. 'Sori.'

'Ddim dy fai di ydi o eu bod nhw'm yn gwybod sut i gau giât ar eu holau,' meddai Iwan. 'Ta waeth, ydi'r sied ar agor?'

Brysiodd Meg i nôl y goriad ac yna cynnig ei helpu i lwytho'r coed. Edrychodd arni, yn amlwg yn astudio ei chorff i weld a oedd ganddi'r nerth i fod o unrhyw werth.

'Wyt ti isio help neu beidio?' gofynnodd Meg.

Gwenodd Iwan, a nodio gan gydio mewn dau fag o gefn

ei fan a mynd â nhw i'r sied. Cydiodd Meg mewn un bag, a'i ddilyn, gan sylweddoli'n syth nad oedd trefn felly'n mynd i weithio oherwydd diffyg lle yng nghefn y sied. Roedden nhw'n agos iawn at ei gilydd a gallai arogli ei groen. Gollyngodd y bag wrth ei draed a nôl un arall, a dechrau system lle roedd hi'n pasio un bag ar ôl y llall iddo o'r fan ac yntau'n eu stacio'n daclus a chwbl ddidrafferth. Roedden nhw wedi llenwi'r sied o fewn dim.

Clodd Meg y sied a throi ato.

'Mae'r pres gan Gwenda yn y tŷ.'

'Iawn. Sut mae hi?'

'Rhyfeddol.'

'Ac mi fyddi di yma dros y Pasg, byddi?'

'A thros yr ha'.'

Edrychodd arni gyda diddordeb.

'Wyt ti'n byw efo nhw yn y tŷ, felly?'

'Na, yn un o'r statics.'

'Braf iawn … Oes 'na decell yno?'

'Oes.'

Saib.

'Trio deud y bysa panad yn dda o'n i. Ond os wyt ti'n rhy brysur …'

Oedodd Meg, gan droelli goriad y sied am ei bys. Roedd hi'n hoffi ei wên, a'i wyneb. A'i arogl o ran hynny. Cytunodd i wneud paned iddo fo – ond yn y dderbynfa, nid yn y garafán.

Roedd o'n sgwrsiwr heb ei ail, a dysgodd Meg mai un o Ddyffryn Conwy oedd o'n wreiddiol, ond bod ei dad wedi marw pan oedd o'n saith oed. Roedd Helen, ei fam, wedi cyfarfod hen fflêm yn Sioe Llanelwedd ddwy flynedd wedi hynny, cynnau tân ar hen aelwyd a'i briodi a dod ag Iwan a'i frawd i Feirionnydd.

'Ond dan ni'n dal i ddeud llefrith yn lle llaeth!' gwenodd. 'A rŵan dwi'n ffarmio chydig efo'r hen ddyn, ffensio, torri coed a gwerthu coed tân. Dwi'm yn gneud fy ffortiwn, ond digon i ddilyn tîm pêl-droed Cymru o gwmpas y lle, i Albania,

Croatia, Moldofa ac ati. O, a'r Ewros yn Ffrainc yn 2016 wrth gwrs; rargol, dyna i ti be oedd trip bythgofiadwy! Ond drud. Ro'n i'n hollol sgint pan ddois i adra, ac roedd yr hen ddyn yn flin fel tincar, hyd yn oed yn fwy blin nag arfer, ond roedd o'n werth bob ceiniog a llond pen! Wyt ti'n ffan pêl-droed?'

Ysgydwodd Meg ei phen, gan egluro mai cefnogi Iwerddon fyddai hi beth bynnag.

'Gwyddeles wyt ti? Blydi hel, mae dy Gymraeg di'n dda. Wps – sori am regi.' Gwenodd Meg arno, a chynnig mwy o de iddo. Holodd yntau am ei magwraeth yn Iwerddon, am ei theithiau, pob dim. Roedd ei frwdfrydedd a'i ddiddordeb ynddi hi a'r byd yn atyniadol iawn. Ac roedd hi'n hoffi ei ddwylo: dwylo mawr, cryf, gyda bysedd hirion ac ewinedd rhyfeddol o lân a thaclus. Roedd ei lygaid gleision yn braf i edrych ynddyn nhw hefyd. Felly pan ofynnodd a hoffai hi fynd am bryd o fwyd gydag o ryw noson, cytunodd. Doedd hi a Pascal ddim wedi addo bod yn ffyddlon i'w gilydd wedi'r cwbl.

Pan yrrodd Iwan i ffwrdd yn y fan wag, gallai Meg deimlo ieir bach yr haf yn dawnsio'n braf yn ei stumog. Roedd hi'n edrych ymlaen yn arw at ddod i nabod Iwan yn well. Efallai y byddai'n gadael iddo gael paned yn y static y tro nesaf, a bisgeden…Yna sylwodd fod cigfran yn clwydo ar do'r sied goed ac yn edrych arni. Gwenodd arni, ond roedd y ffôn yn canu, felly roedd yn rhaid iddi droi'n ôl am y dderbynfa.

Cwsmer o Fanceinion oedd yno, yn cwyno ei fod wedi bod yn gwglo Dolrhedyn ond bod dim byd yn ymddangos yno, heblaw ambell adolygiad ar TripAdvisor.

'It would be so much easier if you had a website,' meddai, ac roedd yn rhaid i Meg gytuno. Penderfynodd godi'r pwnc gyda Gwenda pan aeth i fyny at y ffermdy gyda'r sieciau a'r arian parod diweddaraf.

'Dan ni'n gneud yn iawn heb ryw lol fel'na,' oedd ymateb Gwenda yn syth. 'A faint fysa raid i mi wario, y? Mi faswn i angen cyfrifiadur, nid bod gen i syniad mwnci sut i weithio un o'r rheiny. Ac mi fysa angen talu rhywun i neud un o'r pethau gwyfyn 'ma, mwn.'

'Gwefan,' gwenodd Meg, gan egluro y gallai hi wneud un syml. Roedd hi wedi cael gwersi yn yr ysgol. Byddai, mi fyddai'n rhaid buddsoddi dipyn, 'Ond dwi'n siŵr y bydd o werth o. Fel'na mae pobl yn dod o hyd i bob dim y dyddiau yma, a thalu hefyd.'

'Talu…?' meddai Gwenda, gyda sglein newydd o ddiddordeb yn ei llygaid.

Wedi cael trip sydyn i'r caffi a gweld sut roedd y we yn gweithio i wersylloedd eraill, roedd Gwenda'n dangos llawer mwy o ddiddordeb. Pan gafodd Meg hanes laptop ail-law yn rhesymol iawn, roedd hi'n dechrau cynhyrfu'n dawel bach. Ond pan glywodd faint fyddai'n ei gostio i gysylltu'r tŷ a'r gwersyll â'r we,

'Na. Dwi angen mwy o amser i feddwl.' Ond cytunodd i adael i Meg greu tudalen Facebook ar gyfer y gwersyll.

Drannoeth, wedi iddi fod yn brysur yn tynnu lluniau gyda'i ffôn, ffoniodd Meg y tŷ i ddweud bod tudalen Dolrhedyn eisoes wedi cael dau ddeg saith 'like' a dwy neges yn holi am le i wersylla fis Awst. Gofynnodd Gwenda iddi ddod i'r tŷ i ddangos y dudalen iddi ar ei laptop, a phwdu wedyn o ddeall na fyddai'n gallu gweld y cyfan heb gysylltiad â'r we.

'Aros eiliad, am faint oedd rheina isio aros?' gofynnodd. 'Un isio tridiau a'r llall isio wythnos? Teulu o chwech a dau gwpwl efo ci? Wel, mae hynna'n talu am y laptop a mwy, tydi … gad i mi feddwl am y peth heno – a thrafod efo Wil.'

Y bore wedyn, cafodd Meg dair neges arall yn holi am le i wersylla, a gorchymyn gan Gwenda i brynu'r laptop ail-law, creu gwefan a threfnu bod y tŷ a'r gwersyll yn cael cysylltiad â'r we.

'A gan eu bod nhw wedi cau'r banc yn dre, waeth i ti ddangos i mi sut mae bancio ar-lein yn gweithio hefyd.'

Daeth yr haul i wenu ar Feirionnydd dros y Pasg, a diolch i hwnnw a'r wefan syml ond bywiog, llifodd yr ymwelwyr i wersyll Dolrhedyn. Gwenodd Gwenda wrth weld yr arian yn cynyddu ar ei sgrin, a rhoddodd fonws bychan i Meg:

'I ti gael prynu eis-crîm ar ôl dy ymarfer criced di heno. A dwi'n dallt bod Iwan a titha'n codi allan dipyn yn ddiweddar …?'

Cochodd Meg fymryn, a nodio'i phen. Roedd y pryd o fwyd wedi mynd yn dda, ac wedi arwain at sawl 'dêt' arall rhwng yr ymarferion criced a'i chyfnodau ar ddyletswydd yn Nolrhedyn. Byddai Iwan yn dod i'w nôl hi wedi iddi gloi drws y dderbynfa am wyth, ac yna'n cerdded o amgylch y gwersyll gyda hi pan fyddai'n dod â hi adref cyn hanner nos. Roedd hi'n braf cael ei gwmni wrth ofyn i ambell griw swnllyd gofio nad nhw oedd yr unig rai oedd yn gwersylla, a bod sŵn yn cario, a bod yno deuluoedd gyda phlant ifanc oedd angen cysgu. Ond ar y cyfan, roedd pawb yn ymddwyn yn dda iawn. Tueddai'r criwiau gwirioneddol swnllyd i fynd i'r gwersylloedd ar yr arfordir beth bynnag, yn ôl Gwenda.

Roedd hi wedi cynnig paned iddo yn y static ar ôl y noson gyntaf, ac yntau wedi derbyn gan wasgu ei llaw. Ond wnaethon nhw ddim llwyddo i wneud fawr mwy na chymryd sip neu ddau cyn i'w gwefusau benderfynu eu bod isio blas mwy corfforol. Roedd o'n un da am gusanu, yn dechrau'n ysgafn, chwareus, ac yn stopio bob hyn a hyn i edrych yn ei llygaid hi a cheisio ei 'darllen' hi. Mae'n rhaid bod y neges yn glir fel cloch gan ei fod yn gwybod yn union beth roedd hi ei angen wedyn. Doedd hi ddim wedi bwriadu iddyn nhw gael rhyw ar y cyfle cyntaf fel hyn, ond roedd ei chorff wedi rheoli ei phen yn llwyr, a hi oedd wedi dechrau ei ddadwisgo fo, a hi oedd wedi dinoethi ei hun, a hynny'n rhyfeddol o gyflym am ei bod hi ar dân isio teimlo ei groen ar ei chroen hi, a theimlo ei wefusau ar ei bronnau hi, a'i deimlo fo y tu mewn iddi. Ac roedd ganddo gondom yn handi yn ei boced … Roedd ei hangerdd a'i hangen wedi ei synnu hi, heb sôn amdano fo, a phan ddisgynnodd y ddau yn ôl i orwedd yn boeth a chwyslyd, ochr yn ochr, ar lawr y garafán hanner awr yn ddiweddarach, dechreuodd y ddau chwerthin.

'Roeddet ti angen hynna, doeddet?' meddai Iwan.

'Mae'n debyg 'mod i …' gwenodd Meg. Doedd hi ddim wedi teimlo'r angen am ryw o gwbl ers gadael Pascal yn Ffrainc. Efallai ei bod hi wedi bod yn rhy brysur a blinedig i feddwl am ei hanghenion corfforol, neu roedd ei modrybedd wedi rhoi swyn arall arni ers clywed ei bod yn Nolgellau, ond roedd Iwan wedi deffro rhywbeth ynddi, yn bendant. Roedd hi wedi llithro ar ei ben o eto cyn iddo gael dianc, ac yntau wedi bod yn fwy na pharod i gydweithio.

Ers hynny, byddai'r ddau yn bachu pob cyfle i gael 'paned' yn y garafán, a thrigolion y statics eraill yn codi eu haeliau ar ei gilydd o weld y llenni'n cael eu cau – eto – ganol pnawn, wedi i lwyth arall o goed tân diangen gyrraedd.

Byddai'r ddau'n crwydro'r gwersyll law yn llaw bellach, a chyplau wedi ymddeol yn syllu'n hiraethus arnyn nhw'n gwenu a chwerthin gyda'i gilydd. Byddai'r gigfran yn syllu arnyn nhw hefyd o ganghennau'r coed ffawydd, gan eu hastudio'n ofalus. Un prynhawn, dilynodd fan wen Iwan yn ôl i'w gartref, a chrawcian yn ddolefus nes denu cigfrain eraill ati.

Ann oedd y cyntaf yn y castell yn Swydd Clare i godi i weld pam roedd Brân yn cyfarth mor ofnadwy.

'Bobol bach, be sy'n bod arnat ti, Brân?' meddai'n gysglyd o'i weld yn pawennu drws y gegin. Agorodd y drws iddo a'i wylio'n rhuthro i ben draw'r ardd, lle roedd cryn ddwsin o gigfrain yn clwydo ac yn syllu i gyfeiriad y castell. Teimlodd ei gwaed yn oeri.

Pennod 22

'Sbia – Dolddu!' meddai Dorti wrth i'r tair rythu ar y llun yn y mwg. 'Mae'r bastad yn byw yn Nolddu!'

''Di o rioed yn fab i Rhys?' meddai Ann, gan deimlo'i bod hi isio cyfogi.

'Dim posib – hen lanc oedd Rhys, yn byw ar ei ben ei hun,' meddai Lowri.

'Dim rhyfedd. Pa ddynes yn ei iawn bwyll fysa isio bod efo sglyfath fel fo?' chwyrnodd Dorti.

Edrychodd Ann a Lowri arni, a chofiodd Dorti'n sydyn am y dynfa amlwg a fu rhwng Rhys a Siwsi.

'Mae o tua'r un oed â Meg, tydi?' meddai Lowri. 'Ydi'n bosib ei fod o'n iau?'

'Bosib, ond mae o'n edrych flwyddyn neu ddwy yn hŷn i mi,' meddai Ann. 'Yn ei ugeiniau cynnar o leia. A sbia ar y llun 'ma yrrodd hi ddoe, dydi o'm byd tebyg i Rhys. Gwallt melyn sy gynno fo.'

'Dydi hynny'n golygu dim,' meddai Lowri. 'Aros funud. Mi ddeudodd Meg bod ei dad o wedi marw pan oedd o'n ifanc, yn do, ac mai ailbriodi wnaeth ei fam o …'

'Felly mae'n rhaid mai ei lystad o ydi Rhys! Diolch i'r nefoedd!' meddai Ann. 'Es i'n chwys oer drosta i rŵan, yn dychmygu trio deud wrth Meg ei bod hi … wel, ei bod hi wedi bod yn mocha efo'i – efo'i hanner brawd …'

'Ann, allwn ni'm bod yn siŵr mai ei lystad o ydi Rhys,' meddai Lowri'n araf. 'Mi allai Iwan fod wedi bod yn palu celwyddau wrth Meg o'r dechrau un.'

Rhewodd y tair.

'Pwy neu be bynnag ydi'r hogyn, mae o'n byw yn Nolddu, ac mae'n rhaid i ni rybuddio Meg RŴAN!' meddai Dorti.

'Dwi'm yn siŵr pa mor effeithiol fydd y swyn roion ni arni os fydd hi ar dir Dolddu. Lle mae'r blydi ffôn 'na?'

Canodd y ffôn deirgwaith cyn mynd i'r peiriant ateb, a'r cwbl allai Dorti ei wneud oedd gadael neges hir, gyflym, ac yna, ar siars y ddwy arall, un arall, fwy pwyllog a dealladwy.

'Os na fydd hi'n ffonio'n ôl o fewn ... be ddeudwn ni? Hanner awr? Mi fydd raid i ni neud swyn i gysylltu efo hi,' meddai Lowri. 'Dwi'n siŵr bod 'na swyn fel'na yn y llyfr yn rhywle,' ychwanegodd gan anelu am y selar.

'Gwna fo'n ugain munud, rhag ofn,' galwodd Ann.

'Lle ddiawl mae hi'r adeg yma o'r bore?' meddai Dorti'n wyllt gan ymbalfalu yn ei phoced am sigarét.

Roedd Meg yn gorweddian yng ngwely Iwan, yn dioddef o fymryn o gur pen, ond yn gwenu iddi ei hun wrth ei wylio'n cerdded yn noeth at y ffenest i agor fymryn ar y llenni. Roedd hi wrth ei bodd gyda siâp ei gorff, y 'V' amlwg o'i ysgwyddau llydan i lawr at esgyrn ei gluniau, a'r ffaith fod cyhyrau ac esgyrn ei gefn mor amlwg, heb sôn am y pantiau dwfn ar waelod ei gefn, jest uwchben ei ben ôl. Roedd hwnnw'n berffaith hefyd. Roedd ganddo farciau od ar ei goesau, fel ar flaen ei ysgwydd dde, canlyniad damwain pan oedd yn blentyn, mae'n debyg, ond doedden nhw'n tynnu dim oddi ar ei brydferthwch o.

Roedd ei lofft braidd yn fychan a thywyll, ond o'r hyn welodd hi neithiwr, tŷ felly oedd cartref Iwan. Roedd gormod o goed a chreigiau o'i amgylch i ganiatáu llawer o olau dydd drwy'r ffenestri bychain, hen ffasiwn, er, roedd y gegin yn amlwg wedi ei moderneiddio. Nid ei bod hi wedi cael llawer o gyfle i astudio'r stafell honno'n iawn, gan fod Iwan wedi bod ar frys i'w chael i fyny'r grisiau heb ddeffro ei rieni.

Doedd hi ddim yn siŵr pam ei fod am ei chuddio; roedd o'n ddigon hen i gael merch yn ei lofft, siawns, ond roedd y peth wedi bod yn ddigri iawn ganol nos; cripian i fyny'r hen risiau troellog yn y tywyllwch, gan stwffio ei dwrn yn ei cheg i fygu'r chwerthin, ac yna ceisio caru'n dawel, heb riddfan yn rhy uchel nac ysgwyd gormod ar yr hen wely haearn. Roedd o wedi bod yn wahanol, ac yn hyfryd, ac roedd hi'n falch ei bod wedi mynnu eu bod yn cysgu yn ei wely o am unwaith, hyd yn oed os oedd ei phen yn teimlo'n rhyfedd. Doedd hi erioed wedi cael cur pen o'r blaen yn ei byw, ond efallai mai'r fodca o Wlad Pwyl gafodd hi yn y dafarn olaf 'na gyda'r criw criced oedd yn gyfrifol. Roedd rhywbeth yn sicr wedi gwneud iddi neidio ar ben Iwan o flaen pawb pan welodd hi o gyda'r criw pêl-droed.

Edrychodd ar y waliau. Poster o dîm pêl-droed Cymru, a phoster arall o dri chwaraewr gyda'r pennawd 'Together. Stronger' a 'Gorau chwarae cydchwarae' oddi tano. Roedd hi'n eitha siŵr mai Gareth Bale oedd y dyn yn y canol, ond doedd ganddi ddim syniad pwy oedd y ddau arall; roedd un yn dywyll ei groen a'r llall yn fyrrach, gyda gwallt golau. Roedd hi'n gyfarwydd â'r poster arall o res o ddynion yn eistedd ar drawst haearn yn sgwrsio, smocio a bwyta'u cinio filltiroedd uwchben Manhattan. Roedd yr un llun yn union wedi bod yn llofft Pascal yn yr Alpau. Ond tra oedd llofft Pascal yn dangos rhywfaint o steil Ffrengig, doedd Iwan yn amlwg yn poeni dim am addurno. Roedd yr hen wardrob dywyll wedi gweld dyddiau gwell, ac roedd ei drws ar agor gan ddangos ei chynnwys: ambell grys a siaced ar hangers, ond y gweddill wedi eu stwffio i mewn driphlith draphlith. Digon tebyg oedd y jestadrôr rad â droriau heb eu cau yn iawn, a phentwr o bapurau ac anialwch ar ei phen.

'Yndw, dwi'n flêr,' meddai Iwan o'r ffenest lle roedd wedi bod yn ei gwylio'n astudio ei deyrnas. 'Sori, taswn i'n gwbod dy fod ti am ddod yma, mi faswn i wedi llnau.'

'Ti sy'n llnau felly?'

'Naci. Ond mae Mam wedi stopio trio llnau fan'ma ers pan o'n i tua pymtheg, pan ddoth hi o hyd i bethau … anffodus.'

'O? A be oedd rheiny?' gofynnodd Meg gyda gwên ddiniwed.

'O, ryw betha fel *Men Only* a *Mayfair*,' meddai Iwan gan gerdded yn ôl at y gwely. 'Dod o hyd iddyn nhw yn y beudy wnes i – perthyn i'r hen ddyn am wn i, nid 'mod i wedi gofyn iddo fo rioed. Wedyn ddois i â nhw i'r llofft, yn do.'

'Pam?'

'Wel … ti'n gwbod sut rai ydi hogia pymtheg oed …'

'I raddau. Ond ges i fagwraeth reit ddiniwed. Be ydi *Men Only*?' gofynnodd Meg gan godi ar ei heistedd fel bod y dillad gwely yn llithro at ei chanol. Oedodd Iwan, yna gofyn mewn llais ychydig yn gryg:

'Wyt ti'n tynnu arna i, Miss Siôn?'

'Nacdw, syr, ddim o gwbl. Dwedwch fwy wrtha i am y pethau anffodus rheiny oedd, neu sydd, i ddynion yn unig … mae gen i ddiddordeb mewn cael fy addysgu.'

'Oes wir?' meddai Iwan yn isel gan fethu peidio â chuddio'r wên yn ei lais. 'Os ydach chi wir o ddifri, dwi'n siŵr 'mod i wedi cadw un neu ddau ar ben y wardrob …'

'Ers pan oeddech chi'n bymtheg?'

'Digon agos.'

'Estynnwch am dop y wardrob felly …'

Doedd Meg erioed wedi gweld dim byd tebyg. Llun o ferch yn dangos ei phen ôl mawr ond siapus ar y clawr gyda'r pennawd 'Happy New Rear', a phenawdau yr un mor gawslyd y tu mewn ond gyda lluniau llawer mwy cignoeth; merched yn dangos pob dim, o bob ongl, a mwy nag oedd hi wedi ei ddisgwyl; merched oedd yn amlwg yn hurt o ifanc o dan yr holl golur tew; merched oedd yn amlwg ddim ond yn gwneud hyn oherwydd eu bod angen y pres – roedd eu tlodi'n sgrechian oddi ar y dudalen er gwaethaf y dillad isaf newydd sbon.

Roedd hi wedi disgwyl gweld lluniau rhywiol, lluniau fyddai'n ei throi hi 'mlaen, fel y rhai roedd Dorti wedi eu dangos yn slei bach iddi, ond doedd y rhain yn gwneud dim byd iddi, dim ond gwneud iddi deimlo'n sâl, fel yn y bar hwnnw yn Bangkok. A phan welodd hi Rhys Dolddu yn treisio ei mam.

Roedd y cur pen wedi gwaethygu. Cododd ei llygaid i edrych ar Iwan.

'Ym …' Gallai Iwan weld yn syth bod y fflyrtian gwirion wedi dod i ben. 'Sori.'

Doedd Meg ddim yn gwybod beth i'w ddweud. Ffliciodd drwy gylchgrawn arall, ond roedden nhw i gyd yr un fath, y lluniau a'r 'straeon' yn trin merched fel 'pethau', yn rhoi'r neges mai fel hyn roedd merched i fod i edrych ac i fod i ymddwyn, a'u bod yn mwynhau cael eu trin fel yna. Gwingodd wrth ddarllen am ferch yn honni ei bod wrth ei bodd pan fyddai dyn – unrhyw ddyn – yn dod dros ei hwyneb hi. Nid merch oedd yr awdur felly, meddyliodd.

'Felly does 'na ddim lluniau o ddynion noeth yma,' meddai. 'Braidd yn unochrog, tydyn?'

'Ond i ddynion maen nhw. *Men Only*?'

'A finna wastad wedi meddwl bod angen dau i gael rhyw.'

'Mae 'na ddwy ddynes yn fanna, yli …'

Gwthiodd Meg y cylchgronau o'r neilltu a chodi'r dwfe dros ei bronnau.

'Ti wedi dy siomi ynof fi? Am gadw petha fel'ma?'

Ysgydwodd Meg ei phen. Ond doedd hi ddim yn gallu edrych yn ei lygaid. Gwyddai nad oedd dynion i gyd yr un fath, fwy nag oedd merched, ond roedd hi wedi gobeithio bod Iwan yn wahanol i'r math o ddynion fyddai'n prynu cylchgronau fel y rhain, dynion oedd angen edrych ar luniau fel hyn er mwyn teimlo fel dyn.

'Ti'n meddwl mai hen byrfyn ydw i rŵan, dwyt?' meddai Iwan yn chwithig. 'Ond tydw i ddim, wir i ti. Dwi'm wedi sbio arnyn nhw ers blynyddoedd!' Cydiodd yn y cylchgronau a'u taflu i fin sbwriel oedd eisoes yn llawn.

'Sgen ti'm bin ailgylchu?' meddai Meg, heb ddisgwyl ateb, a chodi gan lapio'r dwfe amdani. Roedd ei phen yn sgrechian.

'Mam fydd yn gneud hynny,' meddai Iwan, 'ddim bod 'na bwynt.'

'Be ti'n feddwl? Wrth gwrs bod 'na bwynt.' Doedd hi ddim yn gallu gweld ei dillad isaf yn unlle.

'Nag oes. Cael ei losgi mae bob dim yn diwedd, neu ei yrru i Tsieina.'

'Naci,' meddai Meg yn bwyllog, gan ddod o hyd i'w bra o dan y gwely a'i ysgwyd yn galed i gael gwared o'r llwch a fflwff. 'Mae papur a charbod ac ati yn cael ei droi'n bapur i neud papur newydd a phapur sgwennu a phethau felly, a phlastig yn gneud poteli plastig newydd.'

'Dwyt ti rioed yn ddigon naïf i goelio hynna?' meddai Iwan.

'Yndw! Mi wnes i brosiect ar ailgylchu pan o'n i'n yr ysgol,' atebodd gan fachu ei nicer o bostyn y gwely.

'Ysgol gynradd ...' Gwisgodd Meg ei nicer cyn ateb.

'Naci, uwchradd, pan o'n i'n gneud fy Leaving Certificate. Rhywbeth tebyg i Lefel A.' Gwisgodd ei bra a throi i chwilio am ei jîns. 'Felly dwyt ti ddim yn coelio mewn ailgylchu?'

'Nacdw.' Ceisiodd Meg reoli ei thymer – a'r morthwylio yn ei phen. Roedd o'n sefyll ar ei chrys. Pwyntiodd ato. 'O, sori,' meddai Iwan gan symud ei droed, codi'r crys a'i estyn iddi. 'Ym. Wyt ti am fynd adre felly?'

'Yndw.'

'Jest oherwydd y blydi cylchgronau gwirion 'na?'

'Naci, ddim jest oherwydd hynny,' meddai gan gau y botwm olaf a thynnu ei jîns amdani. 'Mae gen i faes carafannau i ofalu amdano, cofia, a dwi angen pacio.'

'Pacio?'

'Ia, dwi'n picio'n ôl i Iwerddon fory, cofio?'

'O ia, wyt. Sori.'

Saib.

'Felly wyt ti am roi lifft i mi neu fedra i gerdded o fan hyn?' Doedd ganddi ddim syniad lle roedd cartref Iwan, heblaw eu bod wedi gyrru i fyny ffordd gul a throellog yn y tywyllwch am sbel go lew. Doedd o erioed wedi enwi'r lle, dim ond sôn am 'adra'. Tynnodd Meg ei ffôn o boced ei jîns. Dim signal.

'Braidd yn bell i gerdded. Ac mae'n bwrw glaw. Ro i lifft i ti,' meddai Iwan gan ddechrau gwisgo amdano. 'Croeso i ti gael brecwast gynta, cofia.'

Aeth Meg at y ffenest ac edrych drwy'r llenni. Buarth ffarm digon blêr, yn edrych yn flerach fyth yn y glaw, gyda thractor budr ar y chwith, fan wen Iwan wrth y beudy, Golff bach digon del yn nes at y tŷ a phic-yp du wrth ei ochr. Teimlodd nodwydd finiog yn ei thalcen.

'Be ydi enw'r tŷ 'ma?'

'Dolddu,' meddai Iwan gan gau ei falog.

Gallai Meg deimlo blaenau ei bysedd yn pigo, yna pob modfedd o'i chroen; teimlai fel petai miloedd o bryfaid yn cripian drosti, dan ei dillad. Roedd ei cheg yn sych a'i llwnc yn llawn llwch, a'i phen yn hollti. Roedd hi'n methu anadlu.

'Dolddu?' sibrydodd.

'Ia, mae'r enw'n siwtio'r lle, tydi? Gormod o blydi coed uchel yma ond neith Dad ddim gadael i mi dorri'r un ohonyn nhw, felly mae'n mynd yn dywyllach a duach yma bob blwyddyn. Dim rhyfedd bod Mam fel mae hi.'

Roedd Meg yn dal i edrych drwy'r ffenest, yn syllu ar y pic-yp du.

'Dy dad … ond ro'n i'n meddwl bod dy dad wedi marw.'

'Do, fy nhad go iawn i. Ond roedd Mam isio i ni alw Rhys yn Dad. Roedd o'n teimlo'n uffernol o od i ddechra, i ni a fo, ond dan ni wedi arfer bellach.'

Llyncodd Meg yn galed a sylweddoli bod ei dwylo yn ddyrnau.

'Rhys … ble mae o rŵan?'

Edrychodd Iwan ar ei wats.

'Am hanner awr wedi chwech? Yn ei wely, siŵr gen i.' Yr eiliad honno, clywodd y ddau sŵn dŵr yn cael ei dynnu yn y tŷ bach i lawr y cyntedd. 'Ond bosib mai fo oedd hwnna, neu Mam.' Sŵn dŵr tap a pheswch dwfn, peswch dyn.

Sylwodd Meg ar ddwy gigfran yn ymddangos o'r coed ac yn glanio ar y pic-yp du. Canolbwyntiodd ar wrando'n astud drwy'r morthwylio yn ei phen. Sŵn drws yn cau ac agor. Sŵn traed yn cychwyn i lawr y cyntedd gwichlyd, yna'n oedi'n sydyn, ac yn aros, heb symud, am hir. Gallai Meg glywed ei chalon yn curo, ac roedd hi'n berffaith siŵr ei fod o'n gallu ei chlywed hefyd.

Sŵn traed eto, yn agosáu, yna'n stopio.

'Iwan?' meddai llais bas. Gwingodd Meg wrth i fwy o nodwyddau drywanu ei thalcen. Oedodd Iwan cyn ateb.

'Ia? Be sy?' meddai gan edrych i lygaid Meg.

'Mae gen ti gwmni.'

Saib.

'Oes.' Wedi ei ddweud gan godi ei ên a sythu'n herfeiddiol. Bu tawelwch am sbel, yna, mewn llais dyfnach, oerach:

'Cer â hi adre. Rŵan.'

Gallai Meg weld fod Iwan yn ysu i ateb yn ôl, i gega. Ond roedd o'n brathu ei wefus ac yn edrych ar y nenfwd a'i lygaid ar gau.

'Iwan. Rŵan,' a dwrn trwm yn atalnod llawn ar y drws. Sŵn traed yn symud yn ôl i lawr y cyntedd a drws yn agor a chau.

Dechreuodd y ddau anadlu eto yr un pryd. Roedd dwylo Meg yn dal yn ddyrnau a'i chorff yn brifo drosto. Roedd ysgwyddau Iwan wedi sigo a'i lygaid yn llawn ymddiheuriad.

'Dyn clên,' meddai Meg. Atebodd Iwan mohoni, dim ond gwisgo ei esgidiau ac yna agor y drws iddi.

'Sori,' meddai wrth iddi gamu heibio iddo. Roedd Meg angen mynd i'r tŷ bach, ond byddai'n rhaid iddi glymu ei phledren am y tro. Oedodd am eiliad ar y landing, a throi'n ôl i edrych ar y drws pren oedd wedi ei beintio'n wyn yn wael a sydyn gan rywun di-glem. Roedd o yn fanna, yn gwybod ei bod hi yma. Ei thad. Ei gelyn.

Gallai deimlo'r casineb yn treiddio drwy'r drws, drwy'r waliau. Gwyddai mai dyna'r ystafell lle cafodd Siwsi ei threisio, a'i lladd. Gallai weld y treisio eto, y rhaffau yn brathu i mewn i gnawd Siwsi, a'r dyn yn hyrddio ei hun i mewn iddi. Yna daeth llun na welodd o'r blaen: corff cam ond llonydd Siwsi, ei cheg yn sgrech erchyll, fud a'i gwefusau'n ddu. Llanwodd ei ffroenau ag arogl ffiaidd llawn gwenwyn, llawn marwolaeth.

Roedd y dyn a'i lladdodd hi y tu ôl i'r drws yna, yn dal i'w chasáu ac yn casáu ei merch hi, ei ferch ei hun. Cododd ton o gasineb ynddi hithau, o fodiau ei thraed, i fyny ei choesau, yn corddi ei stumog ac yn gwenwyno ei gwaed. Roedd hi am ei waed o, am gael dial, ond gwyddai na allai wneud dim, nid fan hyn, nid heddiw. Gallai deimlo egni styfnig yn tasgu oddi ar y drws, y waliau a'r nenfwd; dyma beth oedd yn gyfrifol am y nodwyddau a'r morthwylio yn ei phen, nid y blydi fodca. Roedd o wedi rhoi swyn dros ei ogof, a doedd dim diben iddi wastraffu ei hegni arno.

'Mi ga i di … paid ti â phoeni,' addawodd yn fud, yna trodd am y grisiau.

Yn y portsh, roedd pentwr o esgidiau a welintyns dros y llawr a chotiau a chapiau yn crogi'n damp dros ei gilydd ar begiau. Roedd hi'n bwrw glaw yn drwm tu allan.

'Ga i fenthyg cap?' gofynnodd.

'Cei siŵr. Ac yli, dwi mor sori.'

Roedd ei ymddiheuriadau yn dechrau swnio fel tap yn dripian. Gwyddai heb ofyn mai Rhys oedd pia'r cap du, gyda phig. Cydiodd ynddo gyda blaenau ei bysedd, hel ei gwallt yn gynffon a gosod y cap drosto fel bod ei gwallt bron o'r golwg yn llwyr. Gallai deimlo saim ei wallt yn treiddio i mewn i'w gwallt hi, ond byddai'n rhaid iddi ddioddef hynny am sbel. Yna brysiodd ar ôl Iwan at y fan ym mhen draw'r buarth. Roedd cigfran ar bolyn giât yn eu gwylio, ac un arall ar gefn y pic-yp du, yn gwylio'r tŷ.

Gallai deimlo ei lygaid yn rhythu arni bob cam, yn trywanu ei chefn. Ond châi o ddim gweld ei hwyneb hi, ddim eto. Neidiodd i mewn i'r fan a chadw ei llygaid yn syth o'i blaen, heb edrych yn y drych ochr, hyd yn oed, nes eu bod wedi gadael y buarth. Yna anadlodd, a sylwi ar y cŵn gwlyb yn cyfarth a neidio ar eu cadwyni yn y cae ar ei hochr chwith, rhai wedi cnoi hanner eu cytiau, rhai mewn sgerbydau hen faniau.

'Dy gŵn di?'

'Iesu, naci. Dad – Rhys pia rheina. A' i ddim ar eu cyfyl nhw, ddim ers i un ohonyn nhw drio fy lladd i pan o'n i'n naw. Mae gen i ofn cŵn byth ers hynny.'

'Wnest ti'm deud hynny pan wnes i ddangos llun Brân i ti.'

'Naddo. Sori.'

'Be ddigwyddodd i'r ci driodd dy ladd di?'

'Ei saethu.'

'Gan Rhy– dy lystad.'

'Ia. Roedd o'n hanner marw beth bynnag ar ôl iddo fo ei labio fo efo rhaw. Ond dyna'r unig ffordd i gael y blydi ci i 'ngollwng i. Dyna'r creithiau sy gen i, lle gafodd y ci afael arna i.'

'Ia, wnest ti sôn am ddamwain, ond dim byd am gi.'

'Wel, roeddet ti wedi sôn cymaint am dy gi di ...'

'Felly wnest ti ddeud celwydd.'

'Naddo! Jest, peidio deud y stori i gyd ... sori.' Gwingodd Meg. Un 'sori' arall a byddai'n – ond claddodd ei hewinedd i mewn i'w dyrnau a syllu yn syth o'i blaen, ar y tarmac, y coediach a'r glaw. Sylweddolodd fod y boen yn ei phen yn araf ddiflannu wrth iddyn nhw bellhau o Ddolddu, ond roedd ei stumog yn berwi. Anadlodd yn ddwfn a chanolbwyntio ar reoli ei thymer. Roedd angen iddi reoli ei hun, a pheidio â gadael i Iwan feddwl bod eu perthynas drosodd. Fe allai fod yn ddefnyddiol.

Pingiodd ei ffôn yn ei phoced. Signal o'r diwedd.

Pennod 23

Cododd ei llaw ar Iwan yn diflannu yn y fan, yn gyflymach o dipyn na'r pum milltir yr awr oedd ar yr arwyddion, sylwodd. Cododd law hefyd ar y pedair cigfran yn y coed cyfagos. Agorodd ddrws y dderbynfa, rhoi'r tecell ymlaen a chan anwybyddu'r golau coch oedd yn fflachio ar ffôn y gwersyll, eisteddodd i wrando ar y negeseuon ar ei ffôn symudol. Wedi gwrando'n astud, gwnaeth goffi cryf iddi ei hun, yfed ei hanner, ac yna ffoniodd Iwerddon.

Roedd y rhyddhad yn eu lleisiau yn amlwg.

'Naci, ei lysfab o ydi o, mi nath ei dad go iawn o farw ... na, dim perthynas drwy waed o gwbl ... ia, 'na chi ... naci, newydd ddallt ... naddo, dwi ddim, a dwi ddim ar frys i'w gyfarfod o chwaith ... yndw, wrth gwrs 'mod i'n bod yn ofalus!'

Sicrhaodd nhw ei bod yn bendant yn dal y cwch o Gaergybi drannoeth, a na, doedd hi ddim am anghofio am 'y maes carafannau gwirion 'na' ac aros gyda nhw yn Iwerddon.

'Mae gen i waith i'w neud yma,' meddai. 'Mi wnes i addo, a dwi ddim yn bwriadu torri 'ngair.'

Wedi cael trefn ar y toiledau a'r gwaith swyddfa, aeth i bacio'r car. Clodd ddrws y garafán a gyrru i fyny at y tŷ i ffarwelio â Gwenda. Roedd Wil yno hefyd, yn poeni am orfod delio gyda'r cwsmeriaid yn ei habsenoldeb.

'Dim ond dau gwpwl sydd wedi gofyn am le wythnos yma, ac maen nhw'n gwybod yn union lle i fynd,' meddai Meg wrtho, 'a fydda i'n ôl erbyn y penwythnos, dwi'n addo. A Brân efo fi.'

Roedd y glaw yn drwm yr holl ffordd i Gaergybi, a'r daith drosodd i Iwerddon wedyn yn un arw. Roedd nifer fawr o'r teithwyr yn gaeth i'r tŷ bach neu'n cyfogi'n welw i mewn i fagiau pwrpasol yr holl ffordd i Ddulyn, ond eistedd yn iach a thawel yn eu mysg fu Meg, yn syllu allan ar y tonnau a'r gwylanod, a'i meddyliau ar dân. Roedd Iwan wedi ceisio egluro iddi bod ei lystad yn hen foi iawn y rhan fwyaf o'r amser, ond ei fod yn cael cyfnodau tywyll, a'i fod o a'i fam wedi dysgu peidio â'i groesi bryd hynny. Oedd, roedd Iwan isio cael ei le ei hun, ond doedd ei sefyllfa ariannol ddim yn caniatáu hynny ar hyn o bryd; doedd o ddim yn gorfod talu rhent am fyw yn Nolddu wedi'r cwbl. 'Fy nhŷ i – fy rheolau i' oedd mantra Rhys o'r dechrau un, ac roedden nhw i gyd yn gorfod derbyn hynny.

Bu bron i Brân â'i tharo drosodd, roedd o wedi cynhyrfu gymaint, a phan gafodd hi ei chofleidio gan Ann, gallai deimlo ei hasennau yn gwichian.

'Ti'n edrych yn dda,' meddai Dorti, 'ac mae dy wallt di'n hirach na fuodd o ers talwm,' ychwanegodd, gan gyffwrdd y cyrls cochion.

'Mae'n gneud i mi deimlo'n gryfach am ryw reswm,' gwenodd Meg.

'Be fysat ti'n licio'i neud gynta 'ta?' gofynnodd Lowri.

'Be am i ni i gyd fynd ar y Burren ar gefn y ceffylau?'

'Yn y gwynt a'r glaw 'ma?'

'Ia. Dan ni'n wrachod, tydan?'

Felly aeth y pedair, a Brân yn bownsio o flaen y ceffylau, allan i'r tywydd mawr a charlamu a chwerthin drwy'r gwynt heb wlychu o gwbl. Hedfanai cigfrain ymhell uwch eu pennau, yn crawcian a chwarae a phlymio yn yr hyrddiau. Am awr dda, llwyddodd Meg i anghofio am bopeth a mwynhau'r rhyddid a'r wefr o fod yn un â'i phalomino, yn gwibio ar hyd y llwybrau gwyrddion, heibio'r grug a'r blodau gwylltion a'r calchfeini oedd wedi eu cerfio a'u chwipio dros y canrifoedd i edrych fel esgyrn a sgerbydau. Roedd ei modrybedd yn eu helfen hefyd, a neb yn ei holi na'i hastudio, dim ond yn mwynhau'r awyr agored, a'r gwynt yn eu hwynebau a'u gwalltiau.

Ond yn ddiweddarach, wedi pryd o fwyd arbennig, a phen bodlon Brân ar lin Meg ar y soffa, dechreuodd yr holi. Doedd Meg ddim wedi bwriadu cyfaddef ei bod wedi treulio noson yn Nolddu, ond roedd eu llygaid a'u meddyliau yn treiddio i mewn iddi ac yn mynnu llusgo'r gwir allan ohoni.

'Felly ti'n meddwl ei fod o'n gwybod pwy oeddet ti?' gofynnodd Lowri.

'Dwi'm yn meddwl ei fod o'n gwybod yn union; wedi'r cwbl, dydi o ddim yn gwybod mai fi ydi ei ferch o, nacdi? Dydi o'm yn gwybod am fy modolaeth i. Ond ro'n i'n gallu teimlo ei amheuon o. Roedd y swyn mae o wedi ei roi dros Ddolddu yn rhoi'r cur pen rhyfedda i mi, a synnwn i daten nad oedd o'n gallu teimlo hynny. Ond welodd o mohona i'n iawn ac mi wnes i fachu un o'i gapiau o fel bod o'n methu gweld fy ngwallt i pan o'n i'n gadael. Ddois i â fo efo fi, gyda llaw.'

'Cap Rhys Dolddu?' meddai Dorti.

'Mae o yn y car.'

Neidiodd Dorti ar ei thraed a brysio am y drws, wrth i Meg weiddi 'mewn bag plastig coch!' ar ei hôl.

'Clyfar iawn, Ms Siôn,' gwenodd Lowri.

'Ia, ges i ryw deimlad y gallai o fod yn ddefnyddiol. Mae 'na hen ddigon o'i wallt a'i saim a'i chwys arno fo.'

O fewn dim, roedd pob blewyn a dafn o chwys a chroen Rhys Dolddu yn ddiogel mewn potel â chaead arni.

'Iawn,' meddai Dorti gan sychu ei dwylo'n drwyadl ar ôl eu sgwrio'n galed mewn dŵr poeth. 'Roedd fy stumog i'n troi wrth gyffwrdd yn y blydi cap afiach, seimllyd 'na. Oes gynnon ni gynllun?'

'Ddim eto,' meddai Lowri. 'Mae'n dibynnu be'n union mae Meg isio'i neud.'

Trodd eu llygaid i gyd arni. Anadlodd yn ddwfn.

'Wel, mi nath o ladd fy mam i ...' meddai'n bwyllog gan roi mwytha i Brân y tu ôl i'w glustiau. 'A dwi'n eitha siŵr y bydd o'n trio fy lladd inna unwaith neith o ddallt pwy ydw i.'

'Bydd, yn bendant,' meddai Dorti, a'i llygaid yn sgleinio.

'Ond mae o'n dad i mi.'

Sythodd pawb, a suddodd Dorti ei hwyneb i'w dwylo gydag ochenaid.

'Ond Meg, fydd o ddim isio bod yn dad i ti,' meddai Lowri.

'Allwn ni ddim bod yn hollol siŵr o hynna,' meddai Meg.

'O, aros funud!' meddai Ann, gan deimlo panig yn cydio ynddi. 'Dwyt ti rioed yn mynd i gyflwyno dy hun iddo fo a disgwyl iddo fo doddi'n fenyn, wyt ti?'

'Nac ydw. Ond dwi ddim isio dial heb roi cyfle iddo fo chwaith. I egluro pam nath o be nath o.' Roedd hi'n dal i fwytho pen y ci.

'Nath o'm rhoi cyfle i Siwsi!' protestiodd Dorti. 'Nath o'm gwrando arni, doedd o'm isio gwrando! A neith o'm gwrando arnat titha chwaith!'

'Ond dwi'n wahanol i Siwsi,' meddai Meg. 'Dwi'n ferch iddo fo.'

Roedd Ann yn gegrwth, a dechreuodd y dagrau lifo'n dawel i lawr ochr ei thrwyn. Cododd Dorti a mynd at y cwpwrdd diod. Cydiodd mewn potel o fodca a nôl gwydr. Yna newidiodd ei meddwl ac yfed dracht hir yn syth o'r botel.

'Gad beth i mi,' meddai Lowri. Felly daeth Dorti yn ei hôl a phasio'r botel i Lowri.

Cododd Brân ei ben, gan synhwyro bod rhywbeth o'i le. Edrychodd ar y tair gwrach hŷn ac yna ar Meg. Syllodd i fyw ei llygaid ac yna llyfodd ei llaw heb dynnu ei lygaid oddi arni.

'Diolch, Brân. O leia rwyt ti ar fy ochr i.'

'Dan ni i gyd ar dy ochr di, siŵr!' meddai Lowri. 'Jest … y peth ydi … Iawn, felly dwyt ti ddim yn mynd i'w ladd o.'

'Ddeudis i mo hynny.' Rhythodd pawb yn fud arni eto. Ochneidiodd Meg a phendroni sut i ddweud yr hyn roedd hi isio ei ddweud. Yna sythodd. 'Os na fydd o isio … isio'r cyfle fydda i'n ei roi iddo fo,' meddai'n bwyllog a chlir, 'wel, fydd gen i fawr o ddewis, na fydd?'

'Felly ti'n fodlon ei ladd o,' meddai Dorti.

'Os fydd raid.'

'Wel diolch byth am hynna,' meddai Lowri. 'Iawn, felly be sy angen i ni ei baratoi i gyd?'

Ddwy awr yn ddiweddarach, aeth Meg a Brân i lawr i'r pentre i weld Siobhan. Cnociodd Meg ar y drws, a daeth nain Siobhan i'w agor, a hynny'n rhyfeddol o sionc. Roedd eli 'Auntie Ann' yn amlwg yn dal i weithio.

'Come in, pet,' meddai, 'she's in the kitchen. And yes, you can come too, Brân, once I've shut the cat in the parlour. So how are they up at the castle? I've not seen them for a while ...'

Am eiliad, teimlai Meg fod rhyw hanner gwên fach slei ar wyneb yr hen ddynes, ond anghofiodd am hynny wrth i Siobhan neidio i'w chroesawu a chofleidiodd y ddwy yn dynn. Holodd Meg am ei gwaith dros dro yn y llyfrgell, am y cwrs seicoleg roedd hi am ei wneud yn Galway fis Medi, ac am ei pherthynas gyda Liam. Holodd Siobhan am Gymru a'r tîm criced ac am ei chynlluniau o Fedi ymlaen. Gwenodd Meg, a dweud fod popeth yn dda ac yn ddifyr, ond doedd hi ddim yn siŵr am y dyfodol eto.

'Mae'n dibynnu ar gymaint o bethau,' meddai. 'Mi fydd yr wythnosau nesa 'ma yn dangos y ffordd i mi, gobeithio.'

Soniodd Siobhan ei bod wedi clywed am gwrs yn Trinity fyddai'n siwtio Meg i'r dim:

'PPES: Philosophy, Political Science, Economics and Sociology,' meddai. Roedd yn gwrs pedair blynedd gyda'r dewis o dreulio'r drydedd yn un o brifysgolion Ewrop; Paris, Strasbourg, Bologna, Zurich, Heidelberg neu Mannheim. 'Os wyt ti'n dal â diddordeb mewn gwneud gwahaniaeth yn y byd, mi fyddai hwn yn gam cyntaf da i ti.'

Addawodd Meg feddwl am y peth. Roedd y syniad yn sicr yn apelio. Cynigiodd Siobhan y gallen nhw fynd am dro; roedd y glaw wedi cilio ac roedd hi'n ysu am gael awyr iach – ac roedd Brân yn dangos gormod o ddiddordeb mewn crafu ei ffordd i'r parlwr at y gath.

Cododd Meg law ar y bobl doedd hi ddim wedi eu gweld ers misoedd; Kathleen yn nrws ei siop bob dim, rhai o'r criw fu'n yr ysgol efo hi, yn gyd-ddisgyblion a hen athrawon; ambell un o'r tîm *camogie* a rhai o fechgyn y tîm *hurling*, yn cynnwys Brendan, oedd yn amlwg wedi gwella'n llwyr ar ôl ei ddamwain. Sgwrsiodd gydag ambell un, a gwenu a chwerthin o glywed eu ffraethineb arferol. Roedd hi'n caru'r pentre yma lle cafodd ei magu, yn caru'r bobl, ond gwyddai na fyddai'n dod yn ôl yma i fyw yn barhaol. Doedd hi ddim yn siŵr pam ei bod yn gwybod hynny, ond roedd hi'n ei deimlo.

Wedi iddyn nhw oedi i eistedd ar fainc yn y parc chwarae, pesychodd Siobhan yn anghyffforddus cyn cyhoeddi'n sydyn bod stori'n dew o amgylch y pentre am ei modrybedd:

'Mi ddywedodd rhyw ddynion eu bod nhw wedi cael *orgy* efo nhw dros Dolig. Sori, Meg, ond roedd yn well gen i i ti glywed gen i na rhywun arall.'

Oedodd Meg cyn ymateb. Trodd y gair yn ei phen, gan greu lluniau yn ei meddwl.

'*Orgy*?'

'Ia.'

'Efo fy mam i a fy modrybedd i.'

'Ia. Dwi'n gwybod ei fod o'n swnio'n hurt, ond mae pawb yn ei gredu o. Roedd un o'r dynion wedi tynnu lluniau.'

Caeodd Meg ei llygaid ac ochneidio'n ddwfn. Astudiodd ei hewinedd am sbel cyn gofyn i Siobhan oedd hi wedi gweld y lluniau 'ma.

Nag oedd. Roedd hi wedi gwrthod edrych arnyn nhw.

Oedd Liam wedi eu gweld nhw?

Oedd.

Oedd hi felly'n gwybod pwy dynnodd y lluniau?

Efallai …

Doedd hi ddim wedi bwriadu dweud, ond rhywsut, roedd un edrychiad hir, dwys gan lygaid emrallt Meg wedi gwneud i'r enw siffrwd drwy ei gwefusau. A'r eiliad nesaf, doedd ganddi ddim cof o gwbl o'r hyn roedden nhw newydd fod yn ei drafod.

'Felly welaist ti mo'r lluniau?' gofynnodd Meg iddi.

Pa luniau?

'Y lluniau o'r maes carafannau, siŵr! Dyma nhw, yli,' meddai Meg gan estyn ei ffôn.

Doedd nain Siobhan yn cofio dim am y lluniau chwaith, mwya sydyn, na Kathleen na'i chwsmeriaid, nac aelodau'r tîm *hurling*. O fewn dim, roedd fel petai'r holl beth heb ddigwydd o gwbl.

Bu Meg yn brysur am ugain munud da ar lan y llyn cyn dychwelyd at ei modrybedd.

Gwenu'n ddel wnaeth Meg drwy gydol y swper yn ôl yn y castell. Oedd, roedd hi wedi cael pnawn braf gyda Siobhan ac wedi mynd am dro o amgylch y pentre, a gweld nifer o hen ffrindiau. Gwenu'n ddel wnaeth ei modrybedd hefyd; doedd dim arwydd o gwbl eu bod nhw'n ei hastudio'n fanwl ond wedyn, doedd dim arwydd ei bod hi'n eu hastudio hwythau chwaith. Llygaid Ann oedd yr unig rai i ddangos unrhyw fath o nerfusrwydd.

'Dwi wedi bod yn hunanol iawn ers cyrraedd yn ôl, yn do?' meddai Meg wrth i Lowri roi tafell o *roulade* mafon cochion o'i blaen. 'Bob dim yn fi-fi-fi a Rhys Dolddu. Be amdanoch chi? Sut mae pethau efo Michael, Dorti?'

Dim ond y mymryn lleia o saib. Roedd Dorti newydd roi llond llwy o *roulade* yn ei cheg fel roedd Meg wedi gofyn y cwestiwn. Llyncodd yn araf cyn ateb gyda gwên.

'O, wedi tawelu chydig. Ti'n fy nabod i ... colli diddordeb yn hawdd.'

'O? Bechod. Ro'n i'n licio Michael.' Trodd Meg ei sylw at Anna a Lowri. 'A be amdanoch chi'ch dwy? Unrhyw ddynion yn eich bywydau chi?'

'Ddim ar hyn o bryd,' meddai Lowri.

'Ym. Na,' meddai Ann, ond daeth ei llais allan fymryn yn wichlyd. Rhythodd Meg arni'n hir a dwys, a dechreuodd gwefus isaf Ann grynu. Ceisiodd frwydro i reoli ei hun, ond roedd ewyllys Meg yn rhy gryf iddi.

'Fuon ni braidd yn wirion dros Dolig,' sibrydodd. 'Aeth pethau dros ben llestri efo Michael a'i ffrindiau a wnaethon ni anghofio rhoi swyn anghofio arnyn nhw.'

Rhythodd Lowri a Dorti arni'n flin, a throdd Meg ei llygaid atyn nhw.

'A be oedd canlyniad hynny, Dodo Lowri?' Sythodd Lowri ac roedd hi'n amlwg i'r lleill, o'r straen ar ei hwyneb a'i gwddf, ei bod hithau'n ceisio brwydro'n dawel yn erbyn Meg. Ond doedd ganddi hithau ddim dewis. Cyfaddefodd fod un o'r dynion wedi agor ei geg a bod y stori am eu campau rhywiol wedi mynd ar led.

'Ond dydi hynny'n poeni dim arnan ni,' meddai Dorti'n syth, gan osgoi llygaid Meg. 'Mae gan dair dynes aeddfed, iach yr hawl i neud be bynnag fynnan nhw efo tri dyn aeddfed dan eu to eu hunain. Os ydi pobl yn gul, ac yn ein beirniadu ni, eu problem nhw ydi hynny.'

'Digon teg,' meddai Meg yn bwyllog. 'Mi wyddwn i'n iawn na fyddech chi'n poeni rhyw lawer am eich "enw da", ond dwi'n meddwl ei fod o'n bwysicach i Dodo Ann a Lowri. A dwi hefyd yn gwybod eich bod chi wedi eich siomi. Gawsoch chi wybod pa un wnaeth y brolio?'

Roedd Dorti'n dal i lwyddo i osgoi ei llygaid, ond roedd y chwys ar ei thalcen yn dangos bod ewyllys Meg yn cael effaith arni er hynny.

'Roedden nhw i gyd ar fai, ond maen nhw wedi ymddiheuro,' meddai, 'a buan y bydd pawb wedi anghofio a chael rhyw sgandal arall i roi lliw i'w bywydau bach diflas nhw.'

'Oni bai am y lluniau, efallai,' meddai Meg.

'Lluniau?' meddai'r tair. 'Pa luniau?'

'Felly nath Michael ddim sôn am rheiny ...' meddai Meg. 'Na'r fidio ...'

Roedd y tair yn syllu'n hurt arni.

'Pwy?' sibrydodd Ann. 'Declan?'

'Naci. Michael. Tra oedd o'n eich plesio chi o'r cefn, Dorti.'

Roedd cegau a llygaid y tair yn llydan agored a disgynnodd rhywbeth ar y llawr gan dincial.

'Wel y coc oen dan din ...' chwyrnodd Dorti.

'Peidiwch â phoeni,' meddai Meg. 'Mae'r lluniau a'r fidio wedi diflannu i ebargofiant rŵan, a fydd neb welodd nhw yn cofio dim amdanyn nhw. Mae pob tecst ac e-bost wedi hen fynd hefyd. Ond Dorti … dwi angen gwybod faint o feddwl sy gynnoch chi o Michael – go iawn. Dwi'n gwybod eich bod chi'n flin efo fo rŵan, y munud 'ma. Ond pan fydd eich tymer wedi oeri?'

'Dwi byth isio gweld y snichyn celwyddog eto! Tasa fo yma rŵan, 'swn i'n ei ladd o!'

'Ia, dwi'n gwybod hynny,' meddai Meg gan ei hoelio â'i dau emrallt tanbaid. 'Ond ydach chi'n dal i'w garu o, Dorti? Er gwaetha bob dim? Achos dwi'n eitha siŵr y byddech chi wedi ei gosbi o mewn rhyw ffordd oni bai …'

Syllodd Dorti'n ôl arni'n fud am eiliadau hirion, a'r chwys yn berlau ar ei hwyneb.

'Roedd o'n fy ngwneud i'n hapus,' sibrydodd.

'Iawn, dyna'r cyfan ro'n i isio'i wybod,' gwenodd Meg. Yna trodd at y ddwy arall. 'A be am Declan ac Andrew? Sgynnoch chi deimladau tuag atyn nhw? Oeddech chi'n hapus yn eu cwmni nhw?'

'Golygu dim i mi,' meddai Ann. 'Dwi ddim angen cwmni dyn fel mae Dorti.'

'Iawn. Dodo Lowri?'

'Roedd Andrew'n gneud i mi chwerthin,' cyfaddefodd Lowri. 'Ond do'n i ddim yn ei garu o achos do'n i prin yn ei nabod o.' Nodiodd Meg yn fyfyrgar ac yna troi ei sylw yn ôl at ei *roulade*. Gwyliodd y tair hi'n suddo llwy de yn araf i mewn i'r *meringue* a'r hufen, yna'n ei chodi at ei cheg ac yn cau ei gwefusau amdani. Syllodd y tair ar y symudiad bychan yn ei gwddf hir wrth i'r llwyaid lithro i lawr gan roi sglein ychwanegol i'r ddau emrallt.

'Hyfryd, fel arfer, Dodo Lowri.' Dim ond pan oedd hi wedi clirio'i phlât y gofynnodd Ann:

'Be wyt ti'n mynd i neud iddyn nhw, Meg?'

Cododd Meg ei hysgwyddau a gwenu.

'Dwi'm yn gwybod eto. Ga i weld yn y bore.'

Pan aeth Meg i fyny i'w llofft, a Brân fel cysgod y tu ôl iddi, edrychodd y tair ar ei gilydd. Doedd dim rhaid i'r un ddweud gair. Roedd hi'n amlwg bod Meg wedi gwireddu ei haddewid cynnar, ac yn gryfach na hwy eu tair gyda'i gilydd.

Pennod 24

Drannoeth, gwyliodd y tair modryb y Citroen C3 bach gwyn yn diflannu o'r golwg i lawr y rhiw. Doedden nhw ddim wedi cael gwahoddiad i fynd gyda Meg, ond roedden nhw'n gwybod yn iawn i ble roedd y car yn anelu.

Roedd Brân wrth ei fodd yn gwylio'r byd yn hedfan heibio drwy'r ffenest, a Meg yn syllu yn syth o'i blaen y tu ôl i'w sbectol haul fawr ddu, gydag Adele yn bloeddio canu 'Rolling in the Deep' o'r chwaraewr CD. Canodd gyda hi am dân yn cynnau yn ei chalon ac yn ffyrnigo yn ferw gwyllt.

Gwyddai y byddai'r gwersi'n gorffen yn fuan wedi iddi gyrraedd oherwydd y llanw. Parciodd y tu ôl i'r wal goncrit isel ar y promenâd a gwylio'r hanner dwsin o ddarpar syrffwyr yn syrthio dro ar ôl tro i mewn i'r tonnau ar draeth Lahinch. Roedd ysgwyddau llydan Michael yn hawdd eu hadnabod o bell. Pan welodd Meg y criw yn codi eu byrddau ac yn anelu am y cwt syrffio,

'Ty'd, Brân,' meddai gan roi tennyn ar ei goler. Cerddodd tuag at y criw oedd yn crynu a chwerthin yn eu siwtiau *neoprene* a chodi llaw ar Michael. Cododd yntau ei law yn syth a loncian tuag ati.

'I won't give you a hug,' chwarddodd. 'Good to see you though, you're looking great!' Gwenodd Meg yn ddel arno. Roedd y ffordd roedd o'n edrych arni yn dangos fod ei eiriau'n ddiffuant. Braidd yn rhy ddiffuant. Roedd ei lygaid yn ei bwyta hi, a doedd hi ddim yn gyfforddus efo'r ffordd roedd ei geg o'n ymddwyn chwaith. Ac roedd hi mor amlwg ei fod wedi sythu a thynhau ei gyhyrau i gyd. Petai o'n eistedd ar soffa gyferbyn â hi, byddai ei goesau ar led – led y pen.

Paid â phiso hyd yn oed mwy ar dy jips, Meical, meddyliodd,

gan ofyn iddo fyddai o'n hoffi paned gyda hi wedi iddo sychu a newid. Cytunodd yn syth.

'Better still, come round to my place,' meddai wrthi gan gyffwrdd ei braich gyda'i law oer, wlyb.

Roedd yn rhyddhad pan holodd o am Dorti wrth ferwi'r tecell. Na, doedd o ddim wedi gweld llawer arni'n ddiweddar. Fyddai o'n hoffi gweld mwy arni? Wrth gwrs, roedd hi'n 'gorgeous, sexy woman – it runs in the family!'

Unwaith yr eisteddodd o gyferbyn â Meg (a'i goesau ar agor led y pen) i gael ei hoelio gan ei llygaid mesmerig, doedd o ddim callach ei fod yn cael ei holi'n dwll, na'i fod am ryw reswm yn ateb pob cwestiwn yn gwbl onest, heb gelu dim. Nag oedd, doedd o ddim wedi bod yn ffyddlon iddi. Oedd, roedd o wedi teimlo chydig yn euog unwaith neu ddwy, ond 'variety is the spice of life!' Nag oedd, doedd o ddim wedi bwriadu ei brifo hi. Nag oedd, doedd o ddim wedi bwriadu dangos y lluniau na'r fidio i neb, ond mi wnaeth o ei yrru at hen gyfaill ysgol ar foment wan. Pam? Am ei fod yn fidio mor uffernol o rywiol, ac roedd ei gyfaill wedi gyrru fidio o'i gariad newydd ato fo yn gyntaf. Ia, fidio oedd yn gadael dim i'r dychymyg, efo Rampant Rabbit â rhan fawr ynddo. Oedd y cariad wedi rhoi ei chaniatâd iddo rannu'r fidio? Nefi, nag oedd! Rhoddodd enw a chyfeiriad ei gyfaill iddi heb feddwl ddwywaith.

Oedd o'n hoffi plesio merched? O, oedd, wrth ei fodd. Roedd o'n gobeithio gallu eu plesio tan y diwedd un.

Gwenodd Meg, ac ysgwyd ei law. Sylwodd o ddim fod mymryn o'i groen dan ei hewinedd yn sgil hynny, na bod Brân wedi codi ei goes dros ei focs o'i hoff recordiau *vinyl*. Diolchodd Meg am y baned, a dychwelyd i'r castell. Pan ofynnodd ei modrybedd am ganlyniad ei thrip, dim ond gwenu wnaeth hi, a dweud 'Gewch chi weld,' cyn dringo i lawr i'r selar a chau'r drws ar ei hôl.

Ar ei diwrnod olaf, fel roedd hi'n pacio'r car bach ar gyfer croesi am bum munud i naw y noson honno, daeth jîp Michael i fyny'r rhiw a pharcio wrth ei hymyl.

Roedd y modrybedd yn fud wrth iddo gyhoeddi'n falch a llawen yn y gegin, a hynny mewn Cymraeg perffaith, ei fod wedi rhoi'r gorau i'w swydd fel hyfforddwr syrffio, ac wedi penderfynu mai'r hyn roedd o am ei wneud gyda gweddill ei fywyd oedd gofalu am anghenion Dorti a gwneud pob dim roedd hi'n ei ddymuno, unrhyw le, unrhyw bryd. Byddai'n gwasanaethu Lowri ac Ann hefyd, wrth gwrs, os mai dyna oedd dymuniad Dorti.

'Be mae o'n feddwl, "gwasanaethu"?' gofynnodd Lowri'n ddrwgdybus.

'Meddyliwch amdana i fel bytlar pum seren,' meddai Michael. 'Mi fedra i olchi llestri, dillad, ffenestri; carthu'r stablau, siopa, bod yn *chauffeur*, hyfforddwr syrffio wrth gwrs, cerddor – a chynheswr gwely. Cynheswr unrhyw beth a deud y gwir. Dwi'n gallu gwneud bob dim mae cwningen blastig llawn batris yn gallu ei wneud – a llawer iawn mwy. Ond fydda i byth, byth, BYTH yn deud gair wrth neb am unrhyw beth sy'n digwydd rhyngon ni'n pedwar – neu dri, neu ddau.'

Edrychodd y modrybedd arno'n gegrwth, yna ar Meg, ac yna'n ôl at Michael. Yna dechreuodd Dorti ruo chwerthin.

'Dolig wedi dod yn gynnar!' meddai. 'Ond Meg, mi fydd o wedi heneiddio cyn ei amser, y creadur …'

Ysgydwodd Meg ei phen. 'Na fydd, mi fydd o'n byw tra byddwch chi byw, ac fel chi a fi, fydd o ddim i'w weld yn heneiddio llawer chwaith.'

'Aros funud, Meg,' meddai Ann. 'Dwi'm yn siŵr ydw i'n cytuno efo hyn. Ei droi o'n gaethwas i ni, fwy na heb – am byth? Ond fel un sy'n cofio'r cyfnod pan fyddai pobl gyffredin fel fy nheulu i'n gweithio fel caethweision i'r meistri tir, dydi o ddim yn iawn, dydi o ddim yn foesol.'

'O, fydd o ddim yn gaethwas,' meddai Meg. 'Mi fydd raid i chi roi gwyliau iddo fo, a chyflog, ac fel mae'n digwydd, mi fyddi di angen diwrnod i ffwrdd wythnos nesa, yn byddi, Michael?'

'Byddaf. Hen ffrind ysgol i mi wedi marw yn ei gwsg, ac yntau'n berffaith iach, y creadur,' meddai Michael yn drist, 'felly dwi am fynd i'r cynhebrwng os ga i.'

'Iawn, felly rhaid i mi ei throi hi, mae arna i ofn,' meddai Meg gan gofleidio ei modrybedd yn gynnes fesul un. 'Mi ffonia i i ddeud pan fydda i a Brân wedi cyrraedd yn saff. Ac mi wna i adael i chi wybod sut fydd petha'n mynd efo'n cyfaill yn Nolddu. Hwyl!'

Roedd pen Ann yn dal i droi, ond brysiodd ar ei hôl i'w siarsio i fod yn ofalus.

'Ac mae potel las Biddy Early gen ti, yndi?'

'O, yndi. Bob dim fydda i ei angen. Ac wedyn, mi fyddwch chi'ch tair – a Michael –yn gallu dod yn ôl i Gymru i fyw, os fyddwch chi isio. Wedi'r cwbl, mi fyddech chi wedi gorfod symud i rywle arall i fyw cyn bo hir beth bynnag. Dach chi'm wedi heneiddio blewyn ers ugain mlynedd, naddo?'

Rhoddodd gusan iddi, agor y drws i Brân gael neidio i mewn, a chodi llaw ar bawb arall cyn dringo i mewn i'r car a thanio'r injan.

'Coblyn o hogan ydi hi, ynde?' meddai Michael wrth i bawb wylio'r goleuadau coch yn pellhau.

PENNOD 25

Roedd y bobl tywydd wedi addo tywydd braf am unwaith, felly roedd y maes carafannau'n brysur. Ond roedd Gwenda'n hapus i Meg adael Brân gyda hi a mynd i chwarae criced ar ôl glanhau'r toiledau.

'Dwi'n gwella rêl boi rŵan, felly bosib ddo inna am gêm cyn i ti droi rownd!'

Hon oedd gêm go iawn gyntaf Meg i'r tîm, ac roedd hi'n nerfus. Doedd hi ddim am ddefnyddio hud i chwarae'n well; fyddai hynny ddim yn deg, ond byddai'n rhaid iddi wneud rhywbeth os oedd hi'n gorfod mynd i'r tŷ bach eto fyth.

Gwenodd Leah wrth glywed sŵn y dŵr yn tasgu eto.

'Fyddi di'n iawn, sti, chwydu o leia deirgwaith cyn bob gêm fyddwn i ar y dechre!'

Eu tîm nhw oedd y cyntaf i fatio a Leah, fel batwraig brofiadol, oedd yn batio gyntaf, gyda Rhian, oedd ddim yn un o'r goreuon, ond roedd hi'n gallu rhedeg. Doedd bowlar y Trallwng ddim yn wych, felly roedd Leah yn llwyddo i daro bron pob pêl yn bell heibio'r maeswyr. Gwaeddodd Meg nerth ei phen, ac yna, sylwodd fod rhywun arall yn gwneud tipyn o sŵn hefyd: Wendy, mam Leah. Rhedodd Meg am y tŷ bach eto, oedd ddim yn hawdd, gan ei bod eisoes wedi gwisgo'r pads gan mai ei thro hi oedd hi nesaf.

Gan ei bod hefyd, fel y gweddill, wedi gorfod stwffio 'bocs' i mewn i'w siorts pwrpasol, bu'n straffaglian yn y tŷ bach am sbel. Y tro cyntaf i'r merched ddangos y teclyn siâp 'v' iddi, roedd hi wedi meddwl mai tynnu ei choes hi oedden nhw, ond na, yn union fel y dynion, gan fod y bêl mor galed, roedd angen i ferched edrych ar ôl y rhan honno o'u cyrff hefyd. 'Manhole cover' roedd Leah wedi ei alw.

Roedd hi newydd lwyddo i godi pob dim yn ôl i'w le pan

glywodd waedd o siom y tu allan, ac yna'r tîm yn gweiddi ei henw. Roedd Rhian allan, a'i thro hi oedd hi i fatio.

Camodd allan ar y cae i gyfeiliant ei thîm yn clapio a'i hannog. Gwenodd Leah arni.

Roedd y bowlar yma o dîm y Trallwng yn un dda. Llwyddodd Meg i daro'r bêl, ond yn dila, ac aeth hi ddim yn bell. Clywodd lais cyfarwydd yn gweiddi o'r dorf denau ar y Marian: Iwan. Trodd i edrych i'w gyfeiriad a rhewi. Roedd Rhys Dolddu yn sefyll y tu ôl iddo, yn sbio arni. Doedd hi ddim wedi sylweddoli ei fod mor fawr, mor dal. Cofiodd yn sydyn am wylio'r ffilm *Oliver* gyda Siobhan pan oedden nhw yn yr ysgol gynradd, a'r ofn godoдd cymeriad Bill Sikes arnyn nhw. Daeth yr olygfa i'w meddwl o gysgod anferthol, bygythiol Oliver Reed yn codi o'r tywyllwch, yna'n sefyll yn gwbl lonydd heb ddweud gair, yn syllu gyda'i lygaid duon.

Dechreuodd grynu. Trodd yn ôl i wynebu'r bowlar a cheisio canolbwyntio. Doedd y diawl yna ddim yn mynd i gael y gorau arni. Anadlodd yn ddwfn a chofio be wnaeth o i'w mam. Llifodd ton o atgasedd drwyddi, a rhythodd ar y bêl yn saethu tuag ati.

Mae clec pêl griced yn taro canol y bat yn berffaith yn sŵn sy'n codi gwên. Rhuo wnaeth pawb wrth wylio'r bêl yn hedfan a hedfan yn uchel, ymhell dros bennau'r maeswyr am chwech i'r hen fynwent dros y wal. Rhuo wnaethon nhw eto, ac eto, wrth i Meg daro'r bêl i'r entrychion dro ar ôl tro – nes iddi gael ei dal allan gan ferch benderfynol o Lanfair Caereinion oedd wedi gosod ei hun o flaen wal y fynwent.

Cerddodd Meg yn ôl at ei thîm i gyfeiliant y clapio, a gweld mai yn ei bocedi roedd dwylo Rhys Dolddu.

Gallai deimlo ei lygaid yn llosgi ei chefn drwy gydol ei chyfnod yn maesu, a phan ddaeth y gêm i ben, a Dolgellau wedi ennill o chwe wiced, doedd dim golwg ohono. Roedd Iwan, ar y llaw arall, yn gwenu a chodi llaw arni, ac yn brysio i'w chyfeiriad.

'Go dda chdi!' meddai gan ei chofleidio'n gynnes. 'Mi faswn

i'n aros i brynu diod i ti ond dwi wedi addo ffensio i Dad. Dan ni ar ei hôl hi am 'mod i wedi mynnu 'mod i'n dy weld di'n chwarae gynta. Wela i di nes 'mlaen?'

Cytunodd Meg y gallai ei ffonio wedi iddo orffen ffensio. Cafodd ei themtio i holi pam fod ei dad wedi dod i weld y gêm hefyd os oedd y ffensio mor bwysig, ond penderfynodd beidio. Trodd yn ôl at lle roedd gweddill y tîm a'u teuluoedd yn llongyfarch ei gilydd, a gweld fod Wendy'n syllu arni. Ceisiodd roi gwên sydyn iddi, ac yna roedd Wendy'n camu tuag ati.

'Gest ti andros o hwyl arni,' meddai.

'Diolch. Hyfforddiant da.'

'Ond mwya dwi'n dy weld di, mwya ti'n f'atgoffa o rywun ro'n i'n ei nabod,' meddai Wendy gan astudio ei hwyneb yn anghyffordus o ddwys. 'Hen ffrind, ddiflannodd mwya sydyn heb ddeud gair. Roedd ganddi lygaid anhygoel, yr un lliw yn union â dy lygaid di. Ac mae'r ffordd rwyt ti'n symud, yn dal dy hun, yn gwenu, yn rhyfeddol o debyg hefyd.'

'O,' meddai Meg, gan fethu'n lân â meddwl am ymateb llai tila.

'Dydi'r enw Siwsi'n golygu dim i ti, nacdi? Siwsi Owen?'

'Ym … dwi rioed wedi cyfarfod neb o'r enw Siwsi Owen.'

'Roedd hi'n byw yng Ngarth Wyllt, ddim yn bell o Ddolrhedyn. Andros o artist da. Mae un o'i lluniau hi yn y caffi, fyny staer. Ty'd i'w weld o ryw dro.'

Nodiodd Meg, ei cheg yn rhy sych i fedru dweud dim, a'r enw 'Garth Wyllt', 'Garth Wyllt' yn adleisio yn ei phen.

Wnaeth hi ddim aros yn hir ar ôl y gêm, gan ei bod yn poeni sut fyddai Brân yn bihafio gyda Gwenda erbyn hyn. Roedd o wedi setlo'n dda yn y garafán ac yn hapus i ddisgwyl am Meg tra byddai'n glanhau ac ati, ac roedd o'n sicr wedi mwynhau crwydro'r coedwigoedd a'r bryniau gyda hi ar ôl gwaith, ond doedd o ddim yn nabod Gwenda'n rhy dda eto, chwarae teg, a honno'n dal i ddefnyddio ffon. Roedd hi wedi gallu cael gwared o'r baglau yn rhyfeddol o sydyn, diolch i fymryn o swyn bach syml, tawel, ond byddai ei gwella'n rhy sydyn yn codi cwestiynau, felly pwyll oedd pia hi. O leia doedd hi ddim mewn poen bellach.

Roedd Brân wedi bihafio fel angel, yn ôl Gwenda, a bwyta chwe bisgeden Digestive yn daclus iawn o'i dwylo hi. Doedd gan Meg mo'r galon i ddweud wrthi nad oedd bisgedi felly yn gwneud llawer o les i gŵn. Penderfynodd fynd â fo am dro hir ar ôl cael golwg ar y toiledau. Wrth fynd am y drws, oedodd i ofyn:

'Ym, ydach chi'n digwydd nabod rhywle o'r enw Garth Wyllt?'

'Garth Wyllt? Dow, dyna i ti enw dwi'm wedi ei glywed ers tro,' meddai Gwenda. 'Ond yndw, siŵr, taset ti'n frân ac yn gallu hedfan dros y goedwig ffor'na, mi fyddet ti yno mewn fawr o dro. Tŷ haf ydi o ers blynyddoedd, ond pan oedd Wil yn hogyn, mi fyddai'n crwydro yno weithiau, dros y waliau a'r nentydd, achos roedd ei nain wedi deud rhyw stori wirion wrtho mai gwrachod oedd yn byw yno ers talwm. Ond welodd o'r un, medda fo. Mi fuo 'na Gymraes yn byw yno am chydig ryw ugain mlynedd yn ôl, ac roedd 'na straeon am honno am sbel. Ond wedyn mi ddiflannodd dros nos, pwff, jest fel'na. Pam wyt ti'n gofyn?'

'O, rhywun soniodd ei fod yn le da i fynd am dro. Meddwl mynd i rywle gwahanol efo Brân o'n i.'

'Hola Wil pa ffordd i fynd 'ta, rhag ofn i ti golli dy ffordd yn y coed 'na. Mae o'n trwsio wal yn y cae acw – mae'r ŵyn yn mynd i'r ffordd dragwyddol.' Roedd Meg ar fin cau'r drws ar ei hôl pan alwodd Gwenda arni eto: 'Sut mae petha'n mynd efo Iwan Dolddu 'ta?'

'O, iawn. Bosib ddaw o draw heno.'

'Go dda. Mae o'n hen hogyn clên … Wyt ti wedi cyfarfod ei dad o – wel, ei lystad o, Rhys?'

'Dim ond o bell. Dydi o mo'r person mwya cyfeillgar, nacdi?'

'Wel … nacdi, mae'n debyg, ond mae gynno fo'i resymau, sti. Hogyn digon tawel oedd o erioed, ond chafodd o ddim magwraeth hapus iawn, ti'n gweld; mi adawodd y fam pan oedd

Rhys yn ifanc iawn; roedd ei dad o'n un hael efo'i ddyrnau yn ôl y sôn, ac mi welais i Rhys druan â llygad ddu fwy nag unwaith – ond wnaeth o rioed gwyno.' Agorodd Meg y drws yn lletach i wrando'n iawn, ac aeth Gwenda yn ei blaen yn bwyllog. 'Mi sbriwsiodd drwyddo ar ôl claddu'r hen ddyn; dechrau chwarae rygbi a chodi allan efo'i gyfoedion – roedd o'n gwmni da yn ôl Alwena, y ferch 'cw, ac yn dipyn o bishyn. Llwyth o genod ar ei ôl o. Wedyn mi wnaeth o ddechrau canlyn o ddifri a phriodi hogan annwyl iawn o Lanuwchllyn. Aeth Alwena a finna i'w gweld nhw tu allan i'r capel – roedd hi'n andros o briodas fawr, hwyliog. Ond mae'n rhaid nad oedd o'n gwybod sut i'w thrin hi'n iawn, achos ar ôl cwta flwyddyn o fywyd priodasol, mi wnaeth o ei dal hi yn y gwely efo dyn arall. Aeth hi reit flêr, mae'n debyg … roedd 'na dipyn o olwg ar y boi arall, ac arni hitha, meddan nhw. Mi gafodd hi ysgariad yn syth, a hanner y ffarm. Wel, fel y gelli ddychmygu, mi chwerwodd o wedyn. Cadw'i hun iddo fo'i hun, gwely a gwaith, gwely a gwaith i gael ei draed yn ôl dano – a llwyddo hefyd. Wedyn, rhyw bymtheg mlynedd yn ôl, mi briododd eto, efo Helen, hogan o ochra Llanrwst, a'i mab hi ydi Iwan – ond mi wyddost ti hynny'n barod, mae'n siŵr.'

Nodiodd Meg, gan gnoi ei gwefus. Pam fod Gwenda wedi penderfynu dweud hyn i gyd wrthi rŵan?

'Jest meddwl y dylet ti gael gwybod pam fod Rhys fel mae o. Does 'na neb yn ddrwg i gyd, sti.'

Awr yn ddiweddarach, roedd Meg a Brân yn neidio dros nant fechan oedd i'r dde o hen dderwen anferthol, yn union fel y dywedodd Wil. Os bu llwybr yma, doedd neb wedi bod ar ei hyd ers blynyddoedd, a'r drain a'r mieri wedi cael rhwydd hynt i dyfu'n garped pigog drosto. Defnyddiai Meg gangen i'w chwipio o'r neilltu, gyda chymorth mymryn o hud i wneud y dasg yn haws. Petai rhywun yn ei gwylio'n ofalus, mi fyddai wedi gweld bod y mieri'n gwahanu a gwyro'n ufudd eiliadau cyn iddi eu cyffwrdd, ond doedd neb yno i'w gwylio, dim ond yr adar bach a'r brain. Roedd Brân wrth ei fodd, ac fel petai'n gwybod yn union pa ffordd i fynd. Daethant at adfeilion wal gerrig a dringo dros y pentwr mwsoglyd. Sythodd Brân yn sydyn, â'i glustiau i fyny: roedd sgwarnog i lawr yn y pant, ynghanol y brwyn. Am eiliad, edrychai Brân fel petai am redeg ar ei hôl, ond trodd i edrych ar Meg ac ysgydwodd hithau ei phen. Gwyliodd y sgwarnog y ddau yn cerdded yn hamddenol heibio iddi.

Y corn simdde mawr welson nhw gyntaf. Camodd Meg yn ofalus at y wal a chwilio am gar neu unrhyw arwyddion bod rhywun yn aros yno, ond o fewn dim, gallai deimlo bod y lle'n wag, a gallai deimlo llawer mwy hefyd. Dringodd gyda gwên nerfus dros y wal a neidiodd Brân drosti yn ddidrafferth.

Roedd y drws wedi ei gloi, ond agorodd y clo i Meg. Camodd dros y llawr llechi gan deimlo ei chroen yn codi'n groen gŵydd cynnes, braf. Rhedodd ei bysedd ar hyd y waliau oer, y waliau lle bu lluniau ei mam. Roedd cwpwrdd newydd, digon taclus yn erbyn y wal, ond gwyddai mai yno'r arferai'r hen gwpwrdd du, cerfiedig fod, y cwpwrdd roedd ei modrybedd wedi ei gludo mewn tacsi i Gaergybi ac i mewn i westy yn Nulyn wedyn, cyn iddyn nhw ddod o hyd i'r castell yn Swydd Clare. Fan hyn, wrth y tân, y bu ei mam yn darllen a synfyfyrio, a gwyddai mai wrth y ffenest acw y bu'n peintio. Dringodd i fyny'r grisiau a gorwedd ar wely ei mam. Efallai fod y matres yn newydd, ond gallai deimlo gwres corff Siwsi'r un fath. Syllodd ar y nenfwd a gwenu.

'Dwi (ddim yn) geiban ond dwi'n gwybod mai yma wyf inna i fod,' canodd yn dawel iddi hi ei hun, nes i Brân lamu i fyny ati a chwtsio'n boeth a blewog wrth ei hochr. Chwarddodd. 'Fan hyn fyddwn ni cyn bo hir, Brân,' meddai. 'Ti a fi. A dwi ddim yn gweld pam na fedrwn ni jest anghofio am be nath Rhys Dolddu. Mae pawb yn haeddu ail gyfle, tydi? Ac os fydd o'n dal i 'nghasáu i, mi wna i jest cadw allan o'i ffordd o.'

Cododd at y ffenest a gwenu ar yr ardd hyfryd tu allan. Roedd angen tocio a thacluso, ond roedd y borderi'n llawn o rosod mynydd mawr, pinc. Yn amlwg, roedd gardd Garth Wyllt yn blodeuo'n gynharach na gardd Gwenda.

'Ty'd, Brân!'

Roedd y ddau'n rhedeg a neidio drwy'r ardd pan ganodd ei ffôn. Iwan. Roedden nhw'n dal i ffensio ac yn debygol o fod wrthi nes iddi dywyllu o ddifri.

'Dim problem, wela i di fory ryw ben,' meddai Meg, gan sylweddoli bod yr haul wedi hen ddiflannu. Byddai'n rhaid i Brân a hithau frysio i gyrraedd y garafán cyn nos. Ond yna, cofiodd ei bod yn wrach. Fyddai symud yn y tywyllwch ddim yn broblem iddi; i'r gwrthwyneb, gwelodd: roedd hi wrth ei bodd yn cerdded drwy'r goedwig i gyfeiliant adar a chreaduriaid y nos. Gallai eu gweld a'u clywed cystal â Brân, oedd â mwy o ddiddordeb mewn gwylio a gwrando na hela. Gwyliodd y ddau deulu o foch daear yn chwarae wrth y nant, a chanllath yn ddiweddarach, daliodd Meg lygaid llwynog am eiliadau hirion. Roedden nhw'n gwybod nad oedd angen ei hofni hi na'r ci mawr du, ac roedd croeso iddyn nhw rannu eu coedwig. Diolchodd Meg iddo a symud yn ei blaen, gan wenu iddi ei hun. Gallai wneud hyn bob nos pan fyddai'n byw yng Ngarth Wyllt.

Yna, stopiodd. Gwyddai i ba gyfeiriad roedd Dolrhedyn, ond roedd rhywbeth yn ceisio ei thynnu i gyfeiriad arall, fel pe bai rhyw fysedd anweledig wedi gosod bachyn yn ei chnawd ac yn ei thynnu'n araf, fel pysgodyn. Roedd hi isio ufuddhau, ond doedd Brân ddim. Roedd o'n mynnu mynd yn ôl am y garafán. Safodd Meg yn ei hunfan nes iddi deimlo'r dynfa yn llacio'n raddol, fel petai'n fodlon ildio i ewyllys Brân – am y tro.

Cysgodd y ddau yn hwyr y bore wedyn. Roedd hi wedi bwriadu ffonio ei modrybedd i sôn am ei hymweliad â Garth Wyllt, ond roedd y maes carafannau mor brysur oherwydd yr haul braf, chafodd hi ddim amser.

Roedd hi newydd ddelio gyda theulu hynod ffyslyd oedd yn cwyno bod eu cymdogion yn rhy agos at eu hadlen (afresymol o fawr), pan ffoniodd Iwan i ymddiheuro eto. Roedd llwynog wedi lladd pob un o'r ieir yn Nolddu neithiwr, ac roedden nhw wedi dod o hyd i ddau oen cryf wedi eu llarpio hefyd.

'Felly dan ni'n mynd allan efo'r gynnau heno, sori. Mae Mam wedi torri ei chalon, roedd ganddi feddwl y byd o'r ieir 'na.'

Gallai Meg ddeall poen ei fam o, a theimlo dros yr ieir a'r ŵyn druan, ond gan nad oedd neb wedi gweld y llofrudd wrthi, tybed oedd y llwynog yn cael bai ar gam?

'Ydi hi'n bosib mai rhywbeth arall laddodd nhw?' gofynnodd. 'Mochyn daear? Minc? Wenci?'

'Na, mynd am adar llai fysa wenci, ond mae minc a mochyn daear yn bosib – roedd 'na ôl tyllu mawr dan y ffens, a malu'r drws wnaethon nhw. Mi fysa mochyn daear yn gryfach na minc a llwynog, decini. Ac maen nhw'n gallu lladd ŵyn hefyd.'

'Felly pa anifail wyt ti a dy dad am anelu ato heno?' Doedd hi ddim yn gallu cuddio'r pigau yn ei llais. 'Neu fyddwch chi'n saethu be bynnag welwch chi, rhag ofn?'

'Yli,' meddai Iwan, 'gyda phob parch, newydd symud yma wyt ti, felly dwyt ti'm yn dallt ...'

'A hyd yn oed os mai llwynog nath, sut fyddwch chi'n gwbod eich bod chi wedi cael yr un iawn? Mae'n berffaith bosib mai un diniwed laddwch chi.'

'Does 'na'm ffasiwn beth â llwynog diniwed. Anifail gwyllt ydi o, sy'n lladd.'

'Er mwyn byw.'

'Mae ffermwyr angen byw hefyd.'

Tawelwch. Gallai glywed llais dwfn yn y cefndir; roedd Rhys Dolddu yn amlwg wedi bod yn gwrando.

'Dwed wrth yr ast wirion lle i fynd,' chwyrnodd y llais.

'Iawn,' meddai Meg ar ôl sbel. 'Dwi'n rhyw deimlo y dylwn i roi'r gorau iddi yn fanna. Ond dwi'm yn mynd i ddymuno pob lwc i chi. Hwyl.' Diffoddodd ei ffôn – a'i daflu i ben draw'r garafán. Roedd hi'n corddi, yn berwi. Gwyddai fod dwy ochr i bob stori, a gwyddai'n iawn pa mor greulon y gallai natur fod, ond roedd hi'n deall natur y llwynog – a'r mochyn daear, a'r wenci – a byddai'n llawer gwell ganddi eu cwmni nhw na

Rhys Dolddu a'i debyg. Pa hawl oedd gan hwnnw i ddisgwyl cydymdeimlad os nad oedd o'n gallu maddau i lwynog oedd jest isio bwydo ei deulu?

Yna clywodd gnoc ar y drws. Un o'r carafanwyr o'r cae nesaf. Roedd trydan y rhes gyfan wedi diffodd. Wedi iddi wthio'r *trip switch* yn ôl i'w le, deallodd mai'r pen dafad o garafán rhif deg oedd wedi prynu tecell a meicrodon newydd oedd yn defnyddio watedd uchel a rhoi'r ddau declyn ymlaen yr un pryd. Roedd ei gymdogion yn ysgwyd eu pennau'n flin arno, ac edrychai'r creadur mor glustlipa, allai Meg ddim peidio â theimlo tosturi drosto.

Wrth gerdded yn ôl am y garafán, penderfynodd y dylai geisio maddau i Rhys, ac Iwan hefyd. Roedden nhw wedi bod yn gweithio'n galed i ofalu am eu defaid wedi'r cwbl, drwy'r gwynt a'r glaw, drwy'r nos a'r dydd; efallai wedi tynnu'r union ŵyn a laddwyd a'u helpu i sugno, efallai wedi eu bwydo o botel nes iddyn nhw gryfhau. Doedd hi ddim yn llysieuwraig, roedd hi'n bwyta cig o bob math gan gynnwys cig oen. Felly pa hawl oedd ganddi i'w beirniadu am geisio cadw eu hanifeiliaid yn fyw?

Penderfynodd y gallai newid ei chynlluniau a chyfarfod Rhys, wyneb yn wyneb, a hynny cyn gynted â phosib. Efallai nad oedd o'n ddrwg i gyd, fel y dywedodd Gwenda.

Pennod 26

Roedd hi wedi bod â Brân am dro hir yn y pnawn, ar ôl glanhau'r toiledau a charthu nyth lysnafeddog o wallt hir, du allan o ddraen y cawodydd, felly doedd hi ddim am fynd yn bell ar ôl swper. Roedd teulu o Norwich oedd i fod i gyrraedd am bedwar wedi ffonio i ddweud bod y garafán wedi cael olwyn fflat ac na fydden nhw yno cyn naw beth bynnag. Gadawodd neges iddyn nhw ar y bwrdd gwyn yn nodi lle ddylen nhw fynd, a brysio i'r goedwig gyda Brân.

Ochneidiodd o weld bag o faw ci yn crogi'n ddu oddi ar gangen. Beth oedd yn bod ar bobl? Pam ddim defnyddio'r dull 'fflic â phric' i ganol y mieri? Ystyriodd a allai greu swyn ar gyfer pobl o'r fath, un fyddai'n gwneud i'r bag ffrwydro yn eu hwynebau yr eiliad roedden nhw'n ei osod ar y gangen. Oedd, roedd o'n berffaith bosib. Addunedodd i roi'r swyn ar waith ar ôl dychwelyd.

Aeth Brân a hithau yn eu blaenau ar hyd y llwybr uwchben glannau'r afon gan godi llaw ar bysgotwr digon clên – Mr Whitehouse o Static Rhif 18 – ar ochr arall y ceunant. Doedd o ddim wedi dal unrhyw beth drwy'r dydd, felly hoeliodd ei llygaid ar y pwll am eiliad neu ddwy, a gwenu wrth weld ei wyneb yn agor fel blodyn wrth deimlo plwc ar ei wialen.

Roedd hi'n rhy brysur yn ei wylio'n brwydro gyda'r brithyll pum pwys i sylwi fod Brân wedi diflannu. Erbyn iddi longyfarch Mr Whitehouse a throi i gerdded yn ei blaen, doedd dim golwg o'r ci yn unman. Doedd hi ddim yn poeni, roedd o'n gi call, ufudd a byddai'n carlamu yn ôl ati unwaith iddi alw ei enw. Ond wedi galw arno deirgwaith, doedd dim sôn amdano. Brysiodd yn ei blaen gan weiddi a chwibanu. Dim byd. Stopiodd yn stond a chau ei llygaid i ganolbwyntio.

'Ble wyt ti, Brân?' sibrydodd i'r gwynt. Wedi rhai eiliadau, sythodd. Gallai weld rhith ei gysgod yn dangos iddi i ba gyfeiriad roedd o wedi mynd – i fyny'r bryncyn serth a thros hen bont y rheilffordd. Saethodd i fyny ar ei ôl, a thros y bont a thrwy'r coed ffawydd y tu ôl i Mr Whitehouse. Cododd hwnnw ei ben wrth deimlo gwynt neu gorwynt yn chwyrlïo'r dail y tu ôl iddo. Ond welodd o ddim byd.

Roedd y rhith tywyll wedi croesi'r ffordd fawr a llamu i fyny'r wal i'r drysni o goediach oedd yn ymestyn am y bryniau, drwy goedwig oedd yn ddiarth i'r ddau ohonynt. Rhegodd Meg. Beth oedd wedi dod dros y ci gwirion? Yna clywodd gigfran yn crawcian yn uwch nag arfer, yn crawcian bod rhywbeth o'i le, bod rhywbeth mawr o'i le. Gwibiodd Meg drwy'r coed ar ôl y sŵn crawcian, ar ôl y rhith oedd yn mynd yn llai a llai eglur. Gwyrai'r drain a'r brigau i'r ochr o'i blaen, ond doedd hi ddim yn mynd yn ddigon cyflym. Estynnodd ei bysedd a'i hewinedd o'i blaen a gadawodd ei thraed y ddaear. Saethodd wysg ei phen drwy'r coed ac yna'n isel dros gae, a thros un wal ar ôl y llall, a chae ar ôl cae nes bod defaid yn sgrialu o boptu iddi.

'Brân!' galwodd ei meddwl. 'Brân! Ty'd yn ôl!' Roedd hi mewn coedwig arall a'r gigfran yn crawcian uwchlaw iddi. Ond roedd brigau'r goedwig hon yn crafangu amdani, yn bachu yn ei chrys a'i chnawd, yn rhwygo ei chroen a chlymu yn ei gwallt. Roedd ei hegni'n pylu, yn cael ei sugno allan ohoni. Ac yna, clywodd glec.

Pan ddaeth hi ati ei hun, roedd hi'n dywyll ac roedd hi'n gorwedd mewn pant rhwng gwreiddiau derwen fawr warchodol. Teimlai'n oer, a hynod sychedig, ac roedd ei phen yn hollti. Cododd ar ei heistedd yn araf a gofalus. Archwiliodd ei chorff: ambell sgriffiad a chrafiad, un neu ddau yn dal i waedu fymryn, ond dim byd mwy. Cododd yn sigledig ar ei thraed a gweld y gigfran yn sefyll o'i blaen, yn syllu arni, a'i phen yn isel.

Yna neidiodd wrth i'w ffôn grynu a chlochdar yn ei phoced. Ymbalfalodd amdano ac edrych ar y sgrin boenus o lachar: Iwan.

'Meg? Ble wyt ti?'

'Mewn coedwig, yn chwilio am Brân.'

'Gwranda … Mae o efo fi, yn y fan. Ond Meg … mae gen i newyddion drwg.'

Agorodd Iwan ddrysau cefn ei fan a syllodd Meg yn fud ar y corff tywyll, llipa. Camodd tuag ato a chyffwrdd y blew oer, gwlyb. Plygodd i fwytho'r pen disymud. Yna dringodd i mewn i'r fan ato a gorwedd wrth ei ochr, yn ei gofleidio gan riddfan. Ceisiodd ei gynhesu, brwydrodd i wneud i'w galon ailgynnau, ac i'w waed lifo yn ei wythiennau eto. Canolbwyntiodd gyda phob diferyn o hud oedd ynddi, ond trodd ei griddfan yn udo. Roedd o wedi ei atgyfodi unwaith, allai o ddim digwydd ddwywaith; roedd hi wedi ei golli.

Ceisiodd Iwan, a Wil a Gwenda, ei pherswadio i'w ollwng.

'Meg fach, fedri di'm aros fan hyn drwy'r nos,' plediodd Gwenda. 'Ty'd, ty'd mewn i'r garafán efo fi. Geith y dynion 'ma ddelio efo Brân. Ty'd rŵan.'

O'r diwedd, cododd Meg ar ei heistedd. Dringodd allan o'r fan, ond yn hytrach na dilyn Gwenda, trodd a gwthiodd ei dwylo o dan gorff Brân, a'i godi yn ei breichiau.

'Nefi wen! Fedri di mo'i gario fo, siŵr! Iwan! Helpa hi!' meddai Gwenda, ond ysgydwodd Meg ei phen a chario'r corff yn araf, ond yn gadarn, i fyny'r grisiau i'r garafán. Agorodd Gwenda'r drws a gwasgodd Meg ei hun a'r ci i mewn wysg ei hochr.

Edrychodd Iwan a Wil ar ei gilydd.

'Hogan gre,' meddai Wil. Nodiodd Iwan yn fud.

'Ond pam mynd â fo i'r garafán? Mae 'na sied yn fancw,' meddai. Ysgydwodd Wil ei ben yn drist.

'Fuest ti rioed yn un am gŵn, naddo?' Ochneidiodd yn ddwfn gan gau drws y fan. 'Be ddigwyddodd iddo fo beth bynnag?' Cododd Iwan ei ysgwyddau yn fud.

'Damwain,' meddai. Yna cododd ei ben wrth i Gwenda ddod at ddrws y garafán a phwyntio'i ffon ato.

'Mae hi isio gair.'

Camodd Iwan i mewn drwy'r drws i weld corff Brân yn gorwedd ar flanced liwgar roedd Meg wedi dod gyda hi o Iwerddon. Roedd Meg ar ei gliniau a'i llaw yn mwytho pen y ci. Aeth Gwenda at y tecell a dechrau clincian mygiau, a daeth Wil i mewn ac aros wrth y drws, gan ei fod yn ei welintyns.

Doedd Iwan ddim yn siŵr a ddylai eistedd ai peidio. Yna cododd Meg ei phen a hoelio ei llygaid emrallt dagreuol arno.

'Dwed wrtha i'n union be ddigwyddodd,' meddai. Ac i gyfeiliant y tecell yn dod i'r berw, daeth y cyfan allan, air am air heb gelu dim: roedd Iwan a Rhys wedi mynd allan gyda'u gynnau at y ffridd. Roedd Iwan yn meddwl ei fod wedi gweld rhywbeth yn y coed gerllaw ac wedi brysio yno, gyda Rhys yn ei ddilyn yn fwy hamddenol. Unwaith roedden nhw'n ddwfn yn y coed, roedden nhw wedi colli ei gilydd, a doedd fiw iddyn nhw alw ar ei gilydd, wrth reswm. Yna, clywodd Iwan glec gwn ymhell o'i flaen. Cofiai feddwl sut gebyst roedd Rhys wedi gallu ei basio, ond brysiodd i gyfeiriad y sŵn. A dyna lle roedd Rhys yn sefyll uwchben corff rhywbeth mawr, du.

'Dad! Be dach chi 'di neud?' roedd Iwan wedi ei ddweud mewn braw, wedi nabod Brân yn syth.

'Mae gen i hawl i saethu unrhyw gi sy'n ymosod ar fy nefaid i,' dywedodd Rhys.

'Ond doedd o ddim yn –'

'Fy nhir i, fy rheolau i.'

'Ond Dad … ci Meg ydi hwnna.'

'Well i ti roi gwybod iddi felly, tydi?'

Roedd o wedi helpu Iwan i gario'r corff at y giât, ei ollwng yn swta, a gwenu. 'O leia mi ddylai hi fod yn hapus 'mod i ddim wedi lladd llwynog.'

Gwrandawodd Meg ar y cyfan heb symud blewyn. Daeth Gwenda ati'n ofalus gyda'i ffon mewn un llaw, a hanner mŵg o de yn y llall.

'Mae'n hawdd gneud camgymeriad, sti, yn enwedig yn y tywyllwch,' meddai gan roi edrychiad ceryddgar i Iwan.

'Dwi'n gwbod,' sibrydodd Meg. 'Hawdd iawn.'

Wnaethon nhw ddim aros yn hir. Roedd hi isio llonydd. Gorweddodd wrth ochr Brân am hir. Yna cododd a chwilio am ei ffôn. Deialodd Iwerddon.

PENNOD 27

Penderfynodd Meg gladdu Brân yng ngardd Garth Wyllt. Roedd ei modrybedd wedi gwirio gyda Welsh Cottages bod y lle'n wag am yr wythnos, felly roedd hi'n gallu mynd yno heb boeni. Chwiliodd am y lle delfrydol i roi ei gorff i orffwys a phenderfynodd y byddai ei osod wrth droed coeden geirios ger y pwll llawn lilis dŵr yn berffaith. Roedd hi wedi dod â rhaw gyda hi, ond gyda help ei hud – a'i dicter – roedd hi wedi torri bedd dwfn o fewn dim. Wedi torri llond llaw o'i flew du yn ofalus a'i roi mewn jar, gollyngodd Brân i lawr yn y flanced liwgar, a sefyll yno am hir yn ffarwelio'n dawel ag o cyn dechrau rhawio'r pridd drosto. Roedd ei dagrau'n llifo wrth i'r twll lenwi, ond petai rhywun o fewn clyw, byddai wedi ei chlywed yn addunedu i ddial, dro ar ôl tro.

Yna, eisteddodd ar y gwair gan wylio sbrigau miniog, gwyrdd yn codi'n araf o'r pridd tywyll, glwyb a dail a blodau'n ymestyn a chordeddu yn garped drosto fel bod dim arwydd o fedd o gwbl.

Yna, edrychodd ar yr haul ac aeth i nôl ei hoffer hud o'r car a'u gosod wrth fainc lechen y gwyddai fod Siwsi wedi ei defnyddio fel allor. Byddai ei modrybedd yn gwneud yr un peth, yr un pryd, yn y castell. Camodd i'r gawod a molchi yn drwyadl, yna camodd yn ôl allan i'r ardd, a'r haul yn sychu ei chroen noeth. Gosododd botel las Biddy Early a chrochan o ddŵr glan ar yr allor lechen, yna ffurfiodd gylch o'i chwmpas gyda'r cerrig gwynion; taflodd bedwar pinsiaid o halen i'r pedwar gwynt, yna cynnau'r ugeiniau o ganhwyllau. Roedd y fflamau'n dawnsio yn yr awel, ond nid yn diffodd. Gollyngodd y cynhwysion a restrwyd gan ei modrybedd i'r crochan, ynghyd â'r diferion a grafwyd o gap pig Rhys Dolddu, yna peth o flew du Brân yn olaf. Cydiodd yn y gwydryn o win coch a throi yn araf mewn cylch gan dywallt diferion i'r pridd wrth ei thraed. Yfodd y gwaddod. Roedd yn win da, â blas mwyar duon a derw. Estynnodd am ei hudlath a'i dal rhyngddi a'r haul. Saethodd y gwefrau drwyddi yn syth. Trodd yr hudlath mewn cylch araf uwchben y crochan, gan beri i'r cynnwys droi i'r un cyfeiriad, yn araf i ddechrau, yna'n gyflymach nes bod y cyfan yn chwyrlïo'n wyllt. Siglodd ei chorff yn ôl a 'mlaen gan fwmian canu y geiriau hud, drosodd a throsodd:

'Y sawl sy'n fy swyno,
Yr hwn fyn fy niweidio,
Trof dy ddiawlineb
Yn d'erbyn dy hun.'

Gwyddai fod ei modrybedd yn canu geiriau digon tebyg draw yn Swydd Clare, uwchben crochan oedd yn cynnwys peth o'i gwallt hi ei hun. Gallai deimlo'r egni yn llifo drwyddi. Cododd ei llais yn uwch ac yn uwch a siglodd yn gyflymach a chyflymach, nes bod ei gwallt yn chwyrlïo o'i hamgylch fel fflamau tanbaid. Yna, stopiodd yn stond, a chyda sgrech, saethodd ei hudlath i'r awyr. Yng ngardd Castell Dumhach, fel yng ngardd Garth Wyllt, chwipiodd mellten hir, felen o'r awyr a chyfarfod blaen yr hudlathau. Llamodd fflamau'r canhwyllau, cynyddodd cân yr adar a'r gwynt a'r nentydd, a thyfodd pelen o olau rhyfeddol o lachar o amgylch y ddwy ardd. Ac yna, am eiliad, aeth y cyfan yn dywyll fel pe bai'r lleuad wedi gorchuddio'r haul.

Dechreuodd Meg, Dorti, Ann a Lowri anadlu eto. Teimlent yn wan a swrth, ond yn fodlon. Roedd Meg yn ddiogel, a byddai swynion Rhys wedi eu chwalu'n ddim. Ond roedd angen iddi syllu i mewn i'r botel las. Tywalltodd beth o gynnwys y crochan i mewn iddi a gwylio'r lluniau oedd yn araf ymddangos drwy'r gwydr.

Casglodd Meg ei hoffer a'u rhoi'n ôl yng nghist y car, yna ffoniodd ei modrybedd.

'Iawn, dwi'n gwybod lle mae hi,' meddai. 'A diolch. Mi gysyllta i eto heno pan fydd y cyfan wedi'i neud.' Yna aeth yn ôl at fedd Brân.

'Wela i di eto, yr hen gyfaill, yn Annwn, efo Mam. Ond yn y cyfamser, mae gen i waith i'w neud.'

Codi wal oedd Rhys pan ddechreuodd deimlo'n wahanol. Aeth
ei groen yn bigau nodwydd i gyd. Tynnodd ei fenyg trwchus ac
edrychodd ar ei ddwylo. Oedd o wedi pinsio nerf pan lithrodd
y garreg fawr yna a gwasgu ei fysedd drwy'r faneg? Na, roedd
pob bys yn symud yn iawn. Canolbwyntiodd ar anadlu; gallai
deimlo ei galon yn pwmpio'n gyflymach nag arfer. Doedd
o'n mynd dim iau, ac roedd Wil Hendre Mawr yn iau na fo
pan gafodd harten llynedd. Cofiai'n iawn fod y meddyg wedi
dweud wrtho ar ôl ei MOT y dylai gadw golwg ar ei golesterol,
ond ar wahân i drio bwyta uwd i frecwast weithiau yn hytrach
na'r bacwn ac wy dyddiol arferol, doedd o ddim wedi talu
llawer o sylw i'w geiriau. Neu ai jest wedi bod yn gweithio'n
rhy galed, yn rhy hir ar y walio roedd o? Efallai mai jest
angen bwyd oedd o. Edrychodd ar ei oriawr. Chwarter wedi tri:
ia, ac yntau heb fwyta dim ers brecwast. Byddai ei ginio wedi
hen grebachu yng ngwaelod y Rayburn, a Helen yn flin efo fo
eto fyth.

Cododd a sythu ei gefn yn boenus. Henaint a diffyg bwyd,
dyna oedd, yn bendant. Byddai'n rhaid i'r wal wneud y tro fel
roedd hi am awr neu ddwy. Dringodd ar y beic cwad a gyrru'n
ôl am y ffermdy. Wrth basio'r goedwig lle roedd Hi yn pydru,
dechreuodd grynu. Be goblyn? Roedd hi'n ddiwrnod braf,
cynnes. Oedd, roedd o'n bendant angen bwyd. Gwasgodd ei
ddannedd yn dynn a gyrru ymlaen am y tŷ.

Wedi cnoi a llyncu'r stiw sych, diflas, eisteddodd yn ôl yn
ei gadair.

'Oes 'na bwdin?' gofynnodd.

'Mae 'na iogyrt yn y ffrij,' meddai Helen, oedd yn sgrolio
drwy Facebook ar y cyfrifiadur, fel arfer. 'Blas riwbob neu eirin
Mair.'

Roedd yn gas ganddo flas riwbob ac eirin Mair, ac roedd yn gas ganddo deimlo nad oedd gwraig ffarm yn gwneud yr hyn roedd hi i fod i'w wneud. Byddai gwragedd pob ffarmwr arall wedi gwneud crymbl neu darten neu rywbeth; roedd Helen ei hun wedi gofalu bod 'na fwyd da iddo fo bob amser, ar y dechrau o leia. Blydi Facebook ddiawl, meddyliodd. Ond doedd o ddim isio hel ffrae, doedd ganddo mo'r egni heddiw.

Cododd yn araf a mynd at yr oergell. Cydiodd mewn darn o gaws a dod o hyd i hanner pecyn o *cream crackers* mewn hen dun Quality Street. Cnodd yn swnllyd. Doedd o'n teimlo fawr gwell.

'Oes 'na baned 'ta?' Doedd o'n bendant ddim yn mynd i wneud gwaith Helen i gyd drosti. Ochneidiodd honno a chodi'n bigog i symud y tecell at blât boeth y Rayburn. Roedd yn berwi o fewn dim. 'A dyro *ddau* siwgr ynddo fo,' meddai Rhys.

'Mae'r siwgr ar y bwrdd, o dy flaen di,' meddai Helen, gan ollwng y mẁg o'i flaen yn hurt o ddiofal, fel bod diferion chwilboeth yn tasgu dros y bwrdd pin.

'Be ffwc sy'n bod arnat ti, ddynes?' Safodd Helen yn stond am eiliad, wedi ei themtio i gega'n ôl arno. Ond roedd hi wedi dysgu dros y blynyddoedd mai calla dawo. Doedd o'n amlwg ddim yn ei hwyliau heddiw; roedd ei groen yn welw a'i lygaid yn goch. Gorweithio eto. Neu'r hen, hen chwerwdod oedd ynddo yn ei gnoi a'i wenwyno eto. Roedd hi wedi gwneud ei gorau i'w gael i agor ei galon, i ddweud wrthi beth oedd wedi ei frifo cymaint. 'Os na wnei di fendio be frifodd chdi, mi fyddi di'n gwaedu ar y bobl sy'n dy garu di,' dywedodd wrtho flynyddoedd yn ôl. Ond dim ond dal i waedu wnaeth o.

Felly brathodd ei thafod a rhoi dwy lwyaid fawr o siwgr yn ei de. A'i droi. Aeth yn ôl at y cyfrifiadur, ond roedd y Wi-Fi yn cambihafio eto.

Roedd blas y te yn troi arno. Edrychodd ar ei ddwylo eto. Roedd y pigau nodwydd yn dal yno. Doedd o ddim wedi teimlo fel hyn ers ... ers i Siwsi Owen, Garth Wyllt gerdded drwy giât ei gartref, sylweddolodd. Sythodd a chau ei ddwylo'n ddyrnau ar y bwrdd. Roedd o'n gwybod bod 'na rywbeth am y gochan 'na. Roedd o wedi amau o'r cychwyn cyntaf. Iawn, efallai na ddylai fod wedi saethu ei chi hyll hi, ond doedd o ddim wedi gallu peidio. Roedd rhywbeth wedi gwneud iddo bwyso'r glicied, ac roedd yr aflwydd wedi bod yn rhedeg yn syth amdano, wedi'r cwbl.

Gwrach oedd hi, yn bendant. Un arall wedi dod i wenwyno a phoenydio a chorddi ac aflonyddu. A rŵan, roedd hi wedi gwneud rhywbeth, rhyw fath o swyn, roedd hynny'n amlwg. Isio dial, decini. Cododd ar ei draed, a sylweddoli ei fod yn teimlo'n wan fel cath. Aeth i lawr i'r selar yn ofalus, a'i goesau'n gwegian oddi tano. Ymbalfalodd am ei gist, y gist roedd ei dad wedi ei rhoi iddo, y gist oedd wedi dod i lawr drwy'r cenedlaethau. Agorodd y caead a dechrau rhoi'r cynhwysion at ei gilydd.

'Chei di mo'r gorau arna i, 'mechan i,' chwyrnodd. 'Byth bythoedd. Ac mi fyddi di'n difaru dechrau trio dial ...' Ond roedd wyneb Siwsi yn troi yn ei feddwl wrth iddo geisio dod o hyd i'r poteli cywir. Yr wyneb hardd, twyllodrus hwnnw oedd wedi troi ei ben yn uwd a'i geilliau'n goelcerth, yn union fel roedd ei dad wedi ei rybuddio. Gallai deimlo ei geilliau'n styrian hyd yn oed rŵan, wrth gofio. Damia hi, roedd ganddo godiad, ac yntau'n trio canolbwyntio ar greu gwrthswyn. Rhegodd, a cheisio meddwl am bethau i ladd ei godiad: ffurflenni IACS, carthu beudy, wyneb uffernol o hyll Dora Tŷ Capel, iogwrt riwbob ... ond doedd dim yn tycio ac roedd ei bidlan bron yn boenus bellach. Doedd ganddo ddim dewis – agorodd ei falog a dechrau halio. Unwaith iddo wagio, gallai ganolbwyntio eto. Ond wedi pum munud, doedd dim wedi digwydd. Roedd ei arddwrn yn dechrau blino. Daliodd ati, ond doedd dim pleser, dim ond poen. Daeth wyneb Siwsi i'w feddwl eto, yn gwenu arno, yn gwenu'n ddrwg a'i thafod yn gwlychu ei gwefusau, a'i bysedd yn anwesu ei hun, yn chwarae gyda'i hun, ei bronnau, ei chluniau, ei chroen gwyn, perffaith, ac yna roedd hi'n byseddu rhwng ei choesau, a'i llygaid emrallt yn dangos ei bod wedi cyrraedd, a'i bod hi'n wlyb, yn fendigedig o wlyb ac yn dringo arno … ochneidiodd, gwaeddodd, a ffrwydrodd, wrth i'w goesau roi oddi tano ac i'r poteli chwalu a malu i bob cyfeiriad.

'Rhys? Be ufflon wyt ti'n neud lawr fanna?'

PENNOD 29

Roedd o'n gorwedd ar y soffa pan ddeffrodd yn sydyn. Edrychodd ar y cloc mawr a gweld ei bod hi'n nos, yn chwarter i hanner. Mae'n rhaid ei fod o wedi bod yn cysgu ers oriau. Cododd ar ei eistedd. Roedd y tŷ fel y bedd, ar wahân i sŵn Helen yn chwyrnu yn y llofft uwch ei ben. Cerddodd yn stiff a phoenus at y gegin. Roedd esgidiau gwaith Iwan yn y portsh, drws nesa i'w esgidiau yntau, ac roedd gweddillion pryd o'r Chinese ar y bwrdd. Anaml fyddai'r hogyn yn clirio ar ei ôl; gadael i'w fam wneud bob dim, erioed.

Yna cofiodd yn sydyn am y selar a Siwsi a'r gwrthswyn na lwyddodd i'w orffen. Cododd cyfog i'w lwnc a dechreuodd chwysu; chwysu nes y gallai ei deimlo'n diferu i lawr ei gefn o dan ei grys.

Gwyddai ei bod hi'n dod amdano. Y ddwy ohonyn nhw.

Aeth at y cwpwrdd gynnau. Efallai na fyddai gwn yn dda i ddim yn eu herbyn nhw a'u hud dieflig ond byddai'n well na dim. Gosododd ddau getris yn y gwn a ddefnyddiodd i saethu'r ci du, a rhoi dwsin o rai eraill yn ei bocedi. Yna eisteddodd wrth fwrdd y gegin yn wynebu'r drws, a'r gwn ar ei lin. Gallai glywed y cŵn yn cyfarth ac udo. Gallai glywed tylluanod yn gwichian a sgrechian a hw-hw-ian – a chigfran yn crawcian chwerthin yn y pellter – naci, yn agos. Roedden nhw allan yna.

Doedd o ddim wedi bwriadu codi a mynd allan i'w hwynebu, ond dyna wnaeth o, yn nhraed ei sanau. Gwyddai mai hi oedd yn mynnu hynny, yn ei lusgo tuag ati fel roedd hi wedi ei wneud erioed, a doedd dim y gallai ei wneud i'w rhwystro. Ac roedd dwy ohonyn nhw bellach, dwy â'u hewinedd yn ei gnawd, eu crafangau yn ei ewyllys. Roedd o'n wan fel cath, ond roedd yn dal i fedru cydio yn y gwn, damia nhw. Ac oherwydd y lleuad oedd bron yn llawn, gallai weld yn rhyfeddol o dda: amlinelliad yr adeiladau, sglein oddi ar y ceir, oddi ar ambell ddeilen yn y coed … cerddodd drwy'r buarth a thrwy'r giât a'r cae, a'i sanau'n sugno'r gwlybaniaeth o'r glaswellt. Roedd hi'n noson annisgwyl o gynnes ond roedd y gwynt yn gryf, ac yn cryfhau wrth iddo gael ei dynnu at y goedwig, at lle roedd hi. Roedd y sgerbydau duon yn glir yn erbyn yr awyr dywyll, eu dail fel cyllyll.

Cododd ei goesau hirion dros y ffens a theimlo'r drain yn trywanu drwy wadnau ei draed yn syth. Crawciodd cigfran uwch ei ben a theimlodd adenydd rhywbeth yn hedfan heibio iddo. Tylluan wen; clywodd wich olaf llygoden a gwelodd yr adenydd gwynion yn codi i'r awyr fel rhyw angel o uffern, a'r corff bach marw yn llipa yn ei chrafangau.

Camodd yn ei flaen drwy'r mieri, pob draenen yn bachu yn ei drowsus ac yn suddo ei min i mewn i'w gnawd. Roedd arogl y mwsog a'r dail meirw yn codi i'w ffroenau gyda phob cam, ac yna oedodd. Roedd madarchen hir, wen wedi codi'n hardd allan o'r mwsog, ei chapyn ambarelaidd bron yn disgleirio yn y pelydryn main o olau lleuad a ddeuai drwy'r dail uwchlaw. Ysai am ei chyffwrdd, ond gwyddai mai Destroying Angel oedd hon, Angel Angau, un o'r madarch mwyaf gwenwynig mewn bod. Roedd un arall i'r chwith iddi, ac un arall ymhellach o'i flaen, yn ffurfio math o lwybr, fel goleuadau ar gyfer awyren liw nos.

Cyrhaeddodd y dderwen fawr, yr un â bonyn cnotiog fel siâp corff merch â chluniau a bronnau hael, tywyll yn dawnsio a'i breichiau yn yr awyr. Pwysodd ei law yn erbyn y rhisgl wrth gael ei rwygo heibio iddi, ac yna, gwelodd hi: y ferch â'r gwallt coch, y ferch a fu'n cael rhyw gyda'i fab, ei chynnwrf yn treiddio drwy wal ei lofft a'i ddeffro yn chwys i gyd; y ferch gref, athletaidd, gyflym a welodd ar y Marian; y ferch oedd mor uffernol o boenus o debyg i Siwsi. Roedd Iwan wedi dweud mai Meg oedd ei henw hi, ac roedd hi'n sefyll yn dawel ynghanol y môr o fieri a rhedyn a dyfai dros y man lle claddodd weddillion y wrach cyn ei geni hi.

Gallai weld ei hwyneb yn glir, a'r llygaid emrallt yn llosgi i mewn iddo.

'Pwy wyt ti?' gofynnodd yn gryg. 'Pam wyt ti'n gneud hyn?'

Tawelwch. Dim ond sŵn y gwynt yn siffrwd drwy'r dail. Yna:

'Cyn i ti ladd Siwsi,' meddai'r ferch mewn llais clir, pwyllog, 'mi wnest ti ei threisio hi, cofio? Wel, mi wnaeth un o dy had di lwyddo i nofio i fyny drwyddi a chyfarfod un o'i hwyau hi, lle wnaeth o durio i mewn i wyneb yr wy, a dechrau creu babi. A fi ydi'r canlyniad. Helô, Dad.'

Syllodd Rhys arni'n hurt.

'Paid â malu cachu. Pwy wyt ti go iawn?'

'Ia, mae'n anodd credu, dwi'n gwybod, ond roedd gan Siwsi ffrindiau clyfar iawn, cofia: gwrachod. Cyn i ti – neu ddylwn i'ch galw chi'n "chi"? – ta waeth, cyn i ti wenwyno fy mam i, mi wnaethon nhw dynnu ei chroth hi allan o'i chorff hi, achos roedden nhw'n gwybod 'mod i yno. Mi gest ti ei chorff gwag hi'n ôl, ond aethon nhw â'r groth a'r wy bychan bach efo nhw. A dyma fi, wedi methu peidio â dod adre, i weld fy nhad. Ro'n i wedi gobeithio y gallen ni fod yn ffrindiau, dod i nabod ein gilydd, treulio *quality time* efo'n gilydd, ond dwi'm yn siŵr os ydw i, rŵan.'

Anadlodd Rhys yn ddwfn wrth geisio gwneud synnwyr o'i geiriau. Roedd hi'n ferch iddo fo? Rhythodd arni'n ddwys: llygaid ei mam, gwallt fel ei mam, ond roedd hi'n dalach o lawer, a'i hysgwyddau'n lletach a chryfach. Ac roedd rhywbeth am ei cheg … Roedd ei ben yn corddi. Gwyddai ei bod hi'n dweud y gwir, er mor hurt oedd y cyfan. Doedd o erioed wedi cael plentyn ei hun, nid un go iawn, nid un oedd yn rhannu ei waed o. Doedd o erioed wedi gwylio plentyn ifanc yn chwarae a siarad a chwerthin gan chwilio am debygrwydd rhwng y person bychan hwnnw a fo ei hun; doedd o erioed wedi gafael mewn babi a theimlo ei fod am ei warchod gyda'i fywyd – doedd o erioed wedi gafael mewn babi, ffwl stop. Roedd ganddo feddwl mawr o Iwan, ac roedd o wedi mwynhau ei ddysgu a'i weld yn aeddfedu a thyfu yn ddyn ifanc call, gweithgar, ond nid fo oedd ei dad o; doedd dim perthynas drwy waed rhyngddyn nhw. Doedd ganddo ddim syniad sut i feddwl am hon, ei blentyn oedd yn sefyll ddecllath oddi wrtho. Roedd hi mor anodd derbyn ei bod hi'n hanner ohono fo. A hanner Siwsi. Am eiliad, aeth lluniau drwy ei feddwl ohono fo a Siwsi yn rhannu cadair ac yn gwenu ar eu babi wrth iddi wenu am y tro cyntaf; o wylio Siwsi yn bwydo o'r fron ac yn gwenu'n fodlon arno; o'r tri ohonynt yn cerdded ar hyd traeth, a'r ferch fach yn chwarae mig â'r tonnau ac yn gweiddi 'Sbia, Dad!'

Aeth gwayw sydyn drwy ei galon. Byddai wedi gallu caru hon, wedi gallu gofalu amdani, ei gwylio'n tyfu ac yn aeddfedu a'i dysgu sut i ddringo coed a physgota a thynnu ŵyn a gyrru tractor, i nabod adar a choed, i hyfforddi cŵn defaid ac i saethu – a hela … i'w dysgu sut i ddweud y gwahaniaeth rhwng dynion da a dynion fyddai'n ei brifo.

Teimlodd ei lygaid yn llenwi a llosgi, a doedd ganddo mo'r syniad lleiaf beth i'w ddweud na'i wneud. Yna, cofiodd.

'Mae – mae'n ddrwg gen i am y ci,' meddai. 'Do'n i ddim wedi bwriadu, wir i ti. Ond roedd 'na –'

'Brân oedd ei enw o,' meddai hi ar ei draws. 'Dwi wedi ei gladdu o – yng Ngarth Wyllt.'

'O. Dwi'n gweld. Ond nid fi oedd yn –'

'Ond dwi'n ferch i 'nhad, ac fel fy nhad, dwi ddim yn un sy'n maddau'n hawdd.'

'Fel dy fam,' sibrydodd, 'hi nath,' meddai dan ei wynt, gan deimlo'r mieri yn dringo a chrafangu i fyny ei goes wrth iddo sylweddoli pwy oedd wedi gwneud iddo saethu'r ci.

'Ia, dos ddwbl felly,' chwarddodd hi yn ysgafn. Roedd hithau'n ei astudio yntau'n ddwys, yn ceisio darllen ei lygaid, yn cadw ei llygaid ar y gwn yn ei law dde. Roedd o wedi anghofio am hwnnw. Edrychodd i lawr arno.

'Dwi ddim yn mynd i saethu 'mhlentyn i,' meddai, gan deimlo'r drain yn clymu'n dynn amdano.

'Dwi ddim isio lladd fy nhad chwaith,' meddai hithau, gan symud yn agosach ato. 'Ond nid fi ydi'r unig un yma fydd byth yn gallu anghofio, naci?'

Saethodd llun arall i'w feddwl: wyneb llwydwyrdd, afiach a'r geg wedi ei pharlysu mewn sgrech o artaith, y gwefusau a'r dafod yn chwyddedig a du. Fo wnaeth hynna iddi, fo oedd isio gwneud hynna iddi. Gallai deimlo'r casineb yn codi o'r pridd a'r drain a'r deiliach oddi tano, amdano.

Yn araf, gwelodd rith yn codi rhyngddo a Meg, fel niwl tenau i ddechrau, yna trodd y rhubanau o niwl tenau, llwyd yn freichiau a choesau a chudynnau hirion o wallt browngoch, a gwelodd wyneb Siwsi yn ymddangos o'i flaen, yn hofran ac yn llosgi ei llygaid emrallt i mewn i'w enaid.

'Mam?' meddai llais Meg, a throdd y rhith ati, gan wenu ac estyn ei llaw tuag ati.

'Meg …' sibrydodd. 'Meg … diolch am ddod. Dwi mor falch ohonot ti, cofia.'

Roedd dagrau yn llifo i lawr wyneb y ferch, a gallai Rhys deimlo gwlybaniaeth yn diferu i lawr ei wyneb yntau, ond gwyddai mai gwaed oedd yn diferu i lawr ei goesau a'i freichiau. Roedd y mieri'n gwasgu'n dynnach a thynnach, yn cordeddu a chlymu am ei ganol. Yna trodd ysbryd Siwsi i'w wynebu o eto.

'Rhys Dolddu,' sibrydodd yn filain. 'Roeddet ti'n gwybod na fyddwn i byth yn gadael llonydd i ti, doeddet? Na fyddet ti byth yn cael anghofio be wnest ti i mi …'

'Mae'n ddrwg gen i,' sibrydodd yntau. 'Wir i ti …'

'Chei di ddim trosglwyddo dy wenwyn i neb, bellach,' meddai Siwsi mewn llais a wnaeth i'w galon wingo. 'Chaiff neb niweidio Meg fel y gwnest ti a dy deulu fy niweidio i.'

Gallai deimlo'r gwaed yn llifo allan ohono, a'i dafod yn chwyddo. Nid dagrau oedd yn diferu o'i lygaid chwaith. Dechreuodd ei goesau sigo a theimlodd ei hun yn cael ei dynnu i'r ddaear. Roedd y gwn wedi ei rwygo o'i ddwylo ac yn araf ddiflannu dan garped o wyrddni trwchus, penderfynol. Gwyddai ers gadael y tŷ mai dyma fyddai ei dynged.

'Na!' daeth llais Meg i'w glustiau. 'Na, Mam!' a theimlodd Rhys y mieri'n llacio eu gafael am eiliad. 'Nid dyma'r ffordd!'

'Llygad am lygad, Meg,' canai llais Siwsi.

'Naci. Mae o'n dad i mi!'

Rhewodd y rhith a throi i wynebu Meg, a safai'n syth ac urddasol, â'i gên yn gadarn.

'Tad drwy drais, Meg!' hisiodd y rhith.

'Ond tad yr un fath. Mae'n bryd i'r dial a'r bygwth a'r casineb 'ma stopio. Rŵan.'

'Ond fedri di ddim maddau iddo fo, does bosib? Mae o'n dy gasáu di! Mi laddodd o dy fam di – a dy blydi ci di!' Gwingodd Meg, ac oedi cyn ateb yn bwyllog:

'Do, a fydda i byth yn gallu maddau iddo fo. Ond dwi ddim isio'i ladd o. Mae bywyd yn rhy werthfawr.'

'Nid ei fywyd o!' sgrechiodd Siwsi, gan saethu i fyny nes ei bod bron yn y brigau. Trodd at Rhys a phwyntio bys hir, llwyd ato. Teimlodd y drain yn ei dynnu a'i wasgu eto ac roedd yn cael trafferth anadlu. Gwelai saeth o olau gwyrdd yn anelu amdano o fys y rhith, golau yr un lliw â'i llygaid hi. Gwasgodd ei lygaid ynghau, a cheisio paratoi ei hun i dderbyn y boen.

Yna, clywodd sgrech, a fflachiodd y goedwig gyfan yn un belen fawr, felen. Gallai weld y golau drwy groen tenau ei lygaid a gallai glywed adenydd adar yn saethu i bob cyfeiriad a'r deiliach yn crino ac ysgwyd, a rhywun yn sgrechian gyda chynddaredd. Dim ond ychydig eiliadau barodd o; gallai deimlo bod pobman yn dywyll eto. Agorodd ei lygaid yn araf a gweld Meg yn sefyll yn dalsyth, ei llygaid emrallt yn disgleirio yn y tywyllwch, a'r rhith wedi disgyn a gwywo yn fychan fach.

'Mae'n ddrwg gen i, Mam,' meddai Meg yn drist, 'ond dwi wedi cael llond bol o farwolaeth, a fi sydd ar dir y byw, nid chi. A diolch i 'nhad,' ychwanegodd gan godi ei hysgwyddau'n ysgafn, 'dwi'n amlwg yn gryfach na chi hefyd. Gewch chi fynd yn ôl i Annwn rŵan, yn dawel eich meddwl, gobeithio.'

Hisiodd y rhith yn drist am eiliadau hirion, ond wrth iddi ddychwelyd i'r pridd, roedd ei llais yn eglur:

'Dwi'n maddau i ti, Meg. A dwi'n falch ohonot ti.'

Ac yna, roedd hi wedi mynd. Ochneidiodd Meg.

Yn araf, dechreuodd y drain a'r mieri ollwng eu gafael yng

nghnawd Rhys, a gallai anadlu'n iawn eto. Cododd yn sigledig ar ei draed.

'Diolch. Dw inna'n falch ohonot ti hefyd.'

Chwarddodd Meg a cherdded tuag ato. Edrychai am eiliad fel petai hi am ei gofleidio, ond wnaeth hi ddim, dim ond gwenu arno.

'Ond fel ddwedais i, alla i ddim maddau,' meddai. 'Dwi wedi bod yn pendroni be i neud, a dwi newydd benderfynu. Mi gei di fyw, ond nid fel o'r blaen. Mi fydd croeso i ti alw i 'ngweld i yng Ngarth Wyllt unrhyw adeg, mi fydda i'n falch o dy weld di – a Dorti, Lowri ac Ann, mae'n siŵr, achos mae'n bosib iawn y byddan nhw'n teimlo fel dod adre ar ôl hyn.'

Sylwodd fod Rhys newydd lygadu ei wn eto, a gwenodd. 'Gobeithio na weli di'r un o'r rheina eto, ac os fyddi di'n gweld un, rhed am dy fywyd.' Fflachiodd ei llygaid a rhythodd arno'n ddwys wrth estyn ei hudlath o'i phoced. Teimlodd Rhys ei groen yn cosi, yna'n pigo, yna'n llosgi.

'Be ti'n neud?' sibrydodd.

Gwenodd Meg wrth i'r dyn mawr, cyhyrog grebachu o flaen ei llygaid. Unwaith roedd y swyn wedi ei gyflawni, trodd ei phen i'r ochr.

'Hardd iawn,' meddai wrth y sgwarnog a eisteddai'n ddryslyd yn y mwsog. 'A diolcha mai gwryw wyt ti; doedd fy modrybedd ddim yn rhy hapus fel rhai benyw, mae'n debyg.'

Rhythodd y sgwarnog yn hurt ar ei goesau blaen hirion, main, a chodi ar ei draed ôl.

'Ac os wnei di lwyddo i gadw allan o drwbwl, mi gei di fyw am hir iawn, iawn a chael cannoedd o blant!'

Trodd y sgwarnog mewn cylch brysiog, gwyllt, cyn rhoi naid a rhedeg, yn chwithig i ddechrau, yna'n llyfnach, drwy'r goedwig ac allan i'r cae am Ddolddu.

'Faswn i ddim yn mynd yn rhy agos at dy gŵn di taswn i'n ti!' galwodd Meg ar ei ôl. 'Hwyl … Dad.'

Epilog

Oherwydd ei hanes yn dioddef o'r felan, penderfynwyd mai wedi gwneud amdano'i hun roedd Rhys Dolddu. Pan ddiflannodd ganol nos fel yna, doedd o ddim wedi mynd â dim efo fo, heblaw'r gwn, ac ni ddaethpwyd o hyd i hwnnw chwaith. Credai rhai ei fod wedi taflu ei hun oddi ar bont Bermo neu i lawr un o'r hen chwareli anghofiedig ar lethrau'r mynyddoedd cyfagos, ond ddaethon nhw byth o hyd i gorff. Doedd o'n sicr ddim wedi diflannu dramor gan na fu ganddo basbort erioed. Dyn ei filltir sgwâr oedd Rhys Dolddu.

Wedi cyfnod o alaru, gwerthwyd fferm Dolddu a symudodd ei weddw yn ôl i Lanrwst, lle daeth o hyd i bartner newydd drwy wefan Muddymatches ar gyfer pobl wledig, neu honedig wledig, gan mai perchennog gwesty o Gaer fachodd hi. Symudodd Iwan i fyngalo ger y Bermo, lle roedd ei fusnes torri coed a thacluso gerddi yn llewyrchus iawn, a chyn hir, roedd merch annwyl iawn o Gwm Nantcol wedi symud i mewn ato. Roedd Meg ac yntau wedi dod â'u perthynas i ben yn fuan wedi i'w dad ddiflannu, gan ei bod hi'n teimlo ei fod yn fwy fel brawd iddi na chariad. Rhoddodd ast ddefaid ddeufis oed iddi yn anrheg ffarwél.

Gwellodd clun Gwenda yn llwyr yn llawer cynt na'r disgwyl, a chan fod y wefan wedi hwyluso'r gwaith gymaint yn y maes carafannau, bu Wil a hithau'n cadw'r lle'n ddidrafferth am flynyddoedd. Byddai Meg yn rhoi help llaw iddyn nhw pan fyddent isio mynd i'r Sioe Sir neu'r Royal Welsh.

Daeth Dorti, Lowri ac Ann yn ôl i Gymru a phrynu hen blasty Nannau ger Llanfachreth, er mawr syndod i bawb. Roedd y lle'n pydru a mynd â'i ben iddo ers blynyddoedd oherwydd y *dry rot*, ond roedd gan y rhain yr arian a'r amynedd i'w chwalu a'i adnewyddu heb dramgwyddo'r rheolau cynllunio. Roedd yr adeiladwyr lleol yn hynod ddiolchgar am y gwaith, a symudodd y tair – a'u bytlar smart, a'u ceffylau – i mewn yn syndod o sydyn. Byddai'r pedwar i'w gweld yn cerdded neu ferlota ar hyd caeau a llwybrau'r ardal yn aml, ym mhob tywydd. Ymunodd Ann â changen leol o Ferched y Wawr; ymunodd hi a Lowri â'r Gymdeithas, lle cafodd Lowri ei pherswadio i ymuno â phwyllgor yr Eisteddfod, a daeth Dorti a Michael yn aelodau ffyddlon o Glwb Rhwyfo Mawddach a Chlwb Hwylio'r Bermo. Profodd Lowri yn ddiweddarach ei bod yn aelod gwerthfawr o Gymdeithas Hanes Meirionnydd hefyd, er ei bod yn gorfod bod yn ofalus i beidio â dweud gormod am sut roedd hi'n gwybod cymaint am fywyd yr ail ganrif ar bymtheg.

Byddai Meg yn galw i'w gweld yn gyson am bryd o fwyd neu i ferlota, neu pan fyddai angen hud y pedair ohonynt i greu swyn mwy nag arfer: i geisio perswadio pleidleiswyr Cymru neu Brydain, neu'r Unol Daleithiau, i wneud y penderfyniad cywir, er enghraifft (er nad oedd y swyn yn llwyddiannus bob tro), neu i achosi i law trwm ddisgyn yng nghoedwig yr Amazon pan fyddai rhywun yn ceisio cynnau tân yn fwriadol yno, ac i roi hunllefau i'r sawl oedd yn gyfrifol am adael i'r tanau ddigwydd yn y lle cyntaf; ac yn rheolaidd, i 'addysgu' rhywun oedd wedi cam-drin merched mewn rhyw ffordd, boed yn gorfforol neu drwy gyfrwng y gwefannau cymdeithasol.

Byddai'r modrybedd hefyd yn galw i weld Meg a Siwsi'r ast ddefaid yng Ngarth Wyllt yn rheolaidd. Daeth Pascal draw o Ffrainc i aros efo hi am fis dros yr haf, a dotio at ei gallu i chwarae criced er nad oedd yn deall nac yn hoffi'r gêm. Pan soniodd hi wrtho ei bod am astudio am radd mewn gwleidyddiaeth yn Mharis, roedd ar ben ei ddigon.

Oherwydd nad oedd perchnogion Dolddu yn bwriadu ffermio, gwerthwyd y tir fesul cae, a Meg brynodd y goedwig. Bu ei modrybedd a Michael yn ei helpu i dacluso'r lle, clirio'r drain a theneuo chydig ar y coed, a chreu llwybrau fel bod modd ymlwybro'n hamddenol yno am awren. Tyfai tonnau o glychau'r gog a briallu yno, oedd yn wledd i'r llygaid a'r ffroenau bob gwanwyn, yna bysedd y cŵn dros chwe throedfedd ddechrau'r haf, cyn i rosod gwyllt a gwyddfid gymryd drosodd. Gosodwyd mainc lechen wrth y dderwen fawr a edrychai fel corff merch yn dawnsio a'i breichiau yn yr awyr.

Bron yn ddi-ffael, byddai sgwarnog hardd, unig i'w gweld yno, ac weithiau, mwy nag un. Mawr oedd mwynhad y modrybedd wrth wylio'r gwryw hardd yn dilyn ei reddf a cheisio paru gydag un o'r rhai benyw, dim ond i gael sawl bonclust am ei drafferth, a gorfod rhedeg ar ei hôl am oes i brofi ei ffitrwydd. Ond o dro i dro, un ai'n gynnar yn y bore neu wrth iddi nosi, byddai'r sgwarnog yn dod draw i Garth Wyllt gyda dau neu dri o'i lefrod bychain. Roedd Meg wedi dysgu Siwsi'r ast ddefaid i beidio â rhedeg ar eu holau, a byddai'r ddwy'n eistedd yn dawel braf yn yr ardd ger y pwll llawn lilis dŵr, yn gwylio'r tad a'i blant yn chwarae am oriau.

Y DIWEDD

Brendan Kennelly, *Familiar Strangers: New & Selected Poems 1960–2004* (Bloodaxe Books, 2004) www.bloodaxebooks.com